DIÁLOGO E CONFLITO:
A presença do pensamento de Paulo Freire na formação do sindicalismo docente

EDITORA AFILIADA

Dados Internacionais de Catalogação na Publicação (CIP)
(Câmara Brasileira do Livro, SP, Brasil)

Vale, Ana Maria do
  Diálogo e conflito : a presença do pensamento de Paulo Freire na formação do sindicalismo docente. / Ana Maria do Vale — São Paulo : Cortez, 2002.

  Bibliografia
  ISBN 85-249-0866-1

  1. Brasil – Política e governo 2. Educação – Brasil 3. Freire, Paulo, 1921-1997 4. Professores – Atividade política 5. Professores – Sindicatos 6. Sindicatos e educação – Brasil I. Título.

02-2052   CDD-306.4320981

Índices para catálogo sistemático:

1. Brasil : Professores : Sindicatos : Sociologia educacional
   306.4320981
2. Brasil : Sindicalismo docente : Sociologia educacional
   306.4320981

Ana Maria do Vale

DIÁLOGO E CONFLITO:

A presença do pensamento de
Paulo Freire na formação do
sindicalismo docente

DIÁLOGO E CONFLITO: A Presença do Pensamento de Paulo Freire na Formação do Sindicalismo Docente
ANA MARIA DO VALE

Capa: DAC
Preparação de originais: Liege Marucci
Revisão: Ana Maria Barbosa
Composição: Dany Editora Ltda.
Coordenação editorial: Danilo A. Q. Morales

Nenhuma parte desta obra pode ser reproduzida ou duplicada sem autorização expressa da autora e dos editores.

© 2002 by Autora

Direitos para esta edição
CORTEZ EDITORA
Rua Bartira, 317 — Perdizes
05009-000 — São Paulo-SP
Tel.: (11) 3864-0111   Fax: (11) 3864-4290
E-mail: cortez@cortezeditora.com.br
www.cortezeditora.com.br

INSTITUTO PAULO FREIRE
Rua Cerro Corá, 550 — Cj. 22 — 2º andar
05061-100 — São Paulo-SP — Brasil
Tel.: (55-11) 3021-5536 — Fax: (55-11) 3021-5589
E-mail: ipf@paulofreire.org
www.paulofreire.org

UNIVERSIDADE DO ESTADO DO RIO GRANDE DO NORTE
Reitoria:
Rua Almino Afonso, 478, Centro, CEP: 59610-210 – Mossoró-RN
Campus Universitário Central:
BR 110 — Rua professor Antônio Campos s/nº — Bairro Costa e Silva
CEP: 59633-010
home page: http://www.uern.br
e-mail: reitoria@uern.br

Impresso no Brasil — abril de 2002

A Paulo Freire:
pelo que foi,
pelo que será
para todos nós.
Deixou-nos um legado,
a partir do qual
sonhamos a *utopia possível*,
construímos o *viável histórico*,
lutamos e resistimos com *esperança*.

SUMÁRIO

Apresentação 9

Introdução 13

CAPÍTULO 1. Itinerário com a educação: a dialética entre a teoria e a prática 21

1.1. Caminhos de uma trajetória 23
1.2. (Com)Vivendo com Freire 28
1.3. Assumindo compromissos com a educação municipal 37
1.4. Desafios da prática 52
1.5. Algumas ações pensadas, discutidas, programadas 61
1.6. A Escola Cidadã em meio a conflitos e contradições do governo 80
1.7. A administração municipal e o sindicato dos docentes 88

CAPÍTULO 2. Anos 1980-1990: cenário político e principais atores 99

2.1. Cultura política brasileira 103
2.2. A "abertura democrática" e a reordenação do cenário político 112
2.3. A efervescência dos movimentos sociais 119
2.4. A presença dos partidos políticos 122
2.5. Década de 1990: o neoliberalismo e a "nova questão social" 125

CAPÍTULO 3. Sindicalismo docente nas décadas de 1980 e 1990: novas e renovadas formas de participação política 137

3.1. A organização política dos educadores brasileiros 139

3.2. A organização docente enquanto entidade nacional 147
3.3. O sindicato docente no cenário do "novo sindicalismo" no Brasil 150
3.4. A identificação dos professores como sujeitos sociais 154
3.5. O sindicalismo docente frente a novos desafios 158
3.6. Matrizes discursivas da formação sindical docente 164
   a) Caminhos de construção de um projeto sindical político-formativo autônomo 165
   b) Concepção freireana da educação: uma matriz político-pedagógica 172

CAPÍTULO 4. A presença do pensamento freireano na formação sindical docente 183
4.1. O exercício de práticas democráticas numa sociedade em conflito 183
4.2. Paulo Freire e o sindicalismo docente 189
   a) A relação dialética entre diálogo e conflito: uma reflexão teórica 189
   b) O diálogo e o conflito na prática sindical docente 198
4.3. A visão das lideranças sindicais docentes 211
   a) Formação política do líder sindical 212
   b) Teorias formativas do sindicalismo docente 215
   c) Teses freireanas presentes no sindicalismo docente 219
   d) Manifestação do pensamento freireano no interior do sindicato docente 224
   e) A conjuntura e suas implicações para o sindicalismo docente 228
   f) Relação da liderança sindical com a categoria e o Estado 235
   g) Novas formas de atuação sindical 238
   h) Atualidade do pensamento freireano no sindicalismo docente 245

Considerações finais 253

Bibliografia 263

APRESENTAÇÃO

Devo o prazer do convite para apresentar este livro à amizade da Autora e à generosidade de seu orientador, o meu caro amigo Moacir Gadotti. Elaborado sob a orientação segura do professor Gadotti, como parte das atividades necessárias à obtenção do título de doutor na Faculdade de Educação da Universidade de São Paulo, o trabalho da professora Ana Maria do Vale merece atenção por várias razões. Passo, em seguida, a apontar algumas delas.

Inicialmente, convém registrar que é um trabalho de uma militante da educação pública, no bom sentido da palavra militante. Essa marca das atividades da autora já havia ficado claramente definida, há algum tempo, em seu primeiro livro sobre as possibilidades de realização da educação popular na escola pública.

No período recoberto pelo regime militar, sobretudo a partir da década de 1970, consolidou-se entre muitos educadores a convicção de que não era possível realizar, na escola pública, uma educação comprometida com o atendimento aos interesses das classes populares. Esse entendimento foi fortemente reforçado pela divulgação, entre nós, de análises de Althusser e de Bourdieu sobre a participação da educação escolar na reprodução das relações sociais de produção na sociedade capitalista. A teoria sobre a denominada "escola reprodutivista" viria associar-se, assim, à rejeição ao pesado autoritarismo da ditadura, para afastar os jovens educadores idealistas do trabalho, naquilo que era, então, designado como a "escola estatal". Era comum, na época, o aluno dos cursos de Pedagogia evitar o trabalho na escola mantida pelos poderes públicos. Essa percepção do trabalho na escola pública consolidou-se e teve continuidade mesmo após o colapso da ditadura e o enfraquecimento do poder de convencimento do "reprodutivismo".

Professora de escola pública em Mossoró, no Rio Grande do Norte, Ana Maria colocou-se contra a desqualificação da escola pública enquanto local privilegiado da educação popular. Seu primeiro livro, *Educação popular na escola pública*, relata as pesquisas e as reflexões que veio realizando a propósito dessa questão. Rejeitava a idéia de que seria necessário primeiro mudar a sociedade para só em seguida construir uma escola pública efetivamente popular. Em seu entendimento, tanto na escola pública do Estado capitalista, como na sociedade capitalista em geral, estariam presentes os interesses opostos e antagônicos das classes sociais e as possibilidades de transformação social embutidas nas relações entre as classes. Como as demais esferas da vida coletiva, a escola pública também se apresentava como palco dos esforços voltados à construção de uma sociedade mais solidária e mais justa.

Não obstante o sindicalismo docente constitua o principal objeto do estudo registrado em *Diálogo e Conflito*, a posição da militante comprometida com a valorização dos interesses das classes populares na educação pública está subjacente a todas as análises desenvolvidas ao longo deste novo livro. Da mesma forma como o primeiro trabalho, este livro também resulta de pesquisas e reflexões fundamentadas em sua própria prática educativa.

A dedicação ao trabalho e a qualidade de sua participação no magistério foram os principais fatores da condução da professora Ana Maria à direção do ensino público municipal da capital do Estado. Entre abril de 1993 e dezembro de 1994, enquanto Secretária de Educação de Natal, viveu plenamente as dificuldades de gerenciamento que em geral, vêm marcando as administrações do ensino público no país: dificuldades políticas, escassez de recursos orçamentários, falta de escolas, de funcionários e de professores, precárias condições materiais de funcionamento das escolas existentes. Desde a posse na Secretaria, foi obrigada a enfrentar uma longa greve de professores, no âmbito de um confronto bem mais amplo entre o governo e o funcionalismo municipal. Inspirando-se nas orientações imprimidas por Paulo Freire à atuação da Secretaria de Educação de São Paulo entre 1989 e 1991, Ana Maria também procurou realizar na educação municipal de Natal uma gestão democrática, marcada pelo envolvimento dos educadores e da comunidade na elaboração de uma proposta de construção da escola pública popular.

Viveu intensamente a inevitável tensão entre as funções de governo e seus princípios e convicções de educadora e militante política, que a obrigavam a valorizar o diálogo com os colegas do magistério e a respeitar os dirigentes de suas representações sindicais. Ana Maria chega a afirmar que "[...] o trabalho de mediação era de muita angústia", mas também "de muita aprendizagem e descoberta". Por isso dedica especial atenção às relações da administração municipal do ensino com os sindicatos docentes. Atribui às lutas do sindicalismo o mérito de importantes conquistas, com significativas expressões na melhoria das condições de trabalho e na situação salarial dos docentes. Mas essa relação era difícil, tanto para o governo quanto para os sindicalistas. Percebia-se nos sindicalistas certa atitude de desconfiança fundada, para a autora, em coisas tão diversas como o "basismo" da categoria, os conflitos ideológicos dos partidos que representavam ou, ainda, em certa concepção do Estado como o adversário em que não era possível confiar. Por tudo isso, a comunicação da Secretaria com os sindicatos realizava-se no âmbito de "uma tensa relação entre o diálogo e os conflitos". Superar os impasses nas negociações implicava saber lidar com essa relação, o que seguramente não era fácil nem para o sindicato, nem para o governo.

A vivência dessa tensa relação entre a Secretaria e o sindicalismo docente inspirou a realização deste livro. Na pesquisa que fundamenta a elaboração do livro, o movimento sindical docente foi estudado sob uma perspectiva histórica. O processo de constituição das associações docentes foi observado ao longo da participação dos professores nas lutas pela redemocratização do país. Ana Maria acompanhou a constituição das associações docentes em âmbito nacional e discutiu a situação do sindicalismo docente em suas relações com os movimentos do sindicalismo em geral nas décadas de 1980 e 1990.

Merecem especial destaque na pesquisa as entrevistas que realizou com boa parte das principais lideranças do magistério. Toda a parte final do trabalho é dedicada à análise do que designou as "matrizes discursivas na formação sindical docente" e, sobretudo, à análise da presença do pensamento de Paulo Freire na formação das orientações das lideranças dos movimentos de professores.

Para concluir, cabe apontar, dentre os méritos deste trabalho, exatamente essa intenção de investigar as influências do pensamento de Paulo Freire na formação das orientações do sindicalismo docente.

Paulo Freire passou a ser conhecido no Brasil a partir de 1960, após a divulgação de suas propostas para a educação de jovens e adultos analfabetos. E não obstante ele próprio tenha insistentemente reafirmado que nunca foi um especialista em alfabetização, até hoje, mesmo na universidade, sua imagem é predominantemente associada a esse processo educativo. Mas, ao produzir seu "método de alfabetização de adultos" no âmbito do Movimento de Cultura Popular (MCP) do Recife, Paulo Freire já havia editado a tese de concurso intitulada *Educação e atualidade brasileira*, na qual sistematizava suas idéias sobre a educação, o homem e a sociedade e, a partir delas, fazia a crítica da educação escolar, nos diferentes níveis e modalidades. As propostas que apresentou para a educação de adultos analfabetos consistiam na aplicação coerente daquelas concepções mais gerais ao campo específico da educação popular. Desenvolvidas depois em outros escritos e em outras experiências, aquelas propostas do educador alcançaram, em profundidade e abrangência, todos os campos da reflexão e da prática educativa, cabendo perfeitamente explorar suas eventuais possibilidades na política educacional, na gestão de sistemas escolares e de escolas, na relação pedagógica, nos currículos e programas, na formação de professores etc. Assim, ao buscar identificar a influência de suas idéias nas orientações das representações docentes, a pesquisa de Ana Maria contribui para alargar ainda mais o campo de possibilidades da investigação sobre a fecunda presença de Paulo Freire na educação brasileira.

Celso de Rui Beisiegel

INTRODUÇÃO

Chegaste na primavera, como as esperanças, e migraste no outono, como os grãos generosos e as frutas maduras. Teu dia foi bom e fértil: das amarras da opressão, fizeste pedagogia; da velha realidade, novas utopias. Depois de ti, não somos mais os mesmos. Agora sabemos que a palavra é geradora de cumplicidades: prende, liberta, constrói possibilidades. Sabemos, também, que a educação é a mais acabada das obras inconclusas: socializa os homens, humaniza a sociedade. Temos, pois, a liberdade de pensar que és nosso patrimônio. Dos letrados e dos iletrados, dos homens que aram a terra e dos sem-terra, dos que trabalham e dos excluídos.[1]

O presente livro é uma versão da tese de doutoramento defendida na Faculdade de Educação da Universidade de São Paulo — USP. A pesquisa objetivou averiguar *a presença do pensamento de Paulo Freire na formação sindical docente*. O interesse por essa temática surgiu a partir da experiência por mim vivenciada. Na condição de administradora da rede pública de ensino no município de Natal — RN, pude conviver mais de perto com o "sindicalismo docente"[2] por meio do SINTE/RN.

---

1. "Carta a Paulo Freire". Poema de Maria Jussara Dutra Vieira, presidente do CPERS, escrito quando do falecimento de Paulo Freire, em 2 de abril de 1997.

2. Por limitação da própria pesquisa, adoto neste trabalho o termo "sindicalismo docente" como referência ao Sindicato dos Trabalhadores em Educação do Rio Grande do Norte — SINTE/RN, mesmo sabendo que, a partir de 1990, essa instância sindical congrega não apenas os docentes, mas os supervisores, orientadores educacionais, administradores, merendeiras, vigias, zeladores, enfim, os funcionários das escolas municipais e estaduais de todo o país. A pesquisa limitou-se apenas à categoria docente dos antigos 1º e 2º graus dentro desse universo. A complexidade inerente à temática e a própria motivação da pesquisa impuseram esse recorte.

A posição que ocupava, na ocasião, colocava-me na condição de mediadora direta entre o Estado e a referida categoria sindical,[3] revelando-me, por assim dizer, particularidades das duas instâncias envolvidas nessa relação: Estado e sindicato.

Por um lado, tínhamos que lidar, no âmbito da Secretaria Municipal de Educação — SME, com o forte aparato administrativo, burocrático e político da máquina estatal, cuja estrutura encarregava-se de amortecer toda e qualquer iniciativa que viesse contestar a manutenção de uma "ordem" previamente instalada, especialmente a educacional. A esse aspecto, somavam-se muitos outros: recursos financeiros escassos, divergências ideológicas entre os dirigentes das diferentes pastas administrativas, disputas internas e externas ao governo na busca do cobiçado domínio do poder "público", descompromisso com a administração por grande parte dos servidores, dos fornecedores, empreiteiros, representantes políticos, enfim, tantos outros aspectos por demais conhecidos. Apesar de conhecidos, reitero a constatação de que a intensidade com que essas questões chegam até nós, ao estarmos à frente de uma administração pública, é assustadora.

Por outro lado, o sindicalismo público municipal, representado pelos sindicatos: da saúde, dos servidores municipais e da educação, mantinham com o poder público uma relação extremamente conflituosa e tensa, manifestando-se, especialmente, nos períodos de negociação salarial. Contudo, não se tratava de um movimento homogêneo. Havia particularidades que marcavam esses sindicatos, tornando-os mais ou menos tolerantes, contestatórios ou até mesmo parceiros, o que acabava diferenciando-os. Dentre outras causas, atribuíamos essas especificidades às correntes político-ideológicas partidárias assumidas pelas categorias sindicais, o que, não raramente, explicitava-se com mais veemência quando das já referidas negociações entre Estado e sindicatos. À época, a contraditoriedade expressa nas diferentes posições assumidas pelos sindicatos respondia pelas divergências existentes entre o sindicalismo municipal, mas, sobretudo, revelava as diferentes posturas adotadas pelos sindicatos frente ao poder público, aos dirigentes municipais, ao próprio Estado. Havia diferenças cla-

---

3. Como membro do Comitê de negociação no Fórum dos Servidores Municipais, vivenciei intensamente essa experiência, não apenas com o sindicato docente, mas com todos os demais sindicatos municipais envolvidos. Neste primeiro capítulo, registro passagens dessa experiência, o que poderá subsidiar, com mais precisão, a referência que ora faço.

ras na forma como os sindicatos estabeleciam a relação entre eles, sindicalistas, e os respectivos responsáveis pela pasta administrativa. Conhecê-las, até mesmo para melhor lidar com essa situação, passou a ser um constante desafio, uma necessidade, diria, mesmo sabendo da impossibilidade de "pensar" estando à frente de um órgão público, principalmente quando esse órgão é a educação.

O *sindicalismo docente* fazia parte dessa realidade, também ele com suas especificidades. Embora ostentasse uma forte *oposição ao governo*, o que normalmente revelava-se em forma de conflitos, de pressão, de greves, não deixava de com ele *estabelecer um certo diálogo*, participando, embora timidamente, de algumas medidas e ações empreendidas pela SME. Devo afirmar que, apesar dos limites que separavam governo e sindicato, foi possível, em alguns momentos, estabelecermos algumas *parcerias*. Muitas perguntas sem resposta nesse período: o que justificaria, então, a parceria do sindicato com o governo em meio a tantas pressões, greves e conflitos? Em que pilar teórico estariam os sindicatos ancorados, justificando tais atitudes? O tipo de relação estabelecida e as ações sindicais estariam alicerçadas em fontes teórico-formativas do sindicalismo docente ou seriam elas fruto das pressões inerentes às questões conjunturais? Enfim, para responder a essas e a outras indagações, muito teria que ser conhecido, estudado e pesquisado.

O interesse sobre a questão que move o presente estudo remonta a esse período, particularmente aos anos 1993-1994. Em 1997, ano em que ingressei no curso de doutoramento, a minha preocupação consistia em analisar a relação entre o Estado e o sindicato docente. Contudo, alguns fatores sinalizaram mudanças no rumo dessa investigação. Movida pelas inquietações advindas da experiência e da convivência com o sindicalismo docente, instigada pelo meu itinerário com a educação, no qual a contribuição do pensamento de Paulo Freire e do próprio Freire é presença marcante, e, ainda, motivada pelo aprofundamento dessa questão, no decorrer do próprio curso, encontrei-me, finalmente, com o objeto de pesquisa que me move neste instante. Com isso, não abandonei a opção inicial de estudo e de pesquisa; ao contrário, a possibilidade de percorrer um campo mais específico de investigação fez-se possível na justa medida em que foram estudados aspectos da relação entre o Estado e o sindicato docente, considerando, nesse particular, meu itinerário com a educação, aí incluída a experiência administrativa, bem como o diálogo com lideranças sindicais docentes, ocorrido nesse mesmo período.

Esses fatores, juntos, contribuíram, de forma cabal, para delimitar o campo específico de interesse desta pesquisa sobre *a presença do pensamento freireano na formação sindical docente*, a preocupação maior deste trabalho. Além das razões já expostas, todas elas motivadoras da pesquisa, acrescento outra: a necessidade de se conhecerem as matrizes discursivas contidas na base político-formativa do sindicalismo docente. Acredito ser esse um dos caminhos possíveis para entender como essa instância sindical interpreta a realidade, a partir da qual direciona sua formação e sua ação hoje. Justifico. Os conflitos que perpassam as dimensões da vida social nos tempos atuais impõem aos sindicatos docentes o esforço em acompanhar, conhecer e considerar o acelerar das profundas transformações da realidade — condição inalienável à revisão e ao direcionamento das suas ações. Conhecer a base teórica formativa desse sindicalismo é, pois, uma forma de conhecer e compreender muitas das ações empreendidas por essa categoria sindical hoje, inclusive os motivos que levam os sindicatos a rever algumas dessas ações, em função dos desafios novos. Adianto que não estou atribuindo à teoria todo o peso formativo do sindicalismo docente, assim como *não advogo a exclusividade do pensamento de Freire na formação dessa categoria sindical*. A própria prática é, por si só, um exercício de aprendizagem, mas que não prescinde, ela própria, de uma teoria que a ilumine. Ou seja, teoria e prática são dois campos de formação que se alimentam na relação dialética que estabelecem entre si, considerado, é certo, o contexto histórico no qual esse exercício se dá. Inspirada em Marx, diria: *o caráter terreno do pensamento humano é a práxis*. Daí por que os objetivos que orientaram essa pesquisa centram-se em identificar as matrizes discursivas presentes na formação do sindicalismo docente, identificando, nesse resgate, a *presença do pensamento freireano* na formação dessa categoria sindical.

Para a consecução dos objetivos propostos, lancei mão de alguns procedimentos metodológicos, tanto no campo teórico como no empírico. No *campo teórico*, impus-me revisar a bibliografia existente em torno da temática em estudo, objetivando fundamentar determinadas questões de interesse da pesquisa, o que foi realizado a partir dos textos e documentações publicadas. Movi-me pelo entendimento de que estudar, analisar e considerar a produção existente é uma forma de adentrar no já pensado, no já dito, mas é, sobretudo, condição inalienável à produção do conhecimento novo. No *campo empírico*, foram realizadas entrevistas com *líderes sindicais docentes* — representantes e dirigentes de diversos sindicatos docentes brasileiros. A representatividade conferida às lideranças pelas respectivas categorias sindicais, ao elegê-las, confere-lhes, também, autoridade para em seu nome expressar sua opinião. Esse entendimento norteou a opção pelo diálogo. Para a realização das entrevistas, foi elaborado um roteiro de tópicos e questões mais motivadoras e norteadoras do diálogo, tanto que a riqueza das respostas foi assegurada pela estrutura semi-aberta das entrevistas. Recorri a esses diálogos em dois momentos diferentes da pesquisa (o que, no entanto, não faz deles estanques, isolados): o primeiro, em 1997, quando, até então, o interesse da pesquisa estava centrado no estudo da relação entre o Estado e o sindicalismo docente. Com esse propósito, foram entrevistadas nesse momento 12 lideranças sindicais docentes, representantes de 10 Estados brasileiros.[4]

Como o objeto de estudo foi delimitando-se no percurso da própria pesquisa, surgiu a necessidade de retomar, num segundo momento, o diálogo iniciado em 1997 com as referidas lideranças sindicais. Nesse esforço, consegui, no ano 2000, retomar o diálogo com 10 lideranças sindicais, das 12 entrevistadas no primeiro momento. Não foi possível retomar o diálogo com Sandra Rodrigues Cabral, do SINTEGO/GO, e com João Antônio Felício, hoje presidente nacional da Central Única dos Trabalhadores — CUT. Nesse mesmo ano, diaIoguei, também, com novas lideranças.[5] Sem dúvida, todas as entre-

---

4. As liderança sindicais docentes entrevistadas e as respectivas entidades sindicais que representavam compõem a seguinte relação: Rio Grande do Norte, Pernambuco, Bahia, Goiás, Espírito Santo, Mato Grosso, Rio Grande do Sul, Santa Catarina, Paraná e São Paulo, além da Direção Nacional da CNTE — Confederação Nacional dos Trabalhadores em Educação, que congrega os sindicatos entrevistados. As lideranças entrevistadas falaram em nome das seguintes entidades sindicais que representam: Francisco das Chagas Fernandes, SINTE/RN — Sindicato dos Trabalhadores em Educação do Rio Grande do Norte; Maria Teresa Leitão de Melo, SINTEP/PE Sindicato dos Trabalhadores do Ensino Público de Pernambuco; Valdeci Augusto de Oliveira, APLB/BA — Associação dos Professores Licenciados da Bahia — Região Oeste, Sandra Rodrigues Cabral, SINTEGO/GO — Sindicato dos Trabalhadores em Educação de Goiás, Artur Sérgio Rangel Viana, SINDIUPES/ES — Sindicato Único dos Profissionais do Ensino do Estado do Espírito Santo, Carlos Augusto Abicalil, SINTEP/MT — Sindicato dos Trabalhadores do Ensino Público do Mato Grosso e presidente da CNTE; Jussara Maria Dutra Vieira, CPERS/RS — Centro de Professores do Estado do Rio Grande do Sul; Mauri Marques de Freitas, SINTE/SC — Sindicato dos Trabalhadores em Educação de Santa Catarina; Elza Aparecida Huren, APP/PR — Associação dos Professores do Paraná; João Antônio Felício, APEOESP — Associação dos Professores do Ensino Oficial do Estado de São Paulo.
5. As novas lideranças entrevistadas foram: João Antônio Cabral de Monlevade, SINTEP/MT; Maria Vieira de Carvalho e Angelina Martins da Cruz, do SINTEP/Marabá

vistas realizadas, nos dois momentos, ampliaram e enriqueceram o foco das discussões. Estou considerando, nesse particular, a totalidade dos entrevistados, (16) ao todo, estando as entidades que representam todas filiadas à CNTE — Confederação Nacional dos Trabalhadores em Educação. O diálogo com essas lideranças constituiu-se numa fonte viva e atual de informações fundamentais à investigação proposta por este trabalho. Tentando contribuir, embora que minimamente, com uma discussão ainda extremamente nova e limitada no campo da investigação sobre sindicalismo docente, bem como para o registro de uma história ainda não contada e, por isso mesmo, carente de informações e de registros, invoquei o testemunho dos próprios sindicalistas. Investi, portanto, de forma enfática, na análise das falas e dos depoimentos emitidos pelos próprios sujeitos da história sindical.

O trabalho foi estruturado a partir de uma *perspectiva histórica*. Evidentemente, essa prioridade metodológica justificou a fundamentação de cunho histórico-contextual adotada no estudo, servindo de base à sua estruturação. *No primeiro capítulo*, situei o referencial teórico adotado na pesquisa, a partir do resgate do meu itinerário com a educação. O entendimento de que todo e qualquer pensamento situa-se na história em que se constrói, estando por ela marcado, impôs-me visitar passos e momentos do meu percurso com a educação, para clarificar e, certamente, justificar o aporte teórico-metodológico assumido no estudo. O resgate desse percurso revelou a forte presença do pensamento freireano no meu caminhar com a educação (porém não a exclusividade dele), influenciando a subjetividade do meu pensar e, sobretudo, respondendo pela leitura que faço na análise dos fatos pesquisados.

No segundo capítulo, mapeei o quadro histórico no qual emergiu o objeto central da pesquisa — o sindicalismo docente. Resgatei, a partir do cenário político do Brasil nos anos 1980 e 1990, aspectos impulsionadores da reordenação política do país e a alteração de papéis e

---

(Sindicato dos Trabalhadores em Educação do Pará; na ocasião, o sindicato acabara de realizar eleição para a escolha da nova diretoria ainda não empossada, razão pela qual dialoguei com as duas lideranças, Hudson Guimarães do SINTE/RN, e Maria de Fátima Bezerra, presidente do SINTE/RN no período em que respondi pela SME/Natal, e, finalmente, com Cláudio Fonseca, presidente do SINPEEM — Sindicato dos Professores do Ensino Municipal de São Paulo — quando da gestão de Paulo Freire na Secretaria de Educação do município.

funções dos principais atores envolvidos. O cotejo dessa análise revelou o caráter contraditório e problemático da sociedade, mas, sobretudo, possibilitou desnudar a relação estabelecida entre os diferentes momentos conjunturais e a emergência de determinados atores sociais, sua presença e capacidade de organização na esfera social. O sindicalismo docente faz parte dessa história.

No terceiro capítulo, elucidei aspectos da organização do sindicalismo docente nas décadas de 1980 e 1990, enfatizando sua evolução política nesse caminhar. Considerada a intrínseca relação existente entre a trajetória da organização política dos educadores e as condições estruturais da sociedade em cada época histórica, demonstrei a referida evolução a partir de um recuo na história da organização política dos educadores no Brasil, pinçando alguns aspectos dessa evolução. Nesse sentido, destaquei a organização dos educadores enquanto entidade nacional, sua emergência sindical no cenário do "novo sindicalismo" no país, sua identificação como sujeitos sociais e sua atuação frente aos novos desafios postos ao sindicalismo docente nos últimos anos. O trato com esses aspectos impôs à pesquisa conhecer e considerar a base teórica político-formativa presente no percurso evolutivo do sindicalismo docente, o que justificou uma análise mais depurada acerca das matrizes discursivas presentes na formação política dessa categoria sindical.

No quarto capítulo, enfoquei a presença do pensamento freireano na formação sindical docente — uma das matrizes responsáveis pela formação política do sindicalismo docente. Para demonstrar a presença do pensamento de Freire nessa instância sindical, recorri, mais uma vez, à história, dela resgatando ações práticas do sindicalismo docente — ocorridas em diferentes momentos conjunturais, assim como amparei-me nos depoimentos de lideranças sindicais. Afinal, considerado o interesse particular da pesquisa, seu propósito ganha sentido na medida em que interagirmos com os sujeitos da própria história — os sindicatos docentes.

Por fim, consideradas as significativas limitações no campo da investigação sobre o sindicalismo docente, alimenta-me no momento o desejo de contribuir para minimizar as limitações do conhecimento sistemático nessa temática e de, ao fazê-lo, corresponder à expectativa manifesta de um líder sindical: "Acho que um trabalho assim para o momento em que estamos vivendo hoje é muito importante. Um trabalho que possa resgatar Paulo Freire no sindicalismo docente para nós vai ser muito bom".[6] Acatado o desafio, espero que as contribuições desta pesquisa correspondam ao esforço despendido, mesmo reconhecendo seu caráter aberto, como se o inacabado apenas apontasse para o muito que, nesta área, deve ser feito e construído.

---

6. Posição do sindicalista Francisco das Chagas Fernandes do SINTE/RN e vice-presidente da CNTE.

Capítulo 1
ITINERÁRIO COM A EDUCAÇÃO:
a dialética entre a teoria e a prática

Quando me propus a discutir e testar a hipótese que me convoca, qual seja, a *presença do pensamento de Paulo Freire no sindicalismo docente de 1º e 2º graus*, a partir de uma visão freireana de educação, tinha a clareza de que se tratava de uma opção político-metodológica, em meio a tantas outras que se apresentavam à discussão. Contudo, o entendimento de que todo e qualquer pensamento situa-se na história em que se constrói, estando por ela marcado, fez-me empreender, como objeto central explicativo da minha opção teórico-metodológica, o resgate do meu itinerário com as idéias de Paulo Freire, no contexto do meu próprio caminhar na área da educação. Como Apple, "acredito que é importante que situemos nossas teorias em meio a experiências vividas e, especialmente, que o autor(a) tente planejar os espaços — tanto políticos como pessoais — para as afirmações que ele faz ou para as histórias que ele conta sobre o que está acontecendo nesta sociedade" (Apple, 1997: 235).

Intenta-se, desse modo, "desnudar" a teoria que se foi construindo no decorrer de minha experiência de vida e de profissão (ainda em andamento, por suposto), repercutindo o entendimento de que, ao conseguir-se romper ou desnudar uma teoria, encontra-se aí uma *biografia historicamente localizada*. Nesse sentido, as análises aqui empreendidas partem de concepções elaboradas por Freire, mesmo que "filtradas" por minhas limitações e experiências de vida. Em razão disso, julgo pertinente refazer esse itinerário, concebido aqui, sobretudo, como ciclo de retorno que se quer traçado com honestidade intelectual e ideológica, beneficiado também, já agora, pelo necessário distanciamento.

Decerto, não se trata de entender o pensamento de Freire como o único capaz de responder pelos desafios teóricos e práticos resultantes da minha experiência de vida, o que certamente seria impossível, dada a inexistência de um pensamento "puro", desprovido de qualquer influência teórico-prática antes produzida. O pensamento de Freire não constitui exceção quanto a isso. Muitos foram os autores que influenciaram sua obra. Se lançarmos um olhar mais aprofundado sobre os seus escritos (e foram muitos!), percebemos o peso dessa assertiva. O próprio Freire pensador da práxis é também um pensador itinerante.

> Seu pensamento vai se modificando, complementando, radicalizando. [...] Freire tratou de evitar, a todo instante, a camisa de força que a 'especialização' alienada propõe ao intelectual. Levando em consideração a totalidade concreta e relacional do homem, procurou um ângulo de visão a partir do qual pudesse contribuir, como pedagogo, para que os setores dominados e oprimidos pudessem dizer sua palavra (Torres, 1979: 6-7).

Ao tomar como referência para a minha análise a teoria desenvolvida por Freire, tenho a clareza de que jamais poderei vislumbrar a possibilidade de adotá-la ou transportá-la às experiências atuais, sem a devida compreensão de que se trata de um pensamento que se foi construindo na estreita relação com os diferentes momentos históricos conjunturais de cada época, estando, dessa forma, intrinsecamente relacionado com as situações políticas, econômicas e sociais que à ocasião se apresentavam. Aliás, assumir o seu pensamento sem reconstruí-lo, desconsiderando, assim, as condições históricas em que está imerso e o fazer político-pedagógico de cada um e o dele próprio é algo que se contrapõe ao próprio pensar freireano.

Assim, amparada nessa forma de pensar, o esforço de discutir sobre a temática proposta está submetido a uma visão freireana de educação, sem, contudo, ficar apenas a ela restrito. Trata-se, certamente, de uma busca que, atravessada de subjetividade, denunciará meu próprio pensar.

Por outro lado, não se trata de um trabalho que busca construir ou resgatar, na sua totalidade, uma autobiografia. Trata-se, isso sim, do esforço de quem tenta apreender, com humildade e rigor imprescindíveis, o nível de compreensão epistemológica que se vai constituindo em um incansável movimento de construção/desconstrução teórico-prático, porque dialético, fundamentando e justificando experiências e vivências de um percurso existencial.

1.1. Caminhos de uma trajetória

Muitos são os caminhos oferecidos ao resgate do que aqui estou chamando *ciclo de retorno*, até porque, como é sabido, ninguém nasce educador: nós nos tornamos educadores. Nos altos e baixos dessa busca, dessa peleja, é imprescindível considerar a relação e a relevância que os diferentes momentos históricos estabelecem entre si, alterando relações, funções e ações dos agentes sociais que, com eles, interagem. Daí que, e para efeito do meu propósito de trabalho, fui levada a priorizar parte desses momentos, talvez aqueles em que tive oportunidade de testar, com mais veemência, a relação entre as minhas opções teóricas e as experiências de vida que se foram apresentando, por vezes de forma conflitante e desafiadora e, por isso mesmo, motivadoras e estimulantes. Devo confessar que o constrangimento em falar sobre as experiências de minha vida profissional existe. Não é uma situação confortável, diria. Contudo, ao tentar resistir a esse mal-estar, sou por ele vencida, mas assumo a vigília de, ao tomar distância dos fatos ocorridos, tentar compreendê-los na perspectiva de sua historicidade e da fidelidade que esse relato exige.

Ao tentar resgatar alguns desses momentos, tomo como referência o reconhecimento do caráter histórico dessas experiências. Alicerçadas em estruturas de dominação e subordinação social, às quais são submetidos homens, mulheres, jovens e crianças do nosso país, profundamente desapropriados do direito de cidadania, de justiça e de dignidade social, cedo tive que conviver com essa realidade. Resultantes de uma sociedade capitalista, cujos interesses lucrativos sobrepõem-se a toda e qualquer forma de justiça social — e, nesse sentido, pode ser vista como uma sociedade sem fronteiras —, precocemente tive que conviver nos espaços da rede pública de ensino no interior do Estado potiguar, no semi-árido nordestino, com uma realidade que não difere, ainda hoje, de tantas outras espalhadas pelo nosso país. Ali, onde a deterioração do ensino e da escola pública refletem a igual deterioração da vida da população, fui levada, juntamente com os demais colegas educadores, a aprender a lidar com uma realidade que se apresentava aparentemente imutável, posta, pronta para ser vivida, jamais questionada. O controle político-ideológico exercido pelas instâncias públicas educacionais locais representava os interesses de uma política nacional expressa, naquele período, na Lei nº 5.692/71 — Lei de Diretrizes e Base da Educação Nacional.

Apesar da "abertura lenta gradual e segura" vivenciada pela sociedade civil a partir dos anos 1970, havia à época, instalada no tecido social, como resíduo da era dos militares, uma espécie de "cultura do silêncio", censora a toda e qualquer forma explícita de pensarem-se alternativas à educação, à escola pública, à sociedade. Parte desse silêncio podia ser ouvido nos cursos de formação dos educadores (e não apenas deles, é certo), tanto no nível secundário (de então) quanto no terceiro grau. Refiro-me especificamente aos cursos de formação do magistério e aos cursos de pedagogia, com suas conhecidas habilitações: supervisão, orientação e administração escolar.

Não havia, de forma ampla e oficializada, a preocupação assumida de pensar alternativas à educação e à sociedade a partir de uma formação crítica dos educadores. Ao contrário, a garantia da manutenção da política oficial do governo fazia-se sentir em todas as esferas sociais, inclusive nos espaços educacionais da escola e da sala de aula. A presença do supervisor, cuja função, à época, assemelhava-se à do inspetor/fiscalizador de ensino, limitava as ações inovadoras advindas de iniciativas isoladas dos professores, porque contrárias às determinações preestabelecidas pela política educacional do Estado. O chamado planejamento educacional, por meio da elaboração dos planos de aula, e que tinha objetivos previamente definidos (antes mesmo do primeiro contato com o educando), garantia certo controle do que seria "apresentado" em sala de aula. Naturalmente, o que estava em questão era a defesa de determinado tipo de educação, a educação bancária, para usarmos a expressão de Freire. Uma educação em que o educador é o sujeito (o único sujeito do processo) capaz de conduzir os educandos à memorização mecânica de um conteúdo previamente selecionado e por ele transmitido.

> Na visão "bancária" da educação, o "saber" é uma doação dos que se julgam sábios aos que eles julgam nada saber. Doação essa que se funda numa das manifestações instrumentais da ideologia da opressão — a absolutização da ignorância, que constitui o que chamamos de alienação da ignorância, segundo a qual esta se encontra sempre no outro (Freire, 1975: 67).

Afinal, o que importava, a todo custo, era produzir o ensino brasileiro de acordo com os interesses tecnicistas determinados pelo acordo MEC-USAID.

No entanto, permeava a inexistência de uma fundamentação crítica consistente em meio aos colegas educadores, os quais, como eu, tentavam melhor compreender o cotidiano de determinado trabalho que nos absorvia de forma avassaladora e imperativa. Essa situação, entretanto, não nos impedia de perceber, dessa feita com segurança (dada a forma como vivíamos intensamente os problemas que se apresentavam ao cotidiano da escola), a presença de uma realidade inquieta, sedenta de mudanças e de projetos alternativos a situações historicamente postas.

À época, esse fato favorecia apreender o reconhecimento do caráter contraditório entre o que era posto pela política oficial da escola pública e o que estava posto pela sociedade que a comportava. Os conteúdos, as práticas pedagógicas, a metodologia aplicada em sala de aula contrariavam em muito as necessidades e interesses dos educandos. E isso tornava-se claro por inúmeros fatos: o desinteresse dos educandos, as repetências, as desistências, os atritos e o descaso com aquele tipo de educação que lhes era transmitido e constantemente avaliado. Ao mesmo tempo que constituíam limites ao êxito dos propósitos da política educacional nacional, apontavam para a incoerência e o distanciamento entre o ensino transmitido pela escola e os ensinamentos da própria vida.[1] O "sentimento" com que "vivíamos" esses problemas forçava-nos a buscar, nas teorias que fundamentavam nossas ações cotidianas, respostas às questões que se nos apresentavam. Como apenas podemos ler o que nossa teoria permite, permaneciam as lacunas, por mais que a prática insistisse, ela própria, em nos ensinar.

---

1. Embora seja essa uma discussão à parte sobre o que realmente constitui êxito ou fracasso da política educacional, é fundamental deixar claro que, para os propósitos políticos e ideológicos do Estado, a garantia de uma educação de qualidade, ou seja, uma educação coerente com os interesses e necessidades dos segmentos populares da escola pública, não faz parte, de um modo geral, das políticas públicas por ele empreendidas. Entendo que o fato de não garantir a permanência dos alunos na escola (dada a forma como a escola pública é estruturada e implantada em nossa sociedade, salvo as exceções, é certo), contradiz um dos seus propósitos: o de formar o "futuro cidadão brasileiro". Nesse sentido, pode ser considerado um fracasso. A "volta" da criança, do jovem, às ruas, pode ser entendida como a negação, a rejeição a uma determinada forma de pensar educação, além da própria negação do proposto pelo Estado. No fundo, sem que esteja claramente manifesta, é uma forma de resistência.

O certo é que não encontrávamos soluções seguras às perguntas que nos fazíamos, e isso aumentava cada vez mais a curiosidade inerente ao ato de conhecimento. Talvez aí resida, já àquela época, como que para explicar nossas angústias e a sede de conhecer que nos castigava, o caráter indutivo da dialética. Isto porque "A dialética, como afirma Frei Beto, é 'indutiva'. Nela, o processo de teorização do real vai do pessoal ao coletivo, do biográfico ao histórico, do local ao nacional, do específico ao geral, do conjuntural ao universal, do parcial ao estrutural, do concreto ao abstrato" (Gadotti, 1987: 29).

Estávamos num período de acelerada reorganização do campo educacional.[2] O dinamismo desse movimento

> resulta do entrecruzamento da reorganização política e acadêmica dos educadores, para a qual concorrem a reativação dos grandes eventos e a criação de novas entidades nacionais, a revitalização editorial e a implantação dos cursos de pós-graduação *stricto sensu* (com o realocamento da pesquisa educacional). Este é o contexto que propiciará a emergência da produção de inspiração marxista no campo educacional (Yamamoto, 1996: 67).[3]

Dada a necessidade de formar professores para o ensino de graduação, que se expandia de forma acelerada, associada ao incentivo à pesquisa científica e tecnológica, os cursos de pós-graduação constituíram um dos muitos canais da sociedade civil que, aos poucos, foram sendo utilizados em contraposição aos objetivos inicialmente estabelecidos. Contraditoriamente, tais cursos passaram a ser, em sua maioria, canais irradiadores de crítica ao Estado autoritário que os originara, bem como às políticas específicas traçadas pelo Estado, dentre elas a política educacional. Inspirados na tradição marxista, notadamente presente em alguns programas de pós-graduação em educação e na produção intelectual de expressivos educadores brasileiros, imprime-se, no campo educacional, um significativo movimento crítico responsável pela (re)incorporação dos intelectuais — esfera do

---

2. Sobre a reorganização do campo educacional brasileiro nesse período, veja o terceiro capítulo, a seguir.

3. O mestrado em educação no Brasil surgiu na PUC-RJ, em 1965; segue-se o da PUC-SP, em 1969, em Psicologia da Educação. Na década de 1960, esses, os únicos programas de pós-graduação em educação. Sua expansão deu-se na década seguinte. "Entre 1971 e 1972, foram instalados dez cursos de mestrado; em 1975, dezesseis estavam em pleno funcionamento. Aliás, dos 48 cursos em atividade em 1992, 65% foram criados na década de setenta. O doutorado começa anos mais tarde, em 1976, também na PUC/RJ, com uma expansão já na década de oitenta" (Yamamoto, 1996: 81-2).

movimento oposicionista do período. Dessa nova tomada de posição deriva a criticidade das pesquisas realizadas por professores e estudantes, manifesta em teses e publicações acadêmicas. A crítica ao social retomava o seu lugar por meio de teorias alicerçadas em bases contestadoras ao capitalismo e à burguesia. Essa nova forma de pensar, associada à ampla divulgação da produção acadêmica no país, passa a alimentar os eventos político-acadêmicos, denotando claramente "o deslocamento da reflexão teórica para dentro da academia, com um rigor compatível, respaldando a ação política" (Yamamoto, 1996: 83). Tratava-se, sem dúvida, de uma nova fase educacional.

Previsivelmente, os efeitos da reorganização do campo educacional passaram a refletir-se gradativamente nos diferentes espaços da educação e, em especial, nos cursos de formação dos educadores, bem como nas demais áreas e diferentes esferas sociais. Afinal, a vasta publicação de teses e livros acadêmicos encarregava-se de levar adiante o que estava sendo pensado e produzido pelos intelectuais do país.

Foi nesse contexto que a repercussão da criticidade da produção acadêmica, referendada em teorias marxistas, atingiu não apenas os grandes centros, mas também espalhou-se por diferentes pontos do país. Os educadores brasileiros passaram a ter contato e envolvimento com essa nova produção intelectual nos diversos espaços por onde atuavam: na escola, nos movimentos de organização política das diferentes categorias sociais — inclusive a organização docente —, nos eventos promovidos por entidades educacionais, entre outros. Não foi diferente nos espaços por onde atuávamos. Contudo, na medida em que se aguçava a necessidade de respostas para muitas das questões que se apresentavam ao cotidiano das escolas e do nosso trabalho, as discussões resultantes dos problemas existentes esbarravam na necessidade de um maior aprofundamento e amadurecimento de princípios capazes de levar à compreensão da realidade, para que pudéssemos melhor encaminhar nossas ações. Nesses termos, e movida por situações inerentes à realidade vivida, é que busquei o curso de pós-graduação.

É importante registrar que, como palco da minha experiência profissional, estavam em evidência sempre os espaços da escola pública. Embora as questões que se apresentavam como problemas fossem mais especificamente a ela relacionados, não conseguiam esconder a estreita relação que estabeleciam com o tecido social. Isso porque a escola pública, único espaço por meio do qual as camadas populares têm acesso ao ensino formal, abrigando-as em seu interior, favorece a manifestação dos interesses e necessidades desse segmento social, o que contraria os princípios político-ideológicos constitutivos da escola pública. Ora, diante de uma realidade como essa, associada à necessidade premente de se repensar a função social da escola pública, surgiam dúvidas, incertezas e angústias sobre a possibilidade de se trabalhar em função desses segmentos na esfera pública. Essa era uma questão que, necessariamente, teria que ser bem pensada e aprofundada, quando se pretendia enveredar, como alternativa, por outro caminho que não o estabelecido pela escola pública para que os educadores o executassem.

Seria isso possível?

Afinal, como pensar em alternativas à escola pública, em uma esfera estatal marcada por políticas públicas sociais notadamente empenhadas na reprodução de um sistema social dependente econômica e politicamente das determinações que lhe eram impostas? É possível trabalhar, consideradas as limitações com as quais convivíamos na sociedade, na esfera pública estatal, na região, uma educação popular voltada para os segmentos marginalizados da sociedade? Afinal, as experiências de educação popular entre nós não estiveram sempre ligadas a iniciativas sociais fora do espaço formal de ensino? Até que ponto a função atribuída à escola, enquanto aparelho ideológico do Estado, é realmente verdadeira? Quais as possibilidades que se apresentam a um trabalho dessa natureza? Perturbada por essas e outras inquietações é que cheguei ao curso de pós-graduação, em 1984, como aluna do curso de mestrado. Portanto, a ida ao curso de pós-graduação deu-se a partir da necessidade de melhor compreender a prática vivida na escola pública — e não por deleite intelectualista ou imperativo à progressão acadêmica. Ou seja, impelida pelas necessidades concretas é que busquei a teoria, fato que só vim perceber mais claramente algum tempo depois, ao refletir, como agora, sobre o conhecimento que trazia comigo antes mesmo do curso de mestrado. Afinal, "a reflexão crítica sobre a prática se torna uma exigência da relação teoria/prática, sem a qual a teoria pode ir virando blablablá e a prática, ativismo" (Freire, 1997: 24).

1.2. (Com)Vivendo com Freire

Na verdade, meu primeiro contato com as idéias de Freire ocorreu bem antes de tornar-me sua aluna, no curso de mestrado em educação, em 1985. Tive acesso a algumas de suas obras no momento em que, no país, proliferava com certa rapidez um determinado pensamento crítico sobre a sociedade e a educação. Foi no curso de pósgraduação em que pude, entretanto, de forma mais interativa, vivenciar experiências educativas novas, profundamente importantes para a minha formação acadêmica.

Sem desconhecer nessa trajetória a participação de muitos outros educadores/professores, colegas de curso e a minha própria experiência de vida, enfatizam-se algumas dessas experiências. Nelas, o contato com as idéias freireanas e com o próprio Freire contribuíram significativamente para o melhor entendimento de uma teoria que foi, silenciosamente e, por vezes, de forma insegura, iluminando minha prática: talvez por isso mesmo, por entre dúvidas e incertezas, essa presença enraizou-se enquanto forma de pensar e de encarar a vida, apontando-me uma direção. O pensamento freireano, como já afirmei, tomo-o como referência principal, o que justifica minha opção teórico-metodológico e o exercício que me move no momento. Assim, parto do pensamento freireano, sem, contudo, ficar apenas a ele limitada.

Visando topicalizar as discussões que darão corpo ao que aqui estou chamando ciclo de retorno, parto do princípio de que as idéias de Paulo Freire são por demais conhecidas, dada a vasta produção, publicação e divulgação de seus textos, bem como a existência de farta bibliografia de documentários sobre seu pensamento. Não se impõe, pois, ao que me parece, a revisão — memorialística, de resto — de sua obra. Tampouco proponho-me a alimentar a "indústria de Freire", apontada e criticada por Michael W. Apple.[4] Minha experiência profissional, fundada em "tentativas práticas" por mim testadas, não permitiria, espero, tal rótulo. Limitarei meu registro ao enfoque de alguns percursos de uma trajetória pessoal, cuja tomada de posição respalda-se em um campo teórico com o qual me identifico.

Decerto, não devo negar que o fato de ter sido aluna de Freire foi, para mim, um privilégio. Num esforço de registrar momentos dessa experiência, vem-me à memória, quase que sem esforço, um fato

---

4. Refiro-me às críticas feitas por Michael W. APPLE, no livro organizado por ele próprio e Antonio NÓVOA (1998), *Paulo Freire: política e pedagogia*. Nessa obra, ele faz uma rigorosa crítica a intelectuais que utilizam Freire enquanto escritor e pessoa como estratégias de mobilidade e de *status* social no meio acadêmico.

marcante, talvez uma das maiores provas de coerência teórico-prática desse educador. Com ele aprendi a assumir-me como professora com mais clareza e convicção e, por isso mesmo, aprendi a perceber-me diferente do aluno. Diferente não enquanto pessoa, ou no sentido de sobreposição do poder do saber, mas diferente porque professor.

> O professor é diferente do aluno, eu sou diferente de vocês. O professor que diz em sala de aula ser igual ao seu aluno, ele está sendo demagogo, e não apenas isso: o aluno não quer ser igual ao professor. Vocês estão aqui para aprender e eu estou aqui para ensinar.[5]

Isso é que nos falava ele em nosso primeiro dia de aula. E esse registro inquietou-me por muito tempo. Para mim, tornava-se difícil entender e aceitar que um educador popular, que sempre lutou, dentro e fora do país, por uma educação igualitária, humanista e de respeito ao saber do outro, assumisse a si como diferente dos alunos, muitos deles também professores, já que se tratava de um curso de pós-graduação.

Hoje, vejo com mais clareza que o que instigou minha incompreensão naquele instante não foi apenas o desconhecimento das argumentações que foram sendo postas em prática pelo professor durante nossos encontros, mas a não-aceitação da possibilidade da "suspeita" de incoerência que aquela afirmativa encerrava. Não que ele não pudesse incorrer em erros, em riscos comuns a pensadores, educadores. Na verdade, por mais que o respeitasse e o admirasse, nunca consegui vê-lo como mito, talvez pelo fato, para mim tão real e íntimo, de seu modo de ser nordestino. Prefiro acreditar que me faltava, à época, conhecimento mais depurado da teoria pedagógica fundadora do seu pensar (fator determinante, no meu entendimento), mas faltava-me também e principalmente o tempo de amadurecimento de minhas próprias idéias.

Essa foi talvez uma das questões que mais me marcou naquela época, tanto que hoje, quinze anos passados, essa afirmativa vem à tona de forma nítida, sem qualquer pressão de memória.

Aos poucos, à medida que o curso evoluía e as discussões tornavam-se realmente mais veementes, veio a constatação clara daquilo

---

5. Comentário feito por Paulo Freire em sala de aula no curso Educação Popular na Faculdade de Educação da Unicamp em 1985.

que é extremamente caro na pessoa e na pedagogia freireana: a coerência. Ponderando a respeito, entendi que "a incoerência é uma possibilidade e não um dado em nossa existência. A viabilidade da incoerência deve desafiar-me para que não seja por ela enredado. A minha humildade me ajuda na medida em que me adverte para o fato de que posso também cair na incoerência" (Freire, 1994: 202).

Assim, ao entender a *relação pedagógica como um ato de dialogicidade*, em que o respeito ao conhecimento do outro é profundamente importante e fundamental à produção do conhecimento e de uma educação libertadora, Freire reforçava a vigília que o fazia buscar a coerência entre o que diz e o que faz. Ou seja, sem negar *a autoridade necessária ao educador*, Freire argumenta que

> o diálogo não existe num vácuo político. Não é um "espaço livre" onde se possa fazer o que se quiser. O diálogo se dá dentro de algum tipo de programa e contexto [...] Para alcançar os objetivos da transformação, o diálogo implica responsabilidade, direcionamento, determinação, disciplina, objetivos (Freire, 1987: 127).

O professor não deve, portanto, em nome da "autoridade necessária" e de uma prática educativa libertadora, renunciar ao que sabe. Seria uma hipocrisia, afirma Freire. Contudo, deve saber lidar com a relação tensa entre a autoridade e a liberdade, não permitindo que essa autoridade se transforme em autoritarismo ou que a liberdade se transforme em licenciosidade.

Dessa forma, ao conceber uma *relação pedagógica centrada no diálogo entre educador e educando*, sem negar o papel e o lugar do professor no ato educativo, reconhece e valoriza o saber do educando. Em outras palavras, o professor, ao considerar o saber do aluno, não deve ficar apenas nesse saber, ao contrário: tem a obrigação de, partindo dele, ultrapassá-lo. É por isso que ele é professor.

Na verdade, no espaço da sala de aula, a produção do conhecimento realizava-se a partir de temáticas que ali eram discutidas. Movidas pelos mais diferentes interesses, as histórias que os alunos e alunas relatávamos, com base em nossas próprias experiências, garantiam o ponto de partida das discussões. A valorização do saber que os alunos e alunas apresentávamos, ao mesmo tempo que era reconhecida enquanto possibilidade de referência a uma práxis libertadora, era, por vezes, "desnudada" daquilo que nem sempre apresentava-se de forma explícita, ao ser relatada. É que as histórias que os/as estudantes trazem para a sala de aula, muitas vezes, refletem o espírito da comunidade, se não sua memória coletiva, e também os silêncios que demonstram seu inconsciente reprimido. Tais histórias necessitam ser faladas, ouvidas e afirmadas, mas também criticadas, quando personificam, muitas vezes de forma inconsciente, o racismo, o sexismo ou antagonismos que oprimem os outros (Mc Laren & Silva, 1998: 59).

E era esse o exercício que ele nos propunha.

A simplicidade, enquanto virtude, permitia-lhe conduzir as discussões de forma paciente e amiga, sem, contudo, omitir-se das contra-argumentações, quando necessárias. O saber que reconhecíamos possuir não conseguia respingar-lhe a simplicidade segura, firme e serena. Refutava o poder do saber da mesma forma que detestava a arrogância do intelectual, sobretudo do intelectual de esquerda.

Hoje, relendo anotações por mim feitas à época, é possível reviver a formação estruturada de um curso nascido a partir de nossos passos. A síntese do caminho dessa aprendizagem, cujo processo constituiu o próprio curso, foi registrada por uma comissão de educandos/ educadores sob a coordenação de Adriano Nogueira. A socialização das experiências vividas e relatadas dava o tom de nossas esperanças e sonhos políticos, ao mesmo tempo que possibilitava que repensássemos criticamente nossas experiências. Em outras palavras, era o momento em que se fazia possível "reaprender o que tínhamos aprendido" (Nogueira, 1985: 2).

Foi ali, em meio a muitas das utopias manifestas, que a questão da escola pública surgiu à reflexão, provocando-me mais intensamente, dada a familiaridade e o interesse que tinha com o tema. As críticas acerca da escola pública foram muitas. Iluminadas pela concepção da educação como ato político-pedagógico, a crítica que fazíamos à escola pública remetia-nos à necessidade de responder a algumas questões capazes de revelar, com certa margem de segurança, o caráter ideológico e político da educação e da escola pública. Quem aprende? O que se aprende? Para que se aprende? De quem se aprende? Como se aprende? Eram questões freqüentemente presentes nas discussões e análises da escola pública brasileira. Respondê-las significava a denúncia de uma constatação e, certamente, o anúncio de possibilidades de alternativas.

As inquietações sobre essas questões foram marcando a minha passagem pelos demais cursos do mestrado, responsáveis pela ampliação de fundamentos teóricos, subsídios imprescindíveis à clarificação do que seria, mais tarde, meu objeto de pesquisa na dissertação do mestrado: a *escola pública popular*. Nesse sentido, muito devo a todos os professores e colegas de mestrado.

A opção por esse tema de pesquisa veio como conseqüência natural de toda uma vivência. Não foi necessário recorrer a outros meios externos aos meus interesses para chegar à definição do núcleo temático a ser pesquisado; ao contrário, exercitando a leitura do já feito, do já vivido na minha trajetória profissional e acadêmica, repensando criticamente as experiências vividas, delas emergiu o cenário comum: a escola pública. Ao fazê-lo, tentei fundamentar-me na interpretação do presente, fertilizando-a no progressivo entendimento do passado. Afinal, "reinventar-nos dentro de nossa profissão redescoberta é confirmar que não há conhecimento acabado, nem há ciência fora da história".[6]

Na verdade, o relato das experiências de cada um dos educandos participantes do curso ensejava ao professor Paulo Freire reafirmar seu entendimento de que o rigor, a importância de uma fundamentação teórica, consiste no poder de contextualizar cada texto, cada discurso. A grande conclusão dessa discussão é que a problematização do nosso conhecimento abrigava a possibilidade de repensarmos criticamente as experiências ali compartilhadas, desmistificando o velho e tradicional entendimento de que antes é preciso fornecer ao aluno certo conhecimento erudito para depois, aí sim, ser possível ouvir desse aluno seu depoimento, sua pesquisa, sua vivência. Nesse caso, a relação dialética entre teoria e prática vai perdendo sentido, dando lugar a uma relação unilateral entre aquele que sabe (e portanto ensina) e aquele que, por não saber, aprende. Não era esse o caso específico do nosso curso. A propósito, e a esse respeito é do próprio Freire a dedução:

> Em termos mais globais, essa fundamentação teórica vai sendo elaborada dentro do rigor de um compromisso teórico. Ambos os compromissos se mantêm acesos dentro da dinâmica maior de agir com conhecimento sobre a razão de ser do conhecimento-conhecido.[7]

---

6. Observação de Paulo Freire em sala de aula, no curso Educação Popular, na Faculdade de Educação da Unicamp, em 1985.

7. Comentário feito por Paulo Freire em sala de aula no curso Educação Popular na Faculdade de Educação da Unicamp, em 1985.

O ponto de partida foi, portanto, o reconhecimento e a valorização do conhecimento mais imediato, da experiência vivida de cada um, razão pela qual nos percebíamos um ser cognoscente. Não devo negar que o fato de ter sido aluna de Paulo Freire muito contribuiu para, na busca do conhecimento mais amplo, mais geral, não perder de vista a historicidade do meu próprio conhecimento, razão pela qual reconheço o papel político do conhecimento aprendido. E foi justamente da vigília desses dois aspectos que resultou a opção de estudar e de pesquisar sobre a viabilidade de construção da escola pública popular.

Ora, o próprio termo "popular", como determinador da escola pública, ao mesmo tempo que a identifica como não-particular ou elitista denuncia, de pronto, uma alternativa que lhe está sendo conferida, e denuncia, em conseqüência, o caráter não-popular da escola pública existente. Nesse sentido, fazia-se necessário inferir das reflexões e análises realizadas a respeito os limites e as possibilidades apresentadas.

Isso porque a educação pública popular, enquanto prática social, é também uma prática política. Nos espaços escolares da rede pública, o jogo de poder entre classes sociais distintas faz-se sentir mesmo que uma das classes não esteja fisicamente presente. Nesse jogo, a presença virtual da classe ausente, ao mesmo tempo que legitima a classe que não se mostra, instaura, em contrapartida, sua própria existência, ou seja, essa ausência é uma marca, previamente pensada e construída.

Nesse sentido, *há limites a essa proposta*, e eles são de toda ordem: sociais, políticos, econômicos, ideológicos, enfim, são limites históricos. Com essas preocupações é que foi trabalhada a temática que me desafiava. Não é o caso de repetir a trajetória percorrida, até porque o texto foi publicado (Vale, 1992), isentando-me de repetições. Além do que, a mim interessa, nesse ciclo de retorno, pinçar passagens que contribuam, de imediato, para a discussão que ora estabeleço.

É importante frisar que, por se tratar de uma abordagem eminentemente reflexiva, recorri, para sua elaboração, a três momentos que não podem ser considerados estanques, mas que se completam e dão corpo ao trabalho. No primeiro, o da fundamentação teórica, visitaram-se textos e documentos publicados sobre o cerne da pesquisa; no segundo, de caráter empírico, procedeu-se à interpretação de entrevistas feitas com educadores brasileiros contemporâneos; e, finalmente, resgataram-se situações concretas e experiências de educação popular nos espaços institucionais do próprio Estado.

Ao selecionar os educadores que seriam entrevistados a respeito da possibilidade de trabalharmos na escola pública uma concepção popular de educação, o nome do professor Paulo Freire surgiu como uma possibilidade dentre educadores de nomeada credibilidade no campo educacional, tais como: Rubem Alves, Celso de Rui Beisiegel, Wanderley Geraldi, Moacir Gadotti e Gilberta Januzzi.

A experiência de vida desses educadores no campo educacional e, em alguns casos, a experiência mais direta no trato com a educação popular, imprimiu à pesquisa um grande peso, uma vez que esses educadores nos fizeram pensar, contribuindo significativamente para o amadurecimento das análises e reflexões sobre a construção da escola pública popular. Acredito que os anos transcorridos após a realização das entrevistas com esses educadores (1987-1988) não tiram a atualidade de seus argumentos, já que as condições em que se encontravam as escolas públicas brasileiras, à época, persistem na atualidade.

Para registrar a presença de Paulo Freire no meu itinerário com a educação, destacarei passagens da entrevista a mim concedida, quando consultei aquele educador sobre a possibilidade de viabilização do nosso projeto. No momento, é esse meu objetivo. Antes, julgo imprescindível destacar que todos os demais educadores entrevistados, embora acreditassem na viabilização da proposta que lhes fora apresentada, apontavam enormes obstáculos à sua implementação. Foi mais especificamente a propósito desses obstáculos, ao tentar apreendê-los em sua profundidade, que a contribuição dos demais entrevistados mostrou-se de forma contundente e rigorosa. "Você defende uma tese que eu aceito (eu sempre aceitei, mas hoje mais ainda) de que é possível se fazer educação popular na escola pública e não só é possível mas deve-se" (Vale, 1992: 59).

Com essa ponderação, Paulo Freire ateve-se a refletir e a dialogar sobre as questões que lhe eram apresentadas, reservando-se a elucidar, na análise dos limites a essa proposta, as possibilidades que se apresentavam. Chamava a atenção para a *compreensão dialética dos limites da prática social* e, conseqüentemente, educativa. Apoiado em Marx, enfatizava a transitoriedade da história e, nela, a provisoriedade da realidade. Com esse entendimento, reafirmava ser possível ver o hoje como um espaço-tempo gerador de possibilidades — a ação do homem sobre o real exigindo um processo de conscientização de que apenas o homem é merecedor. Daí porque, quando indagado sobre as possibilidades de uma proposta alternativa à escola pública, enfatizava:

> a possibilidade alarga os limites, mas a possibilidade exige de mim uma prática [...] Não posso ficar só no domínio da possibilidade, porque tenho que possibilitar a possibilidade, e a possibilização da possibilidade é a realização da prática dentro do limite que se impõe a ela (Vale, 1992: 62).

A análise da relação dialética entre os limites e as possibilidades de uma prática social foi, certamente, a maior contribuição de Paulo Freire ao nosso diálogo. Com os pés sempre no chão da história, afirmava ser necessário que tomemos consciência das condições adversas a uma prática de educação popular para que possamos ultrapassá-las. Afinal, não se muda aquilo que não se conhece. O fato de considerarmos a prática educativa como ato político implica o reconhecimento não apenas da politização do seu caráter, mas, sobretudo, da eficácia que ela encerra ante a situação atual. De fato, se voltarmos nossa atenção para os diferentes papéis atribuídos à educação pelas políticas públicas implementadas nos diferentes governos nacionais, é possível perceber as funções que lhe são impostas. Disso, o momento atual representa uma prova viva.

Mas voltando nossa atenção para a contribuição de Paulo Freire, quando da entrevista para a dissertação (associada às demais contribuições dos educadores entrevistados), é importante destacar ainda (além da análise dialética entre os limites e as possibilidades apontados por Freire para a construção dessa escola) outros limites, não apenas aqueles referentes à estrutura social, tão freqüentemente criticados em nosso meio. São eles obstáculos mais obscuros, quer pela forma como se apresentam, quer pelo fato de estarem embrionariamente encarnados entre nós e na nossa prática educativa. Como nos advertia Celso Beisiegel: "é preciso avançar com a ação e muita sensibilidade para saber quais são os limites" (Vale, 1992: 66). E os limites são de toda ordem, repito. Alguns, mais concretos, mais próximos, porque nos circundam. É o caso, por exemplo, de toda uma engrenagem capaz de fazer funcionar a escola pública: a burocracia da escola, suas normas administrativas, as relações sociais ali estabelecidas, enfim, *limites ligados diretamente às questões inerentes à própria escola*.

De outra ordem, porém não menos limitantes, encontram-se empecilhos que ferem o homem no que lhe é mais caro: a dignidade.

Como não podemos isolar a escola do contexto econômico-político que a constrói, sustenta e legitima, esses fatores interferem, seguramente, na prática educativa. Refiro-me aos *limites infra-estruturais*, tais como: pobreza, desnutrição, ausência de moradia, trabalho precoce das crianças, violência, desemprego, entre tantos outros.

Por outro lado, seria ingenuidade ficarmos apenas nesse campo da ordem social vigente. *Há limites mais diretamente relacionados a questões internas à categoria docente* nem sempre visíveis e perceptíveis. Há obstáculos à própria formação do educador, à sua prática educativa, à sua prática política. A esse respeito, Paulo Freire enfatizava o distanciamento entre o que o educador diz e o que faz ou, se preferirmos, o distanciamento entre a teoria e sua prática; a falta de clareza política; os limites mesmo do conhecimento do educador; a forma como o relacionar-se com o educando sobrepõe o seu saber, entre outros. Todas essas questões possuem um desdobramento que extrapola nossa discussão neste instante. Não é o caso, portanto, de ater-me a elas.

No entanto, eu própria precisaria está convencida de que a conquista dessa escola requer coragem, clareza e ousadia — condições essenciais à elaboração de estratégias pensadas e utilizadas por todos aqueles e aquelas (para usar uma expressão cuidadosa e velada do próprio Freire), educadores e educadoras, instituições educacionais e organizações sociais comprometidas e empenhadas com a transformação da educação e da sociedade.

Foi a partir daí que se foi construindo mais solidamente a proposta que defendi em forma de dissertação de mestrado, em 1990, *O público e o popular: a inserção do popular na escola pública*, título veio a ser modificado mais tarde quando da sua publicação, sem, contudo, alterar o teor político-pedagógico proposto: educação popular na escola pública.

1.3. Assumindo compromissos com a educação municipal

Ainda no exercício de construção do que estou chamando de ciclo de retorno, sinto o quanto, na minha trajetória com a educação, as experiências pelas quais fui sendo envolvida reservavam significados outros que, aos poucos, estão sendo desvelados. Ao resgatar momentos de minha experiência de vida profissional, percebo que essa vivência vem se apresentando como um movimento pendular, no qual o vivido confunde-se com o novo, tencionando e impelindo a outro desafio.

Foi assim quando, num primeiro momento, deixei a experiência concreta da sala de aula em busca de subsídios teóricos que melhor fundamentassem minha prática, o que justificou o curso de mestrado. Isso porque, à época, fazia-se necessário certo distanciamento das ações cotidianas da escola pública, o que resultou na procura de explicações teóricas que me ajudaram a entender melhor a realidade vivida. Retorno aos espaços da sala de aula e da universidade, dessa feita já com um conhecimento mais elaborado, embora jamais acabado ou completo, até mesmo porque aqueles espaços já não eram os mesmos e as pessoas muito menos. De resto, o conhecimento, na sua totalidade, é apenas um horizonte que temos em mira, sabendo, no entanto, da impossibilidade em adquiri-lo por completo, sobretudo pela transitoriedade que lhe é peculiar. Saber do saber inacabado é o que move a busca do conhecimento novo. A incompletude do saber é o que o faz avançar, mesmo quando a nova construção apresenta-se pela desconstrução do antes estabelecido; o novo identificado tão-somente em função do não-novo, do passado, do vivido... Acredito que, nesse retorno, os conflitos renovaram-se e também os desafios, justificando, por certo, o movimento pendular referido.

Enfim, em meio ainda à acomodação das idas e vindas, entre o tempo do distanciamento e o cotidiano dos espaços da universidade, vigiando para não incorrer demasiadamente na incoerência entre a teoria adquirida (sintetizada na proposta da possibilidade de inserção do popular no público) e a prática, risco que corremos constantemente e que, por vezes, nos vence, fui provocada mais uma vez a testar não apenas os conhecimentos adquiridos, mas também, principalmente, o compromisso político com a educação. Agora, o desafio apresentava-se em uma dimensão que intensamente assustava a professora que lutava (como hoje) por ser educadora, atuando como funcionária pública em um espaço que, até então, não havia ultrapassado os limites da educação pública nos seus níveis de ensino. Desta feita, o desafio posto era *assumir a responsabilidade por uma rede municipal de educação na capital do Estado, Natal-RN*, o que significava administrar 46 escolas e mais 48 conveniadas,[8] 1.444 funcionários, 2.500 professores e

---

8. Escolas privadas subsidiadas com recursos públicos. Na realidade de Natal, à época, a maioria dessas escolas sequer era legalmente reconhecida pela Comissão de Inspeção

34.000 educandos. Vejam que, só aí, temos, no mínimo, uma curiosidade — o número de escolas conveniadas era superior ao das escolas do quadro da rede municipal; a causa disso iríamos descobrir depois!

O desafio era enorme, sem dúvida alguma. No primeiro momento, relutei muito em aceitar o convite feito. Dois motivos justificavam essa relutância: primeiro, o fato de nunca haver vislumbrado, na minha vida profissional, tal oportunidade de experiência. Não seria eu a pessoa mais indicada para assumir o cargo; segundo, precisava antes, como que para abrandar meu susto, conhecer as causas que levaram a indicação do meu nome para ocupar tão "cobiçado cargo político", como se costuma dizer na política brasileira. E um cargo político na política potiguar significava estar atrelado a algum partido político tradicional, de preferência aos dois grupos que se revezam e se revezam, ainda hoje, no poder: os Alves e os Maia. Não era esse o meu caso, sendo eu filiada ao Partido dos Trabalhadores — PT. Precisava, portanto, eu própria, entender muitas razões, talvez até para afugentar a possibilidade que permanecia a bater na minha porta insistentemente. Nós, que lidamos com a reflexão, acostumamo-nos a pensar muito, às vezes em demasia... O tempo da realidade, da política e das ações públicas é um tempo de urgências, emergências e conveniências. São tempos diferentes, aprendi depois.

Passado o primeiro impacto, optei por dividir com os colegas de percurso na educação o desafio primeiro: o da decisão. Com raras exceções, todos também imersos na mesma experiência da docência, nas escolas, nas universidades, portanto, num espaço muito restrito e específico do setor público. Mesmo assim, indagavam: por que não aproveitar a oportunidade? Por que não tentar pôr em prática a teoria que costumamos exercitar nas salas de aulas, nos espaços por onde atuamos? Por que não contribuir, afinal? Como isentar-se de tentar pôr em prática, na capital do Estado, uma proposta que já vinha sendo experimentada em outras administrações municipais, inclusive em São Paulo, com o próprio professor Paulo Freire na Secretaria de Educa-

---

do Estado, ou seja, não existiam enquanto escolas. Mesmo assim, em nome da educação, cobravam do governo todos os direitos que achavam possuir (professores, auxiliares de serviços gerais, supervisores, aluguel de imóveis etc.). Respeitando as exceções, parte dessas escolas constituía um verdadeiro crime contra a população, dada a precariedade de suas instalações, abuso de poder dos dirigentes (igualmente proprietários), além do uso desse espaço para favorecimentos político-partidários. Sem dúvida alguma, uma boa forma de alimentar a expansão da rede privada local.

ção? Enfim, eram muitos os porquês, e eles alimentavam, enquanto decidia, as esperanças, os sonhos, a noção de dever e, sobretudo, a necessidade de coerência com tudo que pregava e, por vezes, escrevia sobre educação pública. A oportunidade de testá-la era um fato concreto. Não resta dúvida de que o momento foi muito mais de tensão do que de prazer.

Foi em meio a essas dúvidas, incertezas e inseguranças que consultei os professores Paulo Freire e Moacir Gadotti. Ambos haviam atuado na Secretaria Municipal de Educação da cidade de São Paulo, no período de 1989 a 1991, no governo de Luiza Erundina, sob a direção do Partido dos Trabalhadores — PT. Na referida gestão, Paulo Freire foi indicado secretário da Educação e Moacir Gadotti chefe de Gabinete, tornando-se, depois, assessor especial. Não devo negar que esses dois educadores também influenciaram na minha decisão, que, dada a forma como estava sendo conduzida, não era mais minha, mas de um grupo que, aos poucos, ia sendo responsável pela resolução a ser tomada. De Paulo Freire, recordo a seguinte fala ao telefone:

> Conterrânea, não temos o direito de, enquanto educador que queremos ser, renunciar a um convite dessa natureza. Seria uma incoerência, seria negar tudo o que defendemos, seria perder a autoridade que temos, até então, ao criticar a educação pública. É importante que a gente tenha essa experiência e a oportunidade de fazer alguma coisa pela educação, estando à frente de uma Secretaria de Educação...

Foram palavras que não apenas guardei na memória, mas que me acompanharam nessa e nas decisões futuras.

Assumi, enfim, a Secretaria Municipal de Educação — SME de Natal, em abril do ano de 1993. Essa foi, talvez, uma das maiores ousadias que enfrentei e assumi enquanto mulher, mãe, professora/educadora, nordestina, funcionária pública. Agora, ao tomar distância dos fatos, atribuo essa ousadia a certa dose de ingenuidade e ao desconhecimento da realidade de uma administração pública, quando vista por dentro. A dimensão é outra. O tempo da ressaca da experiência, acredito, já passou, e por isso sinto-me encorajada a abrir a agenda e a falar sobre parte dela.[9] Não tenho, no entanto, a pretensão de rastear todo o período em que respondi, juntamente com a equipe com a qual

---

9. Refiro-me à *agenda de trabalho*. Dado o meu hábito professoral, nela tudo escrevia — desde o primeiro encontro com o prefeito Aldo Tinôco, expondo-lhe meu pensar sobre

trabalhava mais diretamente, pela educação municipal da cidade de Natal. Afinal, não se trata de uma prestação de contas da administração. Meu propósito, aqui, é tão-somente relatar, no meu itinerário com a educação, momentos de uma experiência em que a presença do pensamento de Freire, associado a outras formas de pensar a educação pública, foi sendo severamente testado, desafiado e, por vezes, negado, enquanto possibilidade de execução.

Certamente, muitos foram os atores sociais desse percurso, entre eles o SINTE-RN, instância representativa dos docentes e funcionários das escolas estaduais e municipais. Resgatar parte dessa experiência significa, também, enfocar a relação estabelecida entre o SINTE/RN e a SME/Natal, já que, à época, encontrava-me como mediadora direta entre essa categoria e o poder público municipal.

Sem dúvida, não é o caso de analisar a administração municipal como um todo, ou até mesmo a administração da SME, o que certamente nos remeteria a um outro campo de análise e de preocupação. Contudo, no instante em que me permito reviver parte dessa experiência, é preciso clarificar dois aspectos: o primeiro deles é o entendimento de que essa história não me pertence apenas, dela faz parte um grupo de pessoas que, como eu, sonhava, investia, acredita e lutava por uma sociedade mais democrática, participativa, mais humana. Nessa busca, a educação e a escola pública popular apresentavam-se como uma das possibilidades existentes, razão pela qual a elas direcionávamos nossas questões, ações, dúvidas e incertezas. O segundo aspecto é que, tendo sido essa experiência historicamente datada, marcada por toda uma conjuntura da política local, seguramente a necessidade de caracterizar o campo político que moldurava aquela administração surge de forma imediata. É o que farei em seguida.[10]

---

a educação e as condições que considerava necessárias para que viesse a aceitar seu convite, até os despachos, reuniões com o secretariado, audiências, visitas à Câmara Municipal, fóruns educacionais, fóruns político-administrativos, "pedidos" de vereadores, "bilhetes" de autoridades locais, audiências com diretores, sindicatos, funcionários; enfim, sem perceber, fui documentando a história enquanto nela, teimosamente, interferíamos.

10. Para isso, tomando cuidado em não trair a honestidade intelectual que preservo, fundamentarei meus registros não apenas nas anotações contidas nas agendas de trabalho, mas também no material pensado e produzido pela equipe da SME/Natal no período em foco (15 de abril de 1993 a 31 de dezembro de 1994), nas notícias veiculadas pela imprensa escrita local, bem como na análise documental de alguns estudos/pesquisas realizadas sobre aspectos do governo Aldo Tinôco entre 1992 e 1996.

A política da cidade de Natal/RN experimentou, em 1992, uma proposta nova de governo municipal, sintetizada no que convencionou-se chamar *Frente Popular de Natal* — FPN, fruto da coligação e da coalizão dos seguintes partidos: Partido Comunista — PC, Partido Comunista do Brasil — PC do B, Partido Verde — PV, Partido Democrático Trabalhista — PDT e o Partido Socialista Brasileiro — PSB. Esse último recebeu a filiação do então candidato a prefeito, Aldo Tinôco Filho, às vésperas da indicação do seu nome para disputar o cargo nas eleições municipais de 1992. Aldo Tinôco, engenheiro sanitarista, ex-secretário municipal do Instituto de Planejamento Urbano de Natal — IPLANAT, apresentava-se à sociedade como candidato indicado e apoiado pela então prefeita Vilma Faria, à época desvinculada do PDT e sem filiação partidária. Interessava à prefeita fazer instalar na política local um terceiro grupo, uma terceira força, da qual ela própria seria a maior representante. Ou seja, a candidatura e a possível vitória de Aldo Tinôco Filho à prefeitura deveria garantir e assegurar esse projeto político.

Quanto à campanha, ela pautou-se em idéias progressistas, alimentando os discursos e dando o tom do programa de um governo que se propunha descentralizado, democrático, participativo. A vontade de renovar a forma de fazer política foi a tônica da campanha, a palavra-chave: a presença e a participação dos segmentos organizados da sociedade seria garantida. A sociedade estava sendo convidada a participar da administração pública. Nesse sentido, era mister planejar, propor mudanças, imprimir ações. A reforma administrativa seria a primeira delas. Imbuída de um princípio descentralizador, seriam criadas quatro subprefeituras nas quatro regiões setoriais da cidade, cujo objetivo era aproximar o poder administrativo da sociedade, ao assegurar-lhes autonomia orçamentária e administrativa. Seguia-se a essa proposta de governo o *Programa do Orçamento Participativo*, talvez o maior desafio a ser enfrentado. Garanti-lo seria o que poderíamos chamar uma questão de honra para a Frente Popular de Natal, a glorificação da gestão. A participação da população no planejamento orçamentário da prefeitura, definindo prioridades, acompanhando as ações e fiscalizando recursos, seria a prova cabal do viés político que marcaria a passagem dessa administração em Natal, o que abriria uma enorme fresta na antiga forma tradicional de se fazer política na Terra do Sol. Seria, de fato, a marca de uma terceira força, tão propagada pelo prefeito. Bem sintetizou a secretária de Administração e Planejamento da prefeitura, à época:

ITINERÁRIO COM A EDUCAÇÃO

Quanto à participação popular, a preocupação era permitir aos cidadãos a participação nos processos de tomada de decisão, implementação, acompanhamento, controle e avaliação de políticas públicas, particularmente criando mecanismos de participação formal da população nas decisões dos rumos e prioridades da ação executiva e no momento de sua realização (Clementino, 1995: 6).

Centradas nesses princípios, as propostas contidas no programa de governo deveriam balizar as ações das diferentes pastas do governo, por meio das secretarias.

Vence a Frente Popular de Natal, com o prefeito do PSB e a vice-prefeita do PC do B. Hora de fincar os pilares que efetivarão o cumprimento das promessas de campanha e, para tanto, a escolha dos assessores imediatos do prefeito era uma questão delicada e cuidadosa. Momento de disputas por espaços na administração, termômetro de poder das forças políticas partidárias. A forte presença no secretariado dos partidos da coligação da FPN imprime ao governo o seu caráter de esquerda, pelo menos nesse primeiro momento.[11] Vale registrar que a FPN não contou com a inclusão do PT, em âmbito local, já que o Partido dos Trabalhadores havia disputado o pleito de 1992 com candidatura própria, não aceitando fazer parte da coligação. A Secretaria de Educação ficara entregue ao presidente regional do partido a que se havia filiado o prefeito, o PSB.[12] O cargo trazia a marca de uma forte influência da antiga prefeita Vilma Faria. Com esse quadro, caberia ao governo fazer cumprir as promessas de campanha, em especial o programa dos cem dias de gestão. Essa era a maior meta.

---

11. A propósito, e no que se refere aos tempos desse governo, o estudo de Neves (1999), sobre a questão da governabilidade na gestão municipal de Natal de 1993 a 1996, dá uma boa contribuição. Em que pese discordar da autora em questões por ela trabalhada, não posso negar sua contribuição ao fazer um recorte dos tempos políticos do governo. Caracterizando-o, aponta as diferentes fases que foram se delineando e predominando no interior da esfera pública municipal, corroendo, por dentro, os ideais pensados e propostos inicialmente pela FPN. Para a autora, a primeira fase foi marcada pela forte presença da esquerda na gestão, mas também pelos conflitos sociais e políticos; a segunda, notadamente marcada pelo crescente desencontro de idéias e ações do governo e pela grande mudança no secretariado, no qual a presença dos partidos de esquerda diminuiu substancialmente e, por fim, a terceira fase, marcada pela instabilidade das Secretarias e dos órgãos do governo, pela descrença e desconfiança da população e, sobretudo, pelo isolamento e esvaziamento total do projeto inicial. Com essa caracterização concordamos plenamente.

12. O referido professor voltou a fazer parte da administração municipal como secretário de Planejamento na atual gestão, pela terceira vez, de Vilma de Faria.

Politicamente, os ventos começavam a soprar mais fortemente já nos primeiros dias do governo, alterando os ânimos do funcionalismo público municipal. Por um lado, a promessa da prefeita anterior, Vilma Faria, de um reajuste de 136% para os servidores públicos municipais (reajuste esse muito além das condições reais dos cofres públicos municipais), fez acirrar os reclamos do funcionalismo municipal, permitindo o entendimento de que "os novos governantes enfrentaram, já nos primeiros dias, setores sociais organizados, posicionando-se contra um governo que ainda estava por acontecer" (Neves, 1999: 26). Por outro lado, a bancada de apoio à FPN na Câmara Municipal era muito insipiente, dada a sua composição extremamente tradicional e, principalmente, seu atrelamento às lideranças políticas dominantes locais, o que implicava oposição à tentativa de implementação de uma terceira força na política local. Dessa forma, com uma base político-institucional fragilizada, a atuação do governo enfrenta sérias dificuldades logo no início de sua administração. O peso político de uma câmara municipal pode definir os rumos de uma gestão. Costumo frisar que, na administração municipal, o peso político dos vereadores determina o sucesso ou o fracasso do cumprimento (ou não) das ações governamentais. Não é a toa que parte dos vereadores bate a porta dos gabinetes dos secretários, quando não são favorecidos politicamente, e saem proclamando "altos elogios" e ameaças ao dirigente municipal. Na Câmara, salvo exceções, "o poder exercido em nome dos interesses da população" tudo pode, inclusive negar os interesses da maioria que elegeu seus representantes àquela Casa Legislativa, em nome de interesses menores e particulares. Todos esses fatores, atrelados à crise econômica nacional que se intensificava assustadoramente, caracterizavam as condições concretas e objetivas sob as quais o governo instalou-se e a partir das quais passa a administrar. Mesmo assim, caminhar era preciso.

O governo toma algumas medidas na direção dos propósitos administrativos pretendidos. Para isso, visando pôr em prática uma gestão democrática e participativa, contrata a assessoria da empresa paulista Machado e Daniel, cujo sócio Celso Daniel foi prefeito de Santo André/SP pelo PT.[13] O objetivo era estudar e capacitar o secretariado e técnicos administrativos sobre o que se convencionou chamar pla-

---

13. Também de Santo André veio para a administração, nesse primeiro momento, Sérgio Paganini, filiado ao PT, e um dos assessores mais influente do governo Aldo, com ele permanecendo até o final do seu mandato.

nejamento estratégico, cujo propósito, aberto à participação popular deveria contemplar as marcas do governo, determinar suas ações e discutir as condições concretas para sua realização. Para isso, muitos foram os seminários e encontros de estudo no decorrer dos primeiros anos de governo.

Contudo, apesar da reafirmação do prefeito da sua disposição em administrar Natal de forma mais democrática e participativa, a realidade político-administrativa do município, associada à fragilidade da convicção política do prefeito e, principalmente, ao claro descompromisso da maioria dos seus assessores com uma gestão democrática, impedia que a fala do prefeito e — como acredito que acontecia naquele momento — sua vontade política fossem sendo concretizadas na direção pretendida. Os conflitos começaram a aflorar de forma veloz, perdurando assustadoramente e de modo crescente em todo o período governamental. Eram conflitos de toda ordem. Alguns visíveis por toda sociedade, outros, mais contidos, porém não menos influentes; outros, ainda, de ordem interna do governo, aí compreendidos os conflitos administrativos, entre o secretariado, entre os partidos que compunham a coligação, entre assessores e até entre os dirigentes executivos, ou seja, entre o prefeito e a vice-prefeita. Proveniente dessa realidade, rápidas mudanças políticas ocorrem no governo já no seu início, o que, sem dúvida alguma, teve um peso enorme na questão da governabilidade. Para efeito de uma melhor compreensão e, sobretudo, com o intuito de sintetizar (sem omitir) a caracterização que tento fazer do cenário político do governo, utilizo, a partir de então, a divisão adotada por Vilma Neves (1999) em sua pesquisa, acreditando com isso facilitar e objetivar a compreensão do que interessa registrar.

O *período primeiro*, esse que venho retratando, tem vida curta. Enquanto o prefeito buscava encontrar soluções junto ao secretário de Finanças (cargo também ocupado por indicação da antiga prefeita) para a crise no funcionalismo público (recorde-se a promessa de reajuste salarial feita pela administração anterior — de certa forma ainda no poder), os servidores municipais, aí incluídos os da Educação e Saúde, decidem entrar em greve. Na verdade, é preciso que se afirme que a primeira greve dos servidores municipais chegou praticamente junto com os primeiros dias da administração do governo do PSB. Associada à paralisação dos servidores municipais, o prefeito somava insatisfações ao tomar severas medidas de contenção de despesas, tão logo tomou ciência das reais condições financeiras dos cofres públicos municipais, herança do governo anterior que o ajudou a eleger-se. Esse fato fazia muitas vezes com que, pelo menos nessa primeira fase, a transparência administrativa almejada pelos servidores municipais, e por parte de alguns secretários (não mais do que cinco ou seis pessoas), não fosse de todo muito explícita. Dessa forma, a administração, vista como uma continuação da administração anterior, reservava certo zelo pelos fatos que iam gradativamente se revelando no cotidiano burocrático-político-administrativo da prefeitura, o que, sem dúvida, dificultou enormemente os trabalhos dos órgãos municipais, comprometendo a credibilidade da FPN.

Diante desse quadro, e dada a situação financeira da prefeitura, fortes medidas foram tomadas pelo prefeito, contribuindo mais ainda para gerar uma enorme insatisfação por parte de segmentos da sociedade. As medidas iam desde a suspensão por trinta dias dos pagamentos por parte da administração direta e indireta e das fundações; a revogação de todas as autorizações de afastamento e cessão de servidores municipais, com ônus para a prefeitura; a proibição de qualquer despesa antes da publicação da programação financeira de 1993, até a limitação de uso de veículos e a diminuição das cotas de combustíveis. Acrescente-se, ainda, a pressão exercida pelos empresários dos transportes coletivos urbanos por um aumento nas tarifas dos ônibus. A essa enxurrada de medidas seguiam-se os conflitos. Proliferando-se a cada instante, o prefeito, na tentativa de desvendá-los, atribuiu suas causas à parte da sua equipe de assessores, à falta de coesão e de informação da equipe, bem como à forma como vinham conduzindo a mobilização grevista do funcionalismo. Ou seja, responsabilizou a equipe interna pelos obstáculos e dificuldades da administração. Afinal, o seu secretariado devia-lhe compromisso. Dizendo-se particularmente a favor da greve, o prefeito, em reunião com o secretariado, ao referir-se à Saúde e à Educação (em greve por mais de 30 dias), considerou-as como sendo duas áreas conturbadas, não poupando críticas, também, a outras instâncias administradas pelo "vilmismo", como ele próprio costumava falar. Era o começo de um rompimento que custaria caro à administração municipal.

O fato é que a insatisfação com parte do seu secretariado já se fazia notar. Na verdade, os acordos políticos de campanha, convertidos em cargos no governo, começavam a incomodar o prefeito, sedento por caminhar com suas próprias pernas. Com a argumentação de que precisava fazer jus às promessas de campanha e movido por um forte desagrado político com a ex-prefeita que, de certa forma, mantinha-se investindo na possibilidade de continuar administrando a prefeitura, Aldo rebela-se e realiza, nesse período, sua primeira alteração no quadro do secretariado. Para ele e uma pequena parte da sua equipe, notadamente seus assessores mais diretos, nessa fase, todos aqueles ligados a partidos de esquerda, inclusive a vice-prefeita do PC do B, Eveline Guerra, era importante para o prefeito fazer valer as promessas do programa de governo. Avaliando que o então secretário de Educação havia se desgastado ao mediar as negociações com a categoria docente, ainda em greve, resolve exonerá-lo. Esse foi, na verdade, um momento forte de rupturas políticas dentro do governo e o início de sua segunda fase. Estava sendo exonerado muito mais do que um secretário de Educação, mas também o presidente regional do PSB, partido ao qual estava filiado o prefeito. O cargo que ocupava passa, então, a ser exercido por uma filiada do PT, partido que, na disputa eleitoral, foi oposição ao prefeito. Uma pessoa sem nenhum peso político partidário dentro do governo. Ou, em outras palavras, uma pessoa que iria ocupar a maior secretaria do município, cabide eleitoral fortíssimo nos momentos oportunos e, certamente, sem nenhum compromisso com essas conveniências. Contudo, como o próprio prefeito chegou a afirmar em entrevista à imprensa, algum tempo depois, "a terceira via hoje passa pelo PT. A questão é que o PT local é ainda muito fechado e não tem a abertura do PT nacional. Eu os convidei, depois das eleições, para participarem da administração" (*Diário de Natal*, 1994). Alargar os espaços mais à esquerda ainda era a medida mais correta naquele instante para o prefeito.

Esse foi o quadro político (aqui extremamente sintetizado) que encontrei ao aceitar o referido desafio. Para situar melhor, é importante acrescentar que, além de encontrar o professorado em greve — o ano letivo de 1993 ainda não havia iniciado (e estávamos em 15 de abril) —, de substituir o presidente regional do PSB, partido do prefeito, fui severamente punida pelo PT local, que exigiu meu afastamento ou desligamento do partido.[14] Os primeiros dias que se seguiram à minha posse foram ocupados também pela administração dessas questões, para mim profundamente melindrosas. Não é o caso de ater-me às particularidades desse fato, contudo não posso deixar de registrá-lo e de informar que, mesmo assim, conseguimos provocar

---

14. "Erundina potiguar", foi assim que a imprensa local tratou o caso, em alusão à ex-prefeita paulista Luiza Erundina ao aceitar um cargo no governo Itamar.

reuniões junto à diretoria partidária, bem como encaminhar consultas à diretoria regional do partido — tudo isso para assegurar um posicionamento claro e bem fixado por parte do partido. É necessário dizer ainda que, apesar da insistência em obtermos a resolução que impedia a participação de filiados do PT regional no governo Aldo, não a conseguimos (sim, pois nessa época éramos três a ser punidos, inclusive o irmão do prefeito), o que nos deixou, de certa forma, aliviados no que diz respeito às possíveis deliberações partidárias. Na verdade, esse é um assunto que não constitui novidade em matéria de partido político, e o PT, apesar da notoriedade de suas ações já publicamente testadas nacionalmente, ainda não constitui exceção. Mesmo assim, se agora menciono essa questão, faço-o por respeito e zelo pelo registro dessa história.

Completa esse quadro, ainda, o fato de haver mantido, antes da posse, apenas um *único contato com o prefeito*, momento em que também o conheci. Na oportunidade, disse-lhe da minha inexperiência na administração pública, o que poderia ser uma limitação, ao seu governo, do meu compromisso com uma proposta de educação voltada para os segmentos populares, o que significava dizer que era uma educação eminentemente política e claramente assumida. Portanto, uma educação de caráter democrático, participativa, rigorosa e que se propunha comprometida com os segmentos populares. Na ocasião, entreguei-lhe meu livro: *Educação popular na escola pública*, que continha de forma bem mais elaborada o que estava apenas relatando, para que pudesse conhecer melhor o que estava sendo proposto à discussão com a rede municipal, podendo também identificar-me como pessoa e como educadora. Repetindo que meu compromisso era com a educação pública, expus-lhe minha condição primeira.

Acrescentei, ainda, a importância e a necessidade de apoio, de ajuda, para que pudéssemos levar à frente a referida proposta, além de considerar a liberdade e a autonomia condições essenciais na condução do processo, inclusive, já de pronto, na montagem da equipe. Não devo negar que tudo foi acatado, sem qualquer alerta ou condicionamento prévio, o que, de certa forma, mostrou um enorme desprendimento por parte do prefeito, levando-me a acreditar na sua vontade de realmente seguir em frente com suas propostas de comprometimento com a população. Esse tipo de educação seria um espaço importante e necessário à comunidade. A única indagação (ou solicitação?) que me foi feita é que gostaria de repetir a experiência do "DE pé no chão também se aprende a ler"[15] dos anos 1960. Havia brilho e esperança no seu olhar, ao manifestar tal desejo. Acreditei, investi e assumi.

O primeiro teste de fogo já começou na posse. O então chefe de gabinete, um empresário da região que muito ajudou financeiramente na campanha do prefeito, orientou-me, ao telefone, nos seguintes termos: "Professora, não vai haver posse formal. Dirija-se à Secretaria, sente-se na cadeira e pronto. O cargo é seu" (Registro pessoal, 14 de abril de 1993). Minha resposta veio na exata medida do atrevimento da orientação. Lembro-me muito bem de quando lhe respondi: "Diga ao prefeito que só sairei da minha casa quando a solenidade estiver preparada, a imprensa comunicada e o livro de registro da ata de posse em mãos. Caso contrário, não assumirei". Não sei de onde saiu tanta ousadia, mas sabia que já estava em uma guerra. Resolvi enfrentá-la. Não tardou o prefeito ligar-me, enraivecido pelo fato ocorrido, descaracterizando a "ordem" do chefe de gabinete, ao mesmo tempo que marcou a posse para o dia seguinte, 15 de abril de 1993, às onze horas, na Secretaria Municipal de Educação — SME.

A SME encontrava-se parada. Os funcionários na calçada, a imprensa local escrita, falada e televisiva presente em peso (depois de terem invadido minha residência na busca de um furo de reportagem), além parte do secretariado, alguns vereadores, deputados, funcionários e curiosos. Enfim, o espaço apertado da ante-sala do gabinete não suportou o número de pessoas presentes à ocasião. A única certeza que tive naquele momento foi a de que todo aquele arsenal político (com raras exceções de alguns poucos amigos ali presentes) tinha a ver diretamente com a questão da exoneração do antigo secretário, da diminuição da ingerência do poder de Vilma de Faria na prefeitura, do início do rompimento do prefeito com seu partido, o PSB, e, finalmente, lá na ponta, tinha a ver com a curiosidade em conhecer, de perto a atual secretária. Muita cena para uma pessoa que estava

---

15. A referida campanha desenvolveu-se em 1961, no governo de Djalma Maranhão em Natal — RN, em um contexto marcado pela crise hegemônica da classe dominante e em um momento de ascensão política dos trabalhadores. Segundo Moacyr de Góes, secretário de Educação Municipal naquele período, "'De pé no chão' é o resultado do cumprimento de um compromisso político assumido na campanha eleitoral de 1960, quando a tendência popular de uma frente política, organizada nos chamados Comitês Nacionalistas ou Comitês de Rua, elaborou, junto à comunidade, um programa de governo municipal que assegurava escola para todos" (Góes, 1985: 55). Seguramente, o contexto dos anos 1990 em muito diferia da efervescência política dos anos 1960.

acostumada a ter como cenário de sua atuação os espaços escolares, e como atores sociais seus pares.

Não conhecia absolutamente nada da realidade da SME. Por isso mesmo, sabia que tinha que conhecer, conhecer e conhecer ao ouvir, ouvir e ouvir os que compunham a SME. A Secretaria já possuía uma história e era preciso conhecê-la, e conhecer as pessoas que a faziam. Do secretário anterior, colega de universidade, recebi, além do aperto de mão formal, um bilhete sobre a mesa, o qual transcrevo: "Ana, desejo-lhe toda a sorte do mundo". Foi tudo. Repassou o cargo e saiu com a promessa de escrever um livro sobre o momento político e sobre as ações do prefeito. Era a desforra, certamente. Transcorrida a posse, proferidos os discursos, assumi de fato e de direito — naquele instante, muito mais de direito.

Todo esse percurso pode parecer longo e, até certo ponto, pode parecer que estou me distanciando do meu objeto de pesquisa. Não é isso. Entendo que, ao dispor-me a resgatar, na minha trajetória com a educação, a presença de Freire, essa experiência ganha um significado enorme. Isso porque a ela atribuo a aproximação e, não muito raro, o distanciamento entre o pensado, o teorizado e as urgências da prática do cotidiano de uma administração pública. Apesar de saber o quanto enfadonho seria relatar todas as passagens dessa vivência, o que necessariamente nos remeteria a considerações outras imprescindíveis à compreensão das diferentes formas de atuação do governo, não posso abusar da imaginação do(a) possível leitor(a), na medida em que as particularidades locais e o poder público, vistos por dentro, nos reservam muito mais surpresas do que a imaginação possa alcançar. Mesmo assim, conhecendo os limites da autocensura, não poderia deixar de caracterizar, ainda que brevemente, o governo que se abriu à possibilidade de pôr em prática uma proposta de escola pública popular. E essa, reconheçamos, não é uma oportunidade que se encontre facilmente em nosso país.

A partir de então, resta deter-me mais especificamente sobre momentos desse assumir, o que, reconheço, não é nada fácil, em se tratando do objetivo que proponho alcançar com esse tópico, qual seja, resgatar da minha história vivida o referencial teórico que se foi reconstruindo dialeticamente, na medida em que a realidade o convocava. É o que tentarei a seguir.

A *utopia* de efetivarmos, na rede municipal ou em parte dela, a proposta que me levou a assumir o cargo, por ser uma proposta de educação clara e assumidamente política, justifica-se por si mesma. Ela sintetiza determinada forma de pensar e de conduzir a coisa pública e representa uma forma de *fazer política na educação e fora dela*. Os erros e os possíveis acertos do período em que respondemos pela Educação municipal de Natal devem-se, portanto, a esse pensar, mas também a toda uma realidade historicamente acumulada impregnando o serviço público brasileiro, encardindo, ao respingar, as escolas, os funcionários públicos, as secretarias, as administrações públicas, os representantes da comunidade na Câmara Municipal, as lideranças comunitárias, os políticos profissionais, os sindicatos e os responsáveis pelos órgãos públicos, entre os quais eu me incluía. Não podemos fugir de uma realidade que justifica o Brasil de hoje, por mais que lutemos para modificá-la. Acredito que é exatamente da constatação de uma realidade como essa que podemos pensar em mudanças. Afinal (como já foi dito), não podemos mudar aquilo que não conhecemos.

Mesmo reconhecendo a necessidade de *contextualizar o governo*, visando um melhor entendimento e compreensão das ações pretendidas e efetivamente realizadas, ao fazê-lo, não me permito extrapolar o limite do que considero essencial para tal compreensão. Da mesma forma, agora na *segunda fase do governo* (quando na realidade a primeira mal dera conta de dizer a que veio), limitarei meu registro a algumas ações, medidas e encaminhamentos feitos pela SME, quando eu própria, juntamente com a equipe de assessores, assumíamos a condução do processo. Diferentemente do primeiro momento — em que descrevi rapidamente o que caracterizou o governo na sua fase inicial —, a partir deste instante passarei ao campo das incertezas, das reflexões sobre nossas ações, tentando compreendê-las ao resgatá-las. Não que as incertezas e as dúvidas não tenham feito parte da primeira fase do meu relato, o da contextualização do campo político sobre o qual e a partir do qual o governo fez-se governo. A questão não é essa. Acredito que a dificuldade maior de registro de parte dessa experiência dá-se no instante em que objeto e sujeito se confundem, relacionando-se e negando-se constantemente, gerando um mal-estar generalizado ao meu redor. Em razão disso, concordo com o professor Moacir Gadotti, ao tentar entender o longo tempo que me permiti para refletir sobre essa experiência, por mais que ele, como orientador, insistisse em antecipá-lo. Neste instante, talvez até como prévia, confesso que me sinto livre para reler parte dessa experiência com a certeza de que o faço somente na medida em que me disponho a aprender com as tentativas, acertos e erros cometidos. Só ao tentar abstrair desses desafios *o fio teórico condu-*

tor de todo esse processo poderei encontrar sentido para continuar nesse resgate de memória. Afinal, agora tenho a meu favor "o tempo paciente da reflexão" com que jamais poderia contar no momento em que dele mais necessitava — o da administração. A esse respeito, concordo plenamente com Marilena Chaui quando, como eu, ao referir-se recentemente sobre sua experiência na Secretaria de Cultura do Estado de São Paulo, reflete sobre a lógica da vida intelectual:

> Em primeiro lugar, o tempo não é o tempo veloz da ação, mas o tempo paciente da reflexão. A reflexão tem o seu próprio tempo. E a segunda coisa é que o pensador é o senhor das suas idéias e do seu pensamento do começo ao fim do processo. E, portanto, a vida intelectual é uma experiência de autonomia — autonomia na lógica do tempo e autonomia na lógica das idéias. E é por causa disso que o intelectual é capaz de se comprometer politicamente. Isto é, no sentido de fazer da política — e não do poder — o lugar privilegiado de exercício da sua ação a partir do seu tempo de reflexão e da lógica das suas idéias (Chaui, 2000: 54).

De fato, e guardadas as proporções devidas, lidar com o poder é uma história muito mais complexa do que poderia imaginar minha particular concepção.

1.4. Desafios da prática

Por onde começar? Os professores em greve! O ano letivo que não havia iniciado. E não começaram as aulas, não apenas pela ausência do professor grevista, mas pelo fato de que, em sua maioria, as escolas não tinham a menor condição de funcionamento. Faltavam carteiras, material de expediente e de limpeza, professores, assistentes de serviços gerais e, sobretudo, faltavam escolas para receber todas as crianças que a elas se dirigiam em busca de vaga. O estado da rede física era assustador, capaz de deprimir qualquer cidadão que acreditasse na alegria de freqüentar uma escola. Na verdade, a realidade encontrada não difere das demais realidades das escolas públicas já discutidas nos livros, textos e teses sobre o ensino público brasileiro. A questão é que a distância entre a denúncia teórica e a comprovação pela vivência cotidiana é enorme. Quando se vive e sente, a dimensão é outra, inimaginável.

Na proposta pedagógica para a rede municipal existia, contudo, a ilusão de iniciar nosso trabalho discutindo-a com os segmentos escolares. Isso foi rapidamente descartado por dois motivos: primeiro, porque a proposta de uma escola pública popular, embora já existisse, não fora pensada para a realidade da SME/Natal: o segundo, igualmente relevante, é que a adoção de qualquer proposta implicava que ela fosse conhecida e trabalhada por todos os segmentos das escolas que compunham a rede de ensino do município. Além disso, havia as emergências administrativas que não paravam de chegar ao gabinete para serem ao menos minimizadas. Em sua maioria, resultavam das emergências do acúmulo de solicitações não atendidas ou atendidas parcialmente, comprometendo outras ações das escolas. E eram tantas e tão variadas: a ameaça freqüente de suspensão do funcionamento das linhas telefônicas (por falta de pagamento), problemas com as instalações elétricas e hidráulicas; falta de segurança nas escolas; fossas entupidas e a céu aberto em algumas escolas; desvio de merenda escolar; ameaças de despejo por parte dos donos de imóveis em cujos espaços funcionavam algumas escolas e a própria Secretaria; enfim, eram emergências no verdadeiro sentido de suas causas e conseqüências. A impressão primeira era que tudo estava para ser feito, o que não poderia jamais ser verdade. A secretária possui uma grande história. História de ousadia e de tentativas de implantação de alternativas à educação pública conhecidas nacionalmente, fato que não poderia ser desconsiderado. A campanha "De pé no chão" é um exemplo disso. Muitas pessoas responsáveis passaram por ela, enquanto dirigentes municipais: acima de tudo, muitos educadores comprometidos com a educação lá permanecem, ainda hoje, compondo o quadro do funcionalismo. Contudo, se é verdadeira essa constatação, igualmente é verdadeira a comprovação da significativa presença nos espaços públicos do "funcionalismo patrimonial", na expressão de Sérgio Buarque de Holanda. Para esse tipo de "funcionário público",

> a própria gestão pública apresenta-se como assunto de seu interesse particular; as funções, os empregos e os benefícios que deles aufere relacionam-se a direitos pessoais do funcionário e não a interesses objetivos (Holanda, 1995: 146).

E, convenhamos, esse é também um dos grandes entraves ao funcionamento dos órgãos públicos.

Ora, diante de uma realidade como essa, precisávamos agir, mas precisávamos também de tempo. Tempo para conhecer a equipe de assessores existente, tempo para conhecer o orçamento financeiro da

Secretaria (o quanto de despesas já empenhadas e não pagas, o quanto de despesas ordenadas e não empenhadas, restos a pagar do exercício anterior...), tempo para conhecer o almoxarifado, as subsecretarias que compunham a SME, as escolas, os diretores, os funcionários (parte deles contratados, provisoriamente, havia mais de dez anos, quando, desde a Constituição de 1988, o prazo máximo é de seis meses, com prorrogação de igual período). Mas precisávamos de tempo, principalmente, para conhecer a perversa burocracia do serviço público e dominar sua linguagem e jargão. Dominar a linguagem significava decifrar os códigos que movem a burocracia do Estado (licitações, pareceres, editais, contratações), sem o qual não há como administrar. Ademais,

> a burocracia que está aí prejudica até mesmo as classes dominantes, mas, afinal, enquanto dominantes, terminam por ajustar a máquina burocrática a seus interesses. O difícil é pôr esta burocracia a serviço dos sonhos progressistas de um governo popular e não-populista (Freire, 1991: 75).

Ora, se Paulo Freire reconhecia essa dificuldade, ao falar sobre sua experiência administrativa em um governo considerado de esquerda, como o PT — apesar de todos os conflitos e contradições que possa aglutinar —, o que dizer da Frente Popular de Natal, cujas disputas internas, contradições e antagonismo eram marcas ferrenhas nas constantes brigas políticas? Todo cuidado ainda era pouco na condução da Secretaria, sob pena de nada se conseguir fazer, muito menos avançar.

No entanto, e apesar de tudo, a rede de ensino precisava funcionar. Em um país de analfabetos, não podemos nem temos o direito de impedir que o espaço formal de transmissão do conhecimento, a escola pública, seja renegado pelas autoridades. Assim pensando, enfrentamos o primeiro embate interno dentro do governo. Com os professores em greve, o passo inicial era precipitar negociações, tentar minimizar os estragos causados pelas negociações malsucedidas anteriormente. Na impossibilidade de assegurar recursos que garantissem a totalidade das reivindicações da categoria, o que fazer? Em reunião com o secretariado, a primeira da qual participei, fui instada a delinear publicamente meu espaço de atuação entre meus "pares". As medidas propostas na reunião para dar fim à greve eram tão desrespeitosas que fizeram aflorar em mim e no grupo mais próximo (sempre minoria) sensação de revolta e indignação. Apenas algumas bastam para traduzir a natureza das medidas propostas: chamar, por edital, professores substitutos para iniciar o ano letivo; manter a merenda nas escolas como "atrativo", como "isca" para que alunos e familiares voltassem às escolas; reforçar a segurança na Secretaria com a guarda municipal para inibir manifestações; divulgar notas pagas na imprensa convocando os professores e estabelecendo prazos para o retorno... Naquela oportunidade, inflamada por essas agressões, tive que expor o meu pensar sobre a educação, sobre a escola e sobre a organização sindical. Ficou claro que, para nós que estávamos à frente da SME, a educação não era caso de polícia, muito menos uma questão de necessidade biológica, ou seja, de fome. Quanto ao SINTE, o diálogo seria sempre o caminho mais viável para as negociações. Abrir esse canal era necessário e urgente. Acredito que, naquele momento, o peso e o poder da teoria confirmou-se, e, nesse sentido, usei-a como arma naquela briga que apenas se iniciava. Convencer era a meta, porém não se convence aquele que por si só se basta em sua auto-suficiência. Mesmo assim, era preciso mostrar a que viemos. Em meio ainda ao susto do atrevimento ecoado dentro do Palácio Felipe Camarão (como é chamada a prefeitura), senti-me em um outro mundo e em outros fóruns de embates políticos. A questão patente e que se mostrava extremamente perigosa era que, dentro do governo, a briga por vezes explicitava-se, mas quase sempre manifestava-se nos gabinetes das demais secretarias de forma silenciosa e matreiramente destrutiva. Contrários à condução e à forma de governo que o prefeito e uma pequena equipe tentavam imprimir à administração, instaurou-se na prefeitura, mansa e camufladamente, o boicote às ações empreendidas pelos órgãos municipais mais claramente comprometidos com uma administração voltada para os interesses da comunidade. No poder, o jogo das máscaras e das conveniências é muito perverso, malicioso e traiçoeiro.

Não restam dúvidas de que as "concessões políticas" feitas aos cargos do primeiro escalão do governo (e que atuavam desde os primeiros momentos da gestão) constituíam ameaça constante. Não foi à toa que, como forma de defesa até, criou-se uma comissão para negociar com o *Fórum dos Servidores Municipais*, composta pelos secretários da Saúde, Educação, Planejamento e por dois assessores do governo. Representávamos, então, o grupo mais diretamente ligado aos servidores (e, naquele período, ao prefeito) e, com isso, fortificávamo-nos, no governo. Não era fácil administrar (e tentar avançar) dentro do próprio governo com grupos claramente antagônicos às nossas propostas e posicionamentos, sabedores eles da fragilidade de nossas bases políticas de sustentação. Corroer por dentro uma estrutura pública solidificada à custa de apadrinhamentos, favoritismos e dívidas particulares é uma questão muito delicada. *A privatização do público* é tão descaradamente explícita e assumida que soa mal o fato de sequer contestá-la. E mais, pela forma como está instaurada, é preciso muita cautela para conduzir a coisa pública: é preciso realmente sabedoria para lidar com o diferente, como nos fala Freire, sob pena de sequer avançarmos, minimamente, apesar do suposto poder que imaginávamos e que imaginam ter um dirigente público. É que o poder do dirigente escorre pelas mãos daqueles e daquelas que executam verdadeiramente as ações. Por mais que se planeje junto, o que nem sempre é verdadeiro, o poder de quem administra é muito menor do que se pensa, haja vista a distância entre as ações previstas e programadas e as efetivamente realizadas.

Somam-se a esses fatores o fato de que, nos momentos em que negociávamos, enquanto fórum, com os sindicatos das categorias envolvidas na greve (Educação, Saúde e demais servidores municipais), nossas fragilidades decisórias como representantes do governo afloravam, impelidas pela discrepância entre as reivindicações que gostaríamos de atender e a realidade financeira dos cofres públicos.

Da mesma forma, as sucessivas oportunidades de audiências e negociações com o referido fórum revelaram inúmeras divergências dentro dos sindicatos, que se expressavam no nível de tolerância dos grevistas, na capacidade de negociar e, principalmente, na sabedoria em perceber quando recuar. Tanto que, em alguns momentos de embate em período de greves, as categorias envolvidas tomavam posições diferentes quanto às propostas oferecidas pelo governo, chegando, em alguns momentos, a acatá-las isoladamente enquanto categoria de trabalhadores municipais, implodindo eles próprios, sindicalistas, o fórum dos servidores públicos municipais. O trabalho de mediação entre os servidores e o órgão público era, para nós, de muita angústia, mas de muita aprendizagem e descoberta. Eram muitas as frentes de conflitos que se manifestavam. Enfim, após muitas negociações, o poder público conseguiu, finalmente, entrar em acordo com o funcionalismo público, assegurando, na educação, o início do ano letivo.

Iniciadas as aulas, passamos a cuidar do corpo e da alma das escolas. Hora de saber com quem poderíamos contar, na Secretaria, para enfrentamos tamanho desafio. Qual foi nossa surpresa, ao perceber, aos poucos, que a equipe de assessores existente, na sua quase totalidade, era de pessoas sem qualquer vínculo com a educação e extremamente comprometidas com as pessoas que lhes concederam tamanho privilégio: de cargos comissionados dentro da SME. Ou seja, o compromisso não era com a educação, mas com grupos políticos, vereadores, pessoas influentes na política local e, nesse sentido, poderiam prestar seus serviços em qualquer área do serviço público, sendo a educação um espaço privilegiado. Exerciam, na verdade, cargos de confiança. Apenas isso!

No gabinete, a situação não era diferente. O enorme aparato (leia-se: número de empregados) a serviço do gabinete do secretário chegava a impedir todo e qualquer funcionamento. Eram tantos os funcionários que nada andava. A questão é que o fato de estar acostumada a correr atrás daquilo que se fazia necessário executar — não importando a hierarquia que pudesse existir, quer fosse dentro, quer fora da escola — fez-me demorar a perceber a quantidade enorme de pessoas à disposição da secretária, e isso começou a incomodá-los. Por não chamá-los, começaram a se fazer notar e a oferecer seus serviços, que naturalmente redundavam entre eles. No fundo, era uma forma de se manterem no cargo. Dispensar parte deles era, no mínimo, respeito aos escassos recursos públicos, mas era também uma decisão política de desagrado. Mas foi o que fizemos. Nesse momento, foi possível medir o grau de confiança que o prefeito estava depositando (pelo menos naquela ocasião) na equipe da SME. Nenhum dos cargos comissionados exonerados, ao nosso pedido, foi sequer questionado, o mesmo acontecendo junto à equipe técnico-pedagógica. É importante frisar que a substituição da equipe existente foi feita considerando o quadro de funcionários da Secretaria, no qual, à exceção da coordenadora de Finanças que veio do serviço público federal, todas as demais funções comissionadas foram ocupadas pelos educadores da própria Secretaria, muitos escolhidos entre eles nos respectivos setores. Acreditávamos ser a melhor forma de mapearmos nossos assessores.

Por entendermos que não poderíamos trabalhar na direção de uma proposta de escola pública popular sem discuti-la com todos os segmentos da rede municipal, iniciamos por fazê-lo com os funcionários da SME, aqueles e aquelas que ficavam no órgão central distribuídos em dois espaços distintos.[16]

Nosso entendimento era o de que também ali, na parte administrativa da rede municipal, era necessário expor a linha de trabalho com a qual nos comprometemos, fato que perpassava todos os setores da SME, desde o financeiro ao pedagógico, passando pelo almoxarifado, transportes, setor estudantil e de funcionários. Afinal, sendo a escola corpo e alma, ela necessita de um suporte infra-estrutural para manter-se bem, e essa era a meta que deveria justificar uma Secretaria de Educação. O trabalho administrativo também deveria ser um trabalho de educação e a ela voltado; assim, uma vez assumido e internalizado, deveria ser uma meta de todos.

Não foram poucos os espaços que tivemos que trabalhar nesse sentido, mesmo sabendo o quão distantes estávamos de nos fazermos entender pela maioria: seja pela teoria e pelo posicionamento administrativo que denunciava nosso compromisso político, seja pela descrença nas mudanças, pela apatia do funcionalismo público, pela ausência de compromissos com a coisa pública ou, ainda, pela nossa incapacidade de comunicação. Agora, ao refletir sobre aquele momento, diria que não se tratava de pura maldade (embora não a descarte totalmente), mas de um atavismo cultural e político, uma pré-formação em relação à coisa pública, um mundo à parte, capaz de afugentar possíveis compromissos, que muitos, teimosamente, resistem em exercitar. Só assim é possível encontrar justificativas para tanto descaso e descompromisso de parte dos servidores públicos para com o outro, com a sociedade e para consigo próprio, enquanto cidadão.

Muitos seriam os casos comprovadores e motivadores dessas reflexões. Compartilho alguns mais presentes na memória e nos registros das agendas de trabalho, uma forma talvez de exorcizar a fragilidade de compreensão desses aspectos. São relatos aparentemente simples, considerada a complexidade que envolve as políticas administrativas governamentais e a igual complexidade dos diferentes papéis exercidos pelas administrações públicas. Contudo, acredito que o ca-

---

16. Por não possuir prédio próprio e dado o inchaço do quadro funcional, a Secretaria funcionava em dois prédios (alugados) em lugares diferentes, o que já era um enorme entrave administrativo no que se refere à comunicação, agilidade administrativa e gerenciamento financeiro. Para se ter uma idéia disso, durante o tempo em que estivemos na administração, não conseguimos na cidade um espaço capaz de acomodar todos os funcionários e os setores da Secretaria, tamanho o número do seu corpo funcional.

ráter da estrutura estatal, não importa em que esfera ele se explicite, perpassa as pequenas ações do dia-a-dia de uma administração pública, reafirmando ou até mesmo negando a forma de governo adotada. Nesse sentido, as pequenas e aparentemente inofensivas atitudes e encaminhamentos propostos pelo governante são freqüentemente amortecidos, quando não desviadas do seu propósito inicial, fazendo aflorar as contradições, os conflitos e as tensões políticas e ideológicas presentes na administração pública. O espaço público é uma arena de disputas. É sob essa ótica que penso ser importante destacar certos exemplos, aparentemente ingênuos, se vistos de fora, mas perversamente conseqüentes, se analisados em seus efeitos.

Tentando compreendê-las, compartilho algumas indagações: o que justifica, por exemplo, um funcionário público, responsável por um setor de distribuição de material, omitir-se de entregar filtros nas escolas, quando as crianças estão tomando água da torneira, enquanto o almoxarifado "guarda" esses reservatórios por entre pilhas e pilhas de papel estragado pelo mofo, caixas de tinta estouradas, caixas e mais caixas de giz molhado e tantas outras "ocorrências" dessa natureza? É difícil entender o excesso de zelo ou de descaso. Da mesma forma, nas escolas, esses mesmos filtros, quando "conseguem" ali chegar, não têm a menor serventia para as crianças. Com a alegação dada por uma funcionária (quando visitei uma escola) de que a Secretaria mandara os filtros, mas que faltavam as velas, quando, na realidade, as referidas velas estavam na escola igualmente "guardadas" pela diretora. Ou seja, qual o sentido de tanto desrespeito por uma das necessidades prementes do cidadão — a saúde, a vida? Por onde passa tamanho descaso, falta de compromissos e de solidariedade com o outro? Não seria essa uma questão também de ausência de cidadania, questão que perpassa certamente a função social da educação? Afinal, são as crianças das escolas públicas diferentes de todas as demais, inclusive dos nossos filhos?

Em outra dimensão, não menos importante, é preciso entender por que um responsável pelos transportes de um órgão público arvora-se a lidar com o bem público como se fosse de ordem privada. Usando todos os carros oficiais nos finais de semana, fornece aos amigos e familiares verdadeiros *tours* pela cidade, num deleite abusivo de poder, à semelhança do que é mais comum na política brasileira: o favoritismo.

Da mesma forma, esses mesmos meios de transporte públicos que deveriam servir à população são de tal ordem privatizados que jamais são recolhidos nos finais de expediente, ficando sob "os cuidados" dos respectivos motoristas que, em seus bairros, utilizando-os muitas vezes como aluguel para transporte de mercadorias e ou mudanças — à noite ou nos finais de semana —, a serviço de uma mesma população que já pagou pela compra daquele veículo e pelo salário de quem o conduz. A tentativa de reverter esse quadro significou, muitas vezes, a quebra (espontânea e intencional) da maioria da frota, imobilizando em grande parte as ações da Secretaria e principalmente das escolas.

O certo é que não podemos desconhecer que aquilo que aparentemente pode apresentar-se como um fato de menor importância, não merecendo sequer ser citado, quando se está à frente de um órgão público, ganha dimensão assustadora. Não pelo simples fato de ser você o responsável direto pelos acertos e erros de uma administração, mas, principalmente, porque ali essas questões que explicam nossa cultura política tomam corpo, ganham vida nas relações.

Na verdade, essa mesma prática repete-se em instâncias públicas de todos os níveis, ameaçando e comprometendo mais fortemente toda uma população. Refiro-me, por exemplo, aos convênios com os ministérios. Por depender de deliberações de outros órgãos públicos locais, é possível haver propostas de "negociações" e "acordos" em função da agilização da liberação dos documentos exigidos. E, nesse sentido, os repasses dos recursos públicos para atender às necessidades prementes da população poderão ficar retidos, não na esfera federal, mas nas mãos de um único cidadão, caso venha a ser contrariado nas suas solicitações condicionantes. É nesse sentido que penso ser conveniente apontar esses limites, nem sempre considerados quando se reflete sobre experiências dessa ordem. Mais uma vez repito: o poder do dirigente público em uma administração dilui-se entre as ações do funcionalismo, entre os trâmites da burocracia, nas disputas pelo poder individual, no descaso com as instâncias públicas.

Ressalto ainda que, por não se tratar de uma administração autoritária, em que o poder explicita-se de forma mais nítida e imediata por meio da força bruta, não podemos desconhecer, nesses e em tantos outros casos impossíveis de serem relatados nesse espaço, a realidade posta, a partir da qual teremos que atuar. Afinal, dela dependem as grandes ações.

O que deve ser relevado é que não podemos medir os resultados de uma administração apenas pelo número de projetos programados e realizados, mas, também, pela forma de governo como essa administração conduziu o órgão público. E isso passa, necessariamente, pelas pequenas ações conflitantes e desafiadoras do cotidiano do serviço público.

Enfim, sabedores da necessidade de considerar uma realidade que se ia revelando a cada dia por meio das pessoas, dos educadores, dos diretores e dos funcionários e, com eles, o grau de comprometimento, de disposição e de descaso com a administração, discutíamos nossas propostas, encaminhávamos nossas ações, apesar de um quadro extremamente delicado e muitas vezes adverso ao proposto. A descrença em qualquer mudança, a falta de confiança nas pessoas, a incapacidade de sonhar vêm a ser talvez um dos maiores males a propostas alternativas ao aparato estatal existente, e fora dele, na sociedade. Só quem sonha pode acreditar em mudanças, projeta, enfrenta desafios, resiste, espera enquanto luta, como nos fala Freire. Esse é o sentido da utopia — e nela acreditávamos! Por isso mesmo, insistíamos em avançar naquilo que justificava tamanho desafio: a melhoria da escola pública.

1.5. Algumas ações pensadas, discutidas, programadas

Em face da realidade das condições físicas das escolas municipais, cientes da realidade que permeava a SME, das particularidades do governo (até onde era possível perceber) urgia pensar, planejar e executar ações práticas e aparentemente viáveis para a rede pública. Todo o esforço da equipe técnico-pedagógica deveria girar em torno de dois aspectos cruciais: o primeiro, relacionado *à melhoria das condições estruturais das escolas* (inclusive da infra-estrutura necessária a seu bom funcionamento: garantia de professores e de pessoal de serviços gerais, material de expediente, de limpeza, merenda escolar, carteiras para os alunos etc.); o segundo era o aspecto qualitativo: fazia-se necessário, antes mesmo de propor alguma proposta de educação, conhecer e aprofundar os estudos já existentes sobre a elaboração da Proposta Curricular para a rede municipal. Havia na rede uma discussão avaliativa sobre a proposta curricular em curso, centrada na política de educação do município para o quadriênio 1989-1992. A proposta continha, em essência, a definição clara da necessidade de discutir com os segmentos das escolas o sentido político da educação, do ensino, da escola pública. A trajetória percorrida a esse respeito, visando inteirar e integrar a comunidade escolar na elaboração da Proposta Curricular, por salutar, logo foi incorporada às ações programáticas da SME. Na verdade, ao dar continuidade às atividades pedagógicas em curso na rede municipal, a intenção era sempre a de apresentar sugestões alternativas à rede. Afinal, o compromisso da administração com uma escola pública de caráter popular era notório e certamente esperado.

Não se tratava apenas de implantar na rede municipal a referida proposta a partir da escola pública existente, o que certamente já era uma atitude por demais ousada, considerada a conjuntura local. Sendo política, essa proposta de educação trazia com ela, e muitas vezes antes dela, toda uma concepção expressa na forma de governar e administrar, que não era homogênea dentro da Secretaria e muito menos dentro do governo. Afinal, tratava-se apenas de uma Secretaria de Educação, importante, certamente, porém limitada enquanto parte de um governo formado por uma coligação partidária. Ou seja, todas as ações e atitudes administrativas da SME davam-se com o mesmo propósito e decisão política que justificasse a luta pela *escola pública popular*. Não havia como dissociar a forma de conduzir administrativamente a Secretaria da luta pela ampliação da possibilidade de implantar o referido projeto. Foi assim que, cuidando para não inviabilizar a administração, o que significava o exercício sempre da tolerância e do lidar com as contradições, vigiando o limite escorregadio entre a autoridade necessária e o autoritarismo, traçamos nossas ações privilegiando aquelas mais urgentes e necessárias à rede. Confesso que, dentre os muitos embates que tivemos, nem sempre a vigília do limite entre a autoridade necessária e o autoritarismo (fundamental a uma educação democrática, como alerta Freire) foi competente e eficiente, o que não inviabilizava nosso esforço e crença na necessidade de reforçá-la.

Sendo meu propósito, no momento, tão-somente resgatar dessa experiência com a Educação o referencial teórico que, ao ser testado empiricamente, permeou as ações administrativas da Secretaria, refazendo-se constantemente, destacarei, para melhor objetivar esse registro, dois aspectos dessa experiência: o primeiro diz respeito, mais diretamente, a ações pertinentes a decisões administrativas, ou seja, diretamente ligadas não apenas à vontade política do dirigente, pois que a vontade sozinha não faz avançar, mas também associada a certa vontade e decisão política, que se traduziu em ações; e o segundo momento refere-se à melhoria da qualidade do ensino, aqui incluídos os aspectos quantitativos e qualitativos da educação pública.

Para tanto, tentando viabilizar em ações nossa forma de pensar a educação pública, respaldamo-nos em experiências administrativas anteriores, sem dúvida, uma forma de aprendizagem. Nesse sentido, respeitamos não apenas a história da própria Secretaria, como também as experiências de outras esferas administrativas, dentre elas a da prefeitura de São Paulo, especificamente a da gestão do educador Paulo Freire enquanto administrador público. Reconhecendo os erros e acertos dessa experiência e sem pretender transportá-la para uma outra realidade especificamente diferente da vivida pela cidade de São Paulo, preservávamos dessa experiência o que para nós era essencial: seus princípios, que em muito coincidiam com o compromisso que firmamos publicamente ao assumirmos a SME. Afinal, estávamos buscando a mesma proposta e lutando por ideais muito próximos.

Dentre as medidas tomadas pela administração, destaco algumas que exigiram mais fôlego e oportunizaram mais embates, pois provocavam "certo desequilíbrio" no poder instalado em alguns órgãos públicos. O *déficit* de professores na rede municipal era uma realidade que exigia medidas urgentes. As escolas estavam funcionando com muitos professores e servidores contratados em caráter provisório (que se estendiam por anos e anos), geralmente indicados, compondo os famosos "cabides de emprego". E isso não mais poderia continuar! Uma das medidas imediatas seria abrir *concurso público* para preenchimento de vagas, uma vez que os famosos contratos por serviços prestados mais favoreciam o empregador do que o próprio empregado, além de constituir medida de desrespeito à população de um modo geral. O concurso público seria a solução mais viável, medida um tanto quanto demorada, mas justa e correta, acreditávamos.

Contudo, feito o levantamento da realidade funcional do quadro de professores da rede municipal, constatou-se um elevado índice de docentes à disposição de inúmeros órgãos da Câmara de Vereadores, de outras prefeituras, de gabinetes, de organizações não-governamentais e tantos outros. Além do que era grande o número de professores "desaparecidos", ou seja, aqueles que não se encontravam diretamente atuando em nenhuma outra instância, embora recebessem normalmente seus vencimentos. Ora, considerando que um dos limites para as negociações com o funcionalismo público municipal era o elevado comprometimento da receita com a folha de pagamento do seu funcionalismo, como abrir concurso sem antes definir, ao certo, a real necessidade da rede? Isso implicava fazer retornar à sala de aula todos os docentes que prestavam serviços em outros espaços.[17] Implicava, ainda, suspender o pagamento de todos os "desaparecidos" (uma forma de encontrá-los) e, mais ainda, implicava sustar os contratos provisórios ou, melhor dizendo, os empregos concedidos em troca de favores e votos. Essa era, afinal, uma forma de fazer justiça àqueles e àquelas desempregados dispostos a concorrer a uma vaga, caso fosse o concurso realizado, além de ser uma maneira de educar também. A questão que ficava e que perdura: como educar "punindo" principalmente os mais frágeis? Esse foi um dos maiores conflitos a administrar. Por sua vez, como punir os candidatos ao concurso, quando sua possível vaga já estava ocupada por um trabalhador que vendeu não sua força de trabalho, mas sua fidelidade político-ideológica alienante? Não seria também uma forma de respeito e de contribuir com a moralização do serviço público? Enfim, o fato é que a força do Decreto foi testada e principalmente contestada, fazendo vir à tona mais uma vez a ocupação dos espaços públicos por interesses privados. Na sua maioria, não eram os servidores que procuravam a Secretaria, mas seus padrinhos e madrinhas políticas. Um horror, capaz de causar pena e indignação ao mesmo tempo.

Como fruto de toda essa batalha, somamos insatisfações, revolta e, sobretudo, inimigos políticos. Ameaças de vereadores não faltavam, pois, afinal, a consciência de que o "prefeito precisa da Câmara para administrar" era um trunfo forte, propagado e usado pelos representantes do povo feridos em seu poder privado. A força do desacato era tão grande que fazia ecoar o som das batidas de portas do gabinete, denunciando o atrevimento, a ousadia da medida. Mesmo assim, foi possível garantir a *volta de todos os servidores*, à exceção apenas daqueles que estavam cedidos sem ônus para a prefeitura e aqueles acobertados por força de lei maior. Nesse último caso, encontrava-se o SINTE/RN, em que 13 professores permaneceram pagos pelo cofre público municipal. O resultado dessa medida foi registrado no docu-

---

17. O que foi feito pelo Decreto nº 5.257, de 18 de fevereiro de 1994, assinado pelo prefeito Aldo da Fonseca Tinôco. O referido decreto obrigava todos os servidores municipais lotados na Secretaria Municipal de Educação a reassumirem o exercício de suas funções, autorizando a secretária de Educação a adotar as medidas necessárias à implementação desse decreto.

mento: *Quantos somos e onde estamos*,[18] publicado pela SME e distribuído em vários órgãos da prefeitura, sindicatos, organizações não-governamentais, (que atuavam diretamente com as questões educacionais), segmentos da igreja, conselho municipal da criança e do adolescente, Secretaria de Educação do Estado e instâncias afins.

A transparência das nossas ações ia dando o tom da administração da SME, o que sem dúvida criava certo clima dentro e fora do governo. A imprensa seguia todos os passos da Secretaria. Os motivos eram muitos e variavam de acordo com as conveniências. Quer seja por interesse em destacar nossas ações, quer seja para "contestá-las", deturpando-as, ou, ainda, programando e executando ações conjuntas, disso pudemos deduzir, com todo respeito àqueles que realmente conseguem expressar certa autonomia e responsabilidade em relação às informações que levam à população, que os canais de comunicação também administram. Resta saber a favor de quem e contra quem, mas isso é outra história.

Realizamos o concurso público. Aparentemente, uma medida respaldada, acima de tudo, na lei maior do país não deveria registrar, quando da sua execução, nenhuma resistência. Ao contrário, deveria ser reconhecida e respeitada. Mais uma vez, os dividendos políticos entraram em cena. "Aldo demite 1.000 funcionários humildes" era manchete de jornal. O motivo alegado pelo prefeito para a demissão foi apenas a ilegalidade na contratação (*Jornal de Natal*, 1994). Como se não bastasse a deturpação do número de funcionários a serem demitidos[19] e o descaso com a questão da legalidade na condução da coisa pública, uma comissão formada por diretores (eleitos) de algumas escolas municipais fez uso da medida para pressionar a Secretaria e o prefeito. A favor dos demitidos, assessorados por autoridade local na condução da educação pública, representantes de grupos políticos até então contrários ao governo, foram reunidas e ensaiadas medidas de pressão. Ou seja, mesmo onde os ânimos deveriam estar mais arrefe-

---

18. À época, a repercussão desse documento no sindicato pareceu-nos muito tímida, sem maior relevância. Agora, seis anos depois, ao entrevistar um líder sindical, ele próprio fez referência ao peso dessa medida, a qual, segundo ele, denotou a que veio nossa administração. O "apoio mudo" do sindicato era, contudo, muito pouco, diante das pressões que sofríamos. Estava aí, talvez, determinada forma de fazer política no sindicato, em que a convivência com o setor público era, no mínimo, uma forma de desconfiança.

19. O concurso realizado foi para preenchimento de 212 vagas distribuídas nas categorias funcionais de professor, auxiliar administrativo, vigilantes e merendeiras.

cidos, a resistência mostrou-se presente e ganhou adeptos, porque a força maior de pressão, de resistência a mudanças, não se encontrava apenas dentro da escola, mas fora dela, por meio dos mandatários, dos manipuladores dos espaços escolares e das pessoas que lá também atuam. É lógico que essa não é a regra geral, mas significa uma realidade certamente responsável por grande parte dos insucessos e tentativas de democratizar ações administrativas nos espaços públicos, forma de respeito à cidadania de toda uma população e certamente de moralização do serviço público.

Contudo, é importante registrar que, apesar das pressões, a repercussão dessa medida acabou prevalecendo positivamente, tendo ao seu favor, já naquela época, nos primeiros meses de 1994, o elevado índice de desemprego. Apenas para registrar, o concurso realizado para preenchimento de 212 vagas distribuídas entre professores (85) vigias (45), merendeiras (32) e auxiliares administrativos (50), atraiu 8.223 candidatos. Para a função docente foram inscritos 716 professores para as 85 vagas existentes. Hoje, quando vejo, aqui na região, o número de contratos provisórios que existem, em detrimento de uma determinação maior da obrigatoriedade do concurso público, percebo o quanto ainda temos que lutar. Na verdade, sabemos que mesmo quando os direitos individuais são assegurados legalmente, isso não significa garantia de sua efetivação.

Enfim, são muitos os campos de atuação em uma administração pública. As dificuldades agravam-se, na medida em que toda e qualquer ação de natureza política, explicitamente voltada para uma direção mais democrática e de apelo à participação, era permeada por uma burocracia autoritária, hierárquica, imóvel e rotineira, própria do serviço público. A tentativa de mudança significava, por si só, uma atitude de confronto e de ameaça à estabilidade da ordem garantida. Pensar em ações democráticas com base na discussão, na criação, no planejamento coletivo e no respeito à igualdade de participação não condiz com a rotina da burocracia. Mesmo assim, nossa teimosia fazia com que resistíssemos, apesar das condições adversas, sentindo, no entanto, que a distância entre o esforço despreendido para garantir ações aparentemente pequenas dentro daquilo que ainda pensávamos atingir tornava-se cada vez mais custoso, aumentando a distância entre a energia despreendida e os resultados alcançados. Nesse sentido, a teimosia revertia-se em utopia, alimentava esperanças.

Mesmo assim, e agora concluindo o relato de algumas ações administrativas, ainda conseguimos *alterar*, dessa feita com o apoio da Câmara Municipal, o *Decreto Municipal* que limitava os nomes das escolas municipais a professores e professoras falecidos. Com vistas a inserir na história oficial do município e da educação uma das grandes expressões potiguares, o líder estudantil Emanuel Bezerra, morto pela ditadura militar, em 1973, a prefeitura homenageia aquele que foi presidente da Casa do Estudante em 1967, a partir daí permanecendo na clandestinidade até sua morte. Essa homenagem, acredito, contribuiu para tornar vivos seus ideais de justiça e de igualdade. No momento da inauguração da escola, para a maioria dos presentes representantes da comunidade, das escolas da rede, da prefeitura e até dos vereadores, a homenagem a Emanuel Bezerra foi também uma forma de saber de sua existência. Como a imprensa deu total cobertura ao evento, acredito que, para a comunidade, foi também um momento de aprendizagem.

No que se refere à melhoria da qualidade do ensino, aqui entendido nos seus aspectos quantitativos e qualitativos, tomamos como referência, para a síntese deste relato, o documento entregue a todos os segmentos representativos da cidade de Natal,[20] no final da nossa administração. Ali, os eixos prioritários traçados foram: a melhoria da qualidade do ensino, a expansão e melhoria das condições físicas das escolas municipais, a valorização dos educadores e a gestão democrática. Esses foram os pilares norteadores das ações planejadas e executadas pela Secretaria, presença constante tanto nas ações burocráticas e administrativas, como nas ações de caráter político-pedagógico.

Dentre esses aspectos, notadamente no que se refere à *qualidade do ensino*, nosso entendimento centrou-se na idéia de que,

> na busca de construir uma escola pública de qualidade, capaz de associar o saber formal ao conhecimento vivido pelos educandos, faz-se necessário um tipo de educação em que os reais interessados encontrem sentido na aprendizagem, portanto não se trata de qualquer ensino. Essa educação só poderá ser construída por todos os envolvidos e comprometidos com o resgate da melhoria da escola pública (SME, 1994: 5).

---

20. *Documento Síntese das Ações Realizadas pela Secretaria Municipal de Educação no Biênio 1993/1994*. Por termos administrado um órgão público, acreditávamos que devíamos à população uma prestação de contas de nossas ações, o que fizemos por meio das diferentes instâncias representativas da cidade de Natal, incluindo aí, destacadamente, a Câmara Municipal e as Secretarias do governo municipal.

Esse destaque, parte de um posicionamento maior, incorporava outros eixos prioritários da administração, tais como a gestão democrática, a valorização dos profissionais da educação e a melhoria e expansão da rede física das escolas.

A partir daí, planejamos e traçamos as ações mais imediatas. A *parceria* firmada entre a SME, a Universidade Federal do Rio Grande do Norte — UFRN e a Secretaria de Educação do Estado — SEC/RN muito contribuiu nessa fase inicial. A participação dos docentes da SME em seminários, reuniões e cursos com essas entidades foi um momento forte da nossa experiência. Se, por um lado, o trabalho com a UFRN, na busca de alternativas para a construção de um plano coletivo de ação político-pedagógico, muito favoreceu o exercício do planejamento coletivo, por outro lado essa troca de experiências certamente aproximou a universidade da realidade da escola pública. As oficinas de trabalho serviam de laboratório e de ponte de aproximação entre esses dois campos de atuação educativa. Por sua vez, a parceria com o Estado favorecia somarmos esforços com vistas a implementarmos ações voltadas à elevação dos níveis de desempenho e de motivação dos docentes, com a adoção de uma política de capacitação contínua. As possíveis divergências políticas entre prefeitura e governo não impediam uma aproximação com a Secretaria de Educação do Estado no desenvolvimento de ações conjuntas.[21] Além do mais, os escassos recursos da SME por si só justificariam tal atitude.

No nosso entendimento, *a valorização dos educadores e servidores técnico administrativos* tinha o propósito de diminuir os altos índices de evasão e repetência nas escolas municipais, bem como de garantir um ensino de qualidade capaz de formar sujeitos críticos e participativos, aptos a intervir na realidade social. A política de capacitação docente passava pela valorização dos profissionais em educação, o que significava melhoria de salários e constante atualização profissional.

---

21. Soma-se a esse posicionamento o fato de a SEC/RN ser dirigida pelo professor Marcos Guerra, um dos alfabetizadores da experiência de Angicos/RN junto a Paulo Freire. É possível que, mesmo sem que tenha explicitado entre nós, cada um ao seu modo, tanto Marcos como eu, refazíamos um caminho antes percorrido por Freire, em 1963. Trinta anos depois dessa experiência, é o próprio Freire que melhor releva o caminho ao qual faço referência e por ele assumido à época: "o fato de colaborar com o governo do Estado não me proibia de igualmente colaborar com o município de Natal, cujo secretário de Educação, Moacir de Góes, era e continua a ser fraterno amigo" (Freire, 1994: 177). Em outra dimensão, era exatamente isso que vivíamos naquele período.

A formação permanente, uma das metas da Secretaria, deveria incluir, necessariamente, os educadores que atuavam na Secretaria, em especial a equipe de assessores/coordenadores. Foi quando, associada à assessoria da UFRN, recorremos à assessoria do professor Moacir Gadotti. Dois fatores específicos justificavam nosso convite. O primeiro, por ser ele um estudioso da questão educacional no Brasil, notadamente da questão da escola pública, além do que sua produção acadêmica, amplamente divulgada por seus livros, era do conhecimento de grande parte da nossa equipe, o que certamente tornaria o trabalho mais próximo. O segundo fator justificava-se pela recente experiência desse educador na administração pública municipal de São Paulo, como chefe de gabinete e assessor do então secretário de Educação, Paulo Freire. Experiência cuja proposta educacional em muito assemelhava-se ao que buscávamos na educação municipal. Todos esses fatores facilitaram a comunicação e a troca de experiência entre todos nós.

Do convite a Gadotti surgiu a possibilidade de trazer *Paulo Freire ao Rio Grande do Norte*. Seria sua volta às terras potiguares, trinta anos após sua última visita a Angicos, em 1963, quando foi punido pelas forças militares por alfabetizar/educar adultos, experiência que o tornou conhecido por todo o mundo. Apesar da fragilidade física em que se encontrava, recém-saído de um quadro de saúde que o deixara debilitado, aceitou com entusiasmo o convite. Em parceria com a Secretaria de Educação do Estado, por meio do então secretário Marcos Guerra e do *Diário de Natal*, por meio do *DN Educação*,[22] promovemos grande mobilização na cidade e um significativo espaço de discussões sobre as questões educacionais.

Estávamos em plena discussão sobre a revisão constitucional e foi com o tema "A Questão da Escola Pública" que o I Fórum sobre a revisão constitucional aconteceu em Natal, com a participação não apenas de Paulo Freire, mas também de Carlos Alberto Torres, da

---

22. O referido jornal, pela notoriedade do seu trabalho na cidade e região, muito contribui, no campo da informação e da educação, para divulgar e promover eventos ligados à esfera educacional. Durante nossa administração, realizamos muitos trabalhos em parceria, o que, sem dúvida, significou uma enorme prestação de serviço, tanto para a população como para as escolas da rede municipal. O *DN Educação* constitui uma referência nesse sentido. A vinda e permanência de Paulo Freire em Natal, durante os dias 26, 27 e 28 de agosto de 1993, foi mais uma das atividades que realizamos juntos. A total cobertura, por esse jornal, dos eventos da Secretaria foi realmente algo profundamente positivo para a administração e um enorme serviço à comunidade.

Universidade de Los Angeles, Califórnia; de Moacir Gadotti, da Universidade de São Paulo — USP e diretor do Instituto Paulo Freire (IPF) e de Ana Maria Freire, estudiosa da alfabetização no Brasil — todos, pesquisadores da educação a partir do pensamento freireano. Na oportunidade, iniciamos um encontro de estudo e de trabalho que durou três dias, contando com professores das duas esferas do ensino público local: o estadual e o municipal. Como não se tratava de palestras apenas, mas de um trabalho mais sistemático, cada professor trabalhou uma temática específica, em espaços distintos, com grupos de professores diferentes, constituindo, assim, o que para nós era fundamental: momentos de reflexão e de troca de experiências na esfera da educação e do ensino público.

Para ouvir Paulo Freire, uma verdadeira multidão lotou o maior auditório da cidade, em uma demonstração de respeito, reconhecimento e valorização do seu pensamento. O teor das perguntas, a participação e as manifestações de acato às suas colocações levam-nos a essas conclusões. Foi, sem dúvida, um momento forte para o próprio Paulo. Emocionado, reuniu-se em Natal com ex-monitores da experiência de Angicos, recebeu homenagens, reviveu a história trinta anos depois, reafirmando suas posições.

Em Angicos, o portal de entrada da cidade, coberto por faixas de saudação a Paulo Freire, deu o tom das festividades da cidade ao seu novo filho, cidadão honorário de Angicos. No colégio José Rufino, local onde foi realizado o encerramento da primeira turma de alfabetização em 1963, reuniu-se com doze dos ex-alfabetizandos em uma sala de aula.[23] A alegria do relato de passagens da história de vida de cada um dos presentes naquela sala de aula intercalava-se com a saudade de um tempo em que foi possível comprovar que a educação e a conscientização são instâncias de um mesmo processo: o de educar. Ali, a saudade reafirmava a importância da educação como ato político conscientizador, razão de ser da experiência de 1963, justificando, ao mesmo tempo, a validade dessa busca nos tempos atuais. Enfim, é o próprio Freire quem melhor se expressa sobre esse momento:

---

23. Na ocasião, uma ex-alfabetizanda, impossibilitada de fazer-se presente no encontro, foi visitada por Freire, que fez questão de ir até sua casa. Casa de taipa e de chão batido, tão pequena e baixa que exigia de quem a ela se dirigisse que se curvasse para alcançar seu interior. A ida até o local, marcada pela poeira e pelo sol escaldante do interior nordestino, não inibiu a disposição de Freire de conversar com sua ex-aluna e de com ela restabelecer um diálogo, interrompido há trinta anos.

Recentemente voltei a Angicos. Fazia trinta anos que vivera com força, com alegria intensa a experiência em que trezentas pessoas, de diferentes idades, aprenderam a escrever e a ler, debatendo problemas locais, regionais e nacionais. Em que trezentas pessoas, ao perceber como liam anteriormente o mundo, passaram em regra, enquanto aprendiam a escrever e a ler a palavra, a lê-lo de forma mais crítica (Freire, 1994: 179).

Para Freire, "Angicos foi um ensaio progressista" (Freire, 1994: 179). O fato é que a vinda de Paulo Freire a Natal e a Angicos mobilizou também grupos de outros espaços que não apenas os locais. A Fundação Roberto Marinho, interessada em documentar, em vídeo, momentos dessa visita, acompanhou todo o percurso de Freire e produziu o documentário *Paulo Freire em Angicos* — o primeiro a ser exibido em circuito nacional iniciando a série Globo Ciência. Sem dúvida, uma oportunidade, uma forma de reacender, para o país, seu pensamento sobre a educação e sobre o mundo.[24]

Na oportunidade, e de acordo com a programação estabelecida, a equipe de assessores da SME trabalhou com Moacir Gadotti a questão da gestão municipal. Era o início de uma assessoria político-pedagógica que viria a ser firmada bem depois, no ano seguinte, por meio do IPF. No primeiro encontro de trabalho realizado na Secretaria, Gadotti trabalhou com os coordenadores e subcoordenadores da SME, momento em que foi possível diagnosticar e analisar a realidade da Secretaria, possibilitando uma definição clara, junto aos assessores, das prioridades que deveriam ser trabalhadas, a partir de então. Era a primeira vez que parávamos, enquanto equipe, para discutir a realidade sobre a qual estávamos imersos. As urgências próprias de uma administração pública impediam-nos de parar para estudar, para pensar e planejar. Diante de tantas demandas, priorizar era a palavra-chave, o que significava fazer escolhas respondendo à questão clássica do pensamento freireano: em nome de quem estávamos trabalhando. Verdadeiramente, esse era o início de um trabalho que deveria culminar na implantação, em Natal, de um projeto novo de escola: a *Escola Cidadã*.

Da assessoria sobre gestão municipal resultou um novo encontro de trabalho, em 1994, quando Gadotti voltou a discutir com os educadores da Secretaria. À época, quando indagado pelo jornal *Notícias da*

---

24. Embora todo o trabalho tenha sido realizado em agosto de 1993, o programa só foi ao ar em setembro de 1996, mês do aniversário de Paulo Freire.

Educação sobre a avaliação que ele fazia do trabalho de assessoria política e pedagógica que vinha desenvolvendo com a SME, afirmou:

> [...] Acho que a maior conquista foi compreender melhor a realidade, mostrar e conhecer uma série de coisas que precisam ser feitas. De fases que devem ser superadas, com a elaboração de uma estrutura mais flexível e mais ágil (Gadotti, 1994).

Associada a essas questões, discutimos e trabalhamos a possibilidade de implantar-se em Natal a Escola Cidadã[25] no município. O resultado desse tempo de reflexão foi extremamente satisfatório. Junto às ações que tentávamos implementar (algumas já em andamento), a preocupação em documentá-las e em assegurá-las legalmente (mediante leis, decretos municipais etc.) passou a ser uma constante. Graças a essa medida, é possível, hoje, ao resgatar passagem dessa experiência, recorrer a alguns registros documentais. Sem dúvida, uma forma de garantir sua continuidade. Na verdade, em muitos casos já havia o aparato legal para algumas ações por nós pleiteadas, faltando, no entanto, a socialização das informações e o seu cumprimento.

Nesse caso situava-se, por exemplo, a emissão das carteiras estudantis. Apesar de o decreto municipal do então prefeito Djalma Maranhão conferir aos estudantes, por meio dos seus diretórios (DCE — Diretório Central dos Estudantes e a UMES — União Metropolitana dos Estudantes Secundaristas), a responsabilidade pela emissão das identidades dos estudantes, elas passaram a ser confeccionadas e vendidas pela SME,[26] inclusive a um preço que ultrapassava aquele determinado pelo índice.[27]

---

25. Na concepção de Moacir Gadotti (1992: 54), a Escola Cidadã "seria uma escola pública autônoma, sinônimo de escola pública popular, integrante de um sistema único (público) e descentralizado (popular)". Esse era também nosso entendimento da escola que gostaríamos de ajudar a construir em Natal, o que nos levou a firmar convênio com o Instituto Paulo Freire — IPF em São Paulo.

26. Com a ditadura militar, essas entidades foram fechadas, ficando a Secretaria Municipal de Educação responsável pela confecção e venda das identidades estudantis a partir de então. Em 1993, essa realidade ainda vigorava.

27. À época, a Secretaria já havia definido o preço de cada identidade estudantil, mas superior ao estabelecido no corpo da lei, em razão do que tivemos que devolver a parte "excedente" da importância já recolhida, o que foi extremamente desgastante para toda equipe. O pior é que essa taxa havia sido estipulada nos primeiros meses do governo Aldo, o que significou a retratação, perante a sociedade, de uma condução reconhecidamente errônea e injusta.

A decisão do prefeito de atender ao pleito dos estudantes, devolvendo-lhes a responsabilidade pela confecção e emissão das suas identidades, contrariou, principalmente, os interesses dos empresários dos transportes coletivos, antigo parceiro da Secretaria na confecção das carteiras. Reconhecendo naquela época, em 1994, as precárias condições dos referidos diretórios estudantis para assumir, de imediato, tamanha responsabilidade, a Secretaria acompanhou de perto a transição da medida, colocando à disposição das entidades estudantis a estrutura material necessária e técnicos da SME encarregados de orientar e assessorar sobre as prescrições legais necessárias a todo esse processo. Afinal, a emissão de 15 mil identidades estudantis era algo significativo e de enorme responsabilidade perante a sociedade.

Por sua vez, e ainda com a preocupação de assegurar a continuidade de nossas ações pelo sucessor ou sucessora da pasta da Educação, conseguimos *normatizar os convênios existentes* entre a SME e as escolas particulares — as chamadas *escolas conveniadas*, normalmente subsidiadas pela prefeitura com merenda escolar, professores e pessoal de apoio. Havia casos em que sequer existiam contratos firmados entre as partes, ou seja, o convênio não existia. De qualquer forma, em troca da "ajuda" da prefeitura, era estabelecido determinado número de matrículas para alunos do município, o que nem sempre era cumprido e sequer acompanhado pela Secretaria. O certo é que todas elas, conveniadas ou não, recebiam algum subsídio público, variando de acordo com o tamanho da escola e com a capacidade de barganha de seus proprietários. Sem generalizar, algumas dessas escolas significavam mais um negócio lucrativo em nome da educação, engrossando os bem-sucedidos negócios na área.

No entanto, havia escolas conveniadas que, pela forma como conduziam o ensino, pelo valor cobrado nas mensalidades, não poderiam ser incluídas nesse rol. Daí porque, ao serem estabelecidos critérios para distribuição dos já escassos recursos públicos, a medida favoreceu o reconhecimento e, conseqüentemente, o apoio da Secretaria a algumas escolas: umas já atendiam aos pré-requisitos do Conselho Estadual; outras, cujo processo de reconhecimento junto à inspeção escolar do Estado[28] sequer havia iniciado, mas que, seguramente, po-

---

28. Na ausência de um Conselho Municipal de Educação, o órgão responsável pelo processo de reconhecimento das escolas públicas municipais e estaduais era a Inspeção Escolar do Estado. Atendidas as exigências preestabelecidas, caberia ao Conselho Estadual emitir seu parecer final.

deriam caminhar e atender as exigências do Conselho Estadual de Educação. Caberia à inspeção escolar do município acompanhar de perto essas escolas, definir prazos e orientá-las no processo. Eram as chamadas "escolas adotadas", assim classificadas para melhor se distinguirem das demais. Lá na ponta, fomos forçados a retirar os funcionários da SME que se encontravam à disposição do que se convencionou chamar de escola. Nessas escolas, os espaços reservados à aprendizagem limitavam-se, comumente, aos alpendres que a ladeavam; em verdade, tais "escolas" eram casas em que residiam toda a família do proprietário. Tratava-se de mais um negócio, uma troca de favores, pleiteada pelo cabo eleitoral e garantido pelo político eleito. A merenda escolar, agora municipalizada, certamente era uma boa ajuda nesse negócio. Nesses casos (que não foram muitos), os poucos alunos que freqüentavam os espaços das referidas "escolas" foram transferidos para as unidades mais próximas.

Não é preciso dizer que uma atitude dessa natureza é logo refletida na força de ingerência e de poder que se explicitava na exata medida das ações que iam sendo tomadas e concretizadas pela Secretaria com o respaldo do prefeito. Isso significava recorrer a todas as armas disponíveis: da imprensa aos pedidos e condicionamentos políticos.

Da mesma forma, a *normatização da liberação dos professores para cursar pós-graduação* foi também um processo penoso, pois que elaborada por uma comissão de representantes da SME, das escolas e do sindicato. Porém, foi uma maneira de assegurar o que acreditávamos ser fundamental para melhoria da qualidade do ensino. O acompanhamento das atividades e das pesquisas desenvolvidas pelos professores nos seus cursos deveria ser também, e principalmente, do interesse do órgão público de fomento. Se, por um lado, essa medida agradou a muitos, certamente a tantos outros desagradou, uma vez que foram definidos os direitos e os deveres a serem cumpridos. Afinal, o uso de recursos públicos deve vir sempre acompanhado de uma prestação de contas à sociedade, o que deveria ser feito, no caso, por meio da Secretaria de Educação. Não era possível pensar diferente.

Enfim, nossas ações eram iluminadas pelas críticas constantes que fazíamos quando, de fora da esfera do Estado, teorizávamos sobre os limites do serviço público. Mesmo sendo pressionada pela urgência das necessidades de ações práticas, acreditávamos poder domar o imediatismo dessas necessidades, intercalando-as com a necessidade de "pensar" essas ações. Essa foi uma das grandes ingenuidades da administração e também um dos maiores desgastes. Apesar das poucas ações que conseguimos implementar (consideradas as necessidades das escolas e o nosso desejo em avançar), o que podemos tirar dessa experiência é que, enquanto administradora de uma instância de governo na educação, o que menos fazíamos era pensar e refletir sobre a educação da forma como acreditávamos ser necessário a uma ação administrativa que se queria também educativa. A verdade é que os princípios pedagógicos, as teorias que nos fundamentavam e nos moviam traíam-nos constantemente, na medida em que precisavam ser revistos, revisitados com freqüência, o que seguramente não poderia jamais ser feito. O imediatismo da ação política não permite momentos prévios de reflexão.

Muito aprendemos, acredito que muito mais do que conseguimos transmitir. Nesse sentido, não posso deixar ainda de registrar que, apesar de reconhecer nossos limites, na administração pública há ações que seguramente não dependem apenas de recursos financeiros do Estado, mas de recursos humanos comprometidos com uma causa social e que respeitem as necessidades da população. Ou seja, a questão financeira não responde sozinha pela garantia da execução de todas as medidas. Nem mesmo aquelas que, aparentemente, dependem apenas de recursos financeiros para sua realização, como é o caso das obras. Digo isso porque, sem falsa modéstia, dentre as ações que conseguimos realizar, a que mais sinto prazer em destacar diz respeito *à recuperação, conservação e expansão da rede física*. Conseguimos ampliar seis unidades escolares, reformar e recuperar 24 escolas, concluir duas escolas, e construir duas novas, inclusive, um Centro Pré-Escolar na vila de Ponta Negra. Nossa satisfação vem do fato de havermos contribuído para a ampliação dos espaços escolares, oportunizando o aumento de matrículas, de novos contratos etc.; com os mesmos recursos destinados à construção de seis salas de aula no referido Centro Pré-Escolar, ampliamos mais um grande espaço destinado à sala dos professores. Pode parecer bobagem, se considerada a dimensão das necessidades existentes na esfera educacional, mas torna-se grande na medida em que aprendemos ser possível planejar e executar obras públicas de forma séria e responsável, indo, inclusive, além do programado, desde que o respeito ao uso dos recursos públicos seja o propósito maior. E isso não significou que a obra fora mal planejada ou suas cotas supervalorizadas. Na verdade, como parte dos recursos era dos cofres públicos federais, todo o projeto foi negociado e avaliado inúmeras vezes, dando satisfação a todas as instâncias burocráticas da Secretaria, da Delegacia de Ensino representante do Ministério da Educação no Estado e, por fim, ao próprio Ministério da Educação. Logo, não foi esse o caso. Atribuo os resultados ao acompanhamento das obras por uma equipe da SME junto a engenheiros da prefeitura e, principalmente, junto aos construtores.

O mérito dessa conquista veio à tona na inauguração. A equipe responsável pelo acompanhamento das obras e a própria comunidade saíram vitoriosos. Afinal, obras inacabadas por falta de recursos também podem esconder desvios e descompromissos administrativos. Essa é uma prática por demais familiar na administração pública brasileira, em que, normalmente, no jogo de interesses, são muitos os ganhadores.[29] E aqui um parêntese. Essa cultura é tão descaradamente utilizada na administração pública brasileira, como regra, que hoje se anuncia um código de ética para os funcionários públicos brasileiros como forma de impedimento da corrupção, do favoritismo etc. Dessa medida ficam algumas indagações: desde quando, no Brasil, a lei em si garante a lisura e a honestidade das ações públicas? A Constituição brasileira, a Declaração Universal dos Direitos Humanos não seriam provas suficientemente testadas nesse sentido? Ademais, essa medida, tomada de forma generalizada, não só coloca todos os fun-

---

29. Com o espírito voltado para a transparência e aberto à participação, a relação da Secretaria com as construtoras passava pelo esclarecimento da real situação financeira da Secretaria e do conhecimento do PTA — Plano de Trabalho Anual da SME. (A maioria dos construtores sequer sabia o significado desse documento.) Ali estavam registradas todas as ações político-pedagógicas programadas pela SME para serem negociadas com o Ministério da Educação, inclusive aquelas que diziam respeito à construção, ampliação e reformas das escolas, todas do interesse dos construtores. Com o correr do tempo, a familiaridade com o PTA era tanta que, nas reuniões que fazíamos para acompanhar o cronograma das obras e dos respectivos pagamentos das faturas, os construtores faziam-se presentes com cópia do PTA em mãos, indagando sobre o recebimento de determinada cota financeira prevista no PTA e que deveria ser repassada pelos cofres públicos federais. Qualquer dúvida, era o PTA que deveria respaldar, devendo ser explicada pela secretária. Na verdade, esse foi um dos momentos fortes de troca de aprendizagem. A transparência na condução dessas questões, normalmente as que exigiam mais verbas financeiras, era ancorada no planejamento, acompanhamento e execução das ações previstas. De maneira que propostas de antecipação de pagamento, pagamento de serviços inconclusos ou qualquer outra tentativa de privilégio eram logo amortecidos pelo PTA. Da mesma forma, quando os recursos chegavam aos cofres da Secretaria de Finanças, a possível tentação de tomá-lo como empréstimo para outro fim mais imediato da prefeitura era intimidada, dado o nível de conhecimento, de acompanhamento e de espera dos seus destinatários. Mesmo assim, não foram raras as propostas indecorosas de fornecedores e construtores, o que não impede de afirmar que o acompanhamento do PTA era também uma medida altamente educativa.

cionários públicos como suspeitos, como denuncia a fragilidade do governo em punir aqueles que de fato merecem. Até que ponto o compromisso e a conscientização política podem ser assegurados "apenas" por meio de leis? Não seria a conscientização mais uma função social da educação como ato político?

Mas, voltando atenção para nossos registros, a consciência de que não poderíamos avançar sem garantir a *melhoria da política salarial dos servidores públicos municipais lotados na SME* era uma questão presente em todas as discussões da equipe. Mesmo reconhecendo que essa medida contava com nosso integral empenho, mas que, seguramente, era limitada pelo interesse e prioridade da Secretaria de Finanças, travamos muitos embates internos e externos, principalmente com o sindicato. Mesmo assim, não foi possível assegurar, de longe, o que acreditávamos ser merecidamente justo ao trabalho docente. Não esquecendo que a defasagem salarial e a garantia de certos direitos já adquiridos pelos servidores municipais não era uma luta exclusiva dos servidores da educação (o que de fato agravava nosso pleito junto ao prefeito), foi possível assegurar alguma melhoria na política salarial, como a elevação do percentual da regência de classe de 20% para 70%; instituição da remuneração pecuniária; retificação das promoções dos educadores até 1992;[30] garantia de gratificação de 20% para professores e funcionários lotados em escolas de difícil acesso, entre outras. Na verdade, a garantia dessas medidas era apenas uma forma de fazer justiça ao que já havia sido conquistado, apesar de não assegurado. Como não poderíamos pensar apenas na realidade da educação, mas na de todos os servidores municipais que também conclamavam por aumentos reais nos salários, a garantia dessas medidas foi a forma viável e possível, à época, de reconhecer e de valorizar os profissionais da educação. Tanto que, seis anos após essas medidas, em abril de 2000, ao entrevistar um dos líderes sindicais da educação (o professor Hudsom Guimarães), ele afirmou que o único avanço na questão salarial dos educadores do município de Natal, de 1994 para cá, foi a incorporação, nos salários, do percentual de 70% da regência de classe.

Por fim, o último aspecto que gostaria de salientar é o da *gestão democrática*, uma das metas administrativas da SME. Considerada a realidade da rede de ensino, entendíamos que

---

30. A incorporação dos benefícios oriundos das promoções dos educadores da SME vinha em atraso desde 1989. Daí porque só conseguimos atualizar essas incorporações ao ano de 1992.

a democratização da gestão implicava: rever as relações ensino-aprendizagem como condição de construção de uma escola pública de qualidade, articulada a um projeto de construção da cidadania; ampliar o processo de participação da comunidade escolar na discussão, elaboração e acompanhamento da política educacional, buscando soluções para a resolução dos problemas detectados; fortalecer a organização dos Conselhos de Escola, acompanhando e investindo na formação dos mesmos; intensificar ações que garantam a comunicação e divulgação do trabalho da SME, não apenas junto à comunidade escolar, mas também junto à população; abertura de diálogo com as entidades sindicais — SINTE e SINSENAT e estudantis — UMES e UBES (SME, 1994: 12).

Foi o que tentamos realizar no período em que estivemos à frente da administração da SME.

Com esse propósito e a partir das metas conhecidas pelos segmentos escolares, tentamos implementar ações, das quais destaco: mobilização da comunidade escolar por meio de reuniões sistemáticas, com vista a promover a *revitalização dos Conselhos escolares* existentes e a *instalação de Conselhos escolares* nas escolas em que ainda não existiam. Esse trabalho foi coordenado pelo GACE — Grupo de Assessoramento de Conselhos Escolares, comissão formada por representantes de técnicos da SME, representantes de pais, alunos e do SINTE/RN.[31] A realização dos referidos encontros das escolas da rede municipal viabilizou a troca de experiências e discussão sobre a importância do bom desempenho dos Conselhos no cotidiano das escolas, além do estabelecimento da função que cada conselheiro deve exercer como representante de um dos segmentos da escola. No início, das 46 escolas da rede pública de ensino, apenas uma mantinha seu Conselho atuante, o que significava afirmar que muito precisaria ser feito. Para todos nós, não bastava saber da existência dos Conselhos nas escolas. Considerada a realidade, os Conselhos precisariam de um amplo trabalho de orientação e de reestruturação fundamentalmente política,

---

31. A referida comissão também foi responsável pelo acompanhamento e avaliação do processo de eleição de diretores e vice-diretores das escolas municipais. Dado o rigor com o que trabalhavam, as orientações e posicionamentos tomados por essa comissão sempre eram acatadas pela Secretaria, respeitando a autonomia do trabalho do grupo na condução de todo o processo de preparo e acompanhamento durante o período eleitoral e durante as eleições. Um bom exemplo foi quando tiveram de anular a eleição para diretor de uma escola, ao serem constatadas fraudes durante o processo eleitoral e, por conseqüência, tiveram de refazer e executar um novo processo, dessa feita isento de irregularidades.

dada a forma imediata e diretiva que os originaram. Os Conselhos, salvo as exceções, foram criados não por uma necessidade de organização dos segmentos das escolas, mas por uma decisão particular, normalmente por vontade do diretor da escola. Nesses casos, a existência dos Conselhos, por si só, garantiria o caráter democrático das escolas, não importando se sua atuação era direcionada e induzida e se seus membros eram ou não tutelados pela direção. No nosso entendimento, os Conselhos, seja qual for sua natureza, nascidos via decreto, esvaziam o sentido político de sua existência e, conseqüentemente, definem sua atuação. A decisão de implantar, a título de experiência, a Escola Cidadã, implicava necessariamente a atuação de um Conselho livre, deliberativo, realmente representativo dos segmentos das escolas e, sobretudo, um Conselho que pudesse contribuir, contestar, propor alternativas de encaminhamento. Em outras palavras, por mais que a vontade fosse de já iniciar a discussão específica sobre a Escola Cidadã, o mais rapidamente possível, as condições necessárias à sua concretização precisavam ser melhoradas e, em alguns casos, até criadas. Afinal, não se tratava de implantar na rede municipal algo que simbolizasse simplesmente a marca de determinado governo, mas de trabalhar as condições que garantissem sua continuidade, independentemente da vontade política dos sucessores administrativos, e os Conselhos seriam, para nós, o caminho da continuidade garantida.[32]

Por sua vez, foram realizados inúmeros encontros com diretores e vice-diretores das escolas visando a integração da SME e a escola. O que freqüentemente se observava era um enorme distanciamento entre as ações desempenhadas pelo órgão central da Secretaria e as unidades escolares. Para tentar diminuir essa distância, fazia-se necessária a criação de um *boletim informativo da SME*, capaz de fazer circular informações entre a SME e as escolas e entre as escolas e a SME.

Enfim, na nossa concepção, essas ações preparavam, de certa forma, as condições necessárias à implementação, nas escolas, de uma proposta político-pedagógica de caráter popular, mas, acima de tudo, tentava tornar clara nossa forma de pensar a educação e de conduzir a

---

32. Hoje, quando vejo na TV a exigência do Ministério da Educação de que cada município tem que criar seu Conselho até o dia 1º de setembro do ano 2000, sob pena de não receber as verbas para a merenda escolar, fico a indagar se esse condicionamento não estaria, contraditoriamente, afastando a população do direito de participar. Não se criam Conselhos por decreto; os decretos oficializam a manifestação de organização de uma comunidade representada nos Conselhos. Ou seja, o movimento é o inverso.

educação municipal. Nesse sentido, era fundamental a presença e a atuação dos Conselhos escolares. Daí porque toda a ênfase foi dada à oportunidade do exercício da participação, da representatividade, da cidadania, da democracia, exercícios que, no seu conjunto, representariam a possibilidade de envolvimento desses segmentos na construção de uma nova proposta de escola e de educação pública, consideradas, é lógico, as condições existentes. No fundo, essa prática do aprender fazendo, exercitando, errando, avançando, constituía, no nosso entendimento, a formação permanente do educador e, certamente, a possibilidade da continuidade das ações.

1.6. A Escola Cidadã em meio a conflitos e contradições do governo

Nosso entendimento sempre foi o de que, na esfera do Estado, nas reais condições da Secretaria da Educação e, principalmente, com todas as características que marcavam o governo Aldo Tinôco, notadamente já no nosso segundo ano de mandato, a discussão específica sobre a implantação de uma nova proposta de educação pública popular para a rede municipal não era uma questão tão simples. Primeiro, pela dificuldade própria de toda e qualquer mudança e, segundo, por ser uma proposta que se deslocava visivelmente da linha política administrativa que vinha ganhando força na prefeitura. Não que essa discussão não estivesse incorporada às ações propostas e executadas pela Secretaria, o que seria na verdade um absurdo. Afinal, não se tratava de uma proposta de educação que nela própria resumia-se. Tratava-se, isso sim, de determinada forma de encarar a educação e a administração pública, considerando, nessa busca, as condições concretas da realidade e sua estreita relação com a totalidade do corpo administrativo da prefeitura. A utopia que movia o sonho de construir, na rede pública do ensino municipal de Natal, a Escola Cidadã, respaldava-se no entendimento da existência das contradições sociais e na dialeticidade da história. Sem desconhecer os limites existentes de uma proposta dessa ordem, não poderíamos, igualmente, desconsiderar as possibilidades que surgiam pela via do Estado. O projeto da Escola Cidadã apresentava-se, para nós, como uma dessas possibilidades do mundo real. Indo mais longe, "uma alternativa válida no sistema educacional brasileiro, na linha do legado epistemológico-político de Paulo Freire", na expressão de Romão (2000: 18). Ou seja, uma alternativa viável frente ao projeto pedagógico neoliberal, considerada a "dialeticidade da diferença".[33] Nessa direção, "é preciso estar atento ao processo dialético e apreender dos fatos a potência transformadora que, certamente, não interessa a quem quer engessar a história e a luta de classe, banindo as ideologias e as utopias", adverte Romão (2000: 230).

Vigiando esse propósito, as ações programadas e executadas pela Secretaria expressavam um compromisso com a escola pública e com determinado tipo de educação, voltada para os interesses e necessidades dos segmentos populares. Nesse sentido, a condução de todo o processo foi para criar condições favoráveis à discussão e implementação, na rede municipal, de uma educação pública de qualidade, capaz de transmitir o saber de forma competente e comprometida, centrada na autonomia da escola e numa gestão democrática. Sem impor idéias, teorias ou métodos, as ações realizadas até então tinham o propósito claro de funcionar como canais facilitadores da construção da referida proposta educacional, o que não significa afirmar que essa tomada de posição tenha conseguido grandes avanços em relação às enormes e graves necessidades da rede municipal.

Mesmo assim, apesar de reconhecer todos os limites de nossas ações, gostaria de chamar a atenção para o fato de que não podemos avaliar determinado governo apenas pelas grandes ações de impacto social, mas também, e principalmente, pela forma como esse governo conduziu a coisa pública. Acredito até que são as pequenas ações do cotidiano administrativo que justificam, ou não, as grandes ações de impacto e o próprio governo. Não raramente, as ações de impacto que impressionam são tão superficiais quanto passageiras, prestando-se, normalmente, à função de "marcar" determinado governo. A descontinuidade das administrações públicas provém dessa forma de fazer política, além de alguns outros aspectos.

Mas voltando à caracterização do campo político do governo, cada vez mais a pluralidade, os conflitos e as diversidades internas ao governo tomavam forma de antagonismo e de divergências pessoais. O secretariado, visivelmente dividido, explicitava com suas posições e ações a heterogeneidade dos compromissos políticos dos assessores do prefeito, caracterizando o governo. Como conseqüência, a condu-

---

33. A "dialética da diferença", expressão cunhada por José Eustáquio Romão (2000), responde pela possibilidade de construção do projeto político-pedagógico da Escola Cidadã, proposta alternativa à escola pública brasileira na atual conjuntura do neoliberalismo.

ção administrativa do chefe do Executivo municipal traduzia-se, cada vez mais, pela elasticidade e oscilações nas tomadas de posições, todas justificáveis em nome de uma governabilidade prestes a romper-se. Com esse feitio, o governo foi ganhando descrédito dos segmentos sociais, dada a distância entre os compromissos da Frente Popular e a aproximação do prefeito com segmentos oligárquicos da tradicional política local. O desgaste era inevitável. Para o prefeito, era sinônimo de maturidade política sinalizar para todos os lados.

O ponto máximo dessa fase pode ser demarcado pelas divergências entre o prefeito e a vice-prefeita, acelerando, ao tornar-se público, os rumos político-administrativo do Executivo municipal. O PC do Brasil, partido da vice-prefeita, retira-se do governo. Em carta dirigida ao prefeito argumenta:

> [...] O prefeito eleito, com base no programa e na opção histórica avançada expressa pela Frente Popular, desde o instante de sua filiação a uma das agremiações que integram coligação antipovo,[34] vem construindo, diversamente do anseio das camadas populares, um posicionamento político de acomodação e adequação às oligarquias. Por isso, exatamente, não podemos mais permanecer no governo. (Carta do PC do B ao prefeito em 3 de junho de 1994)

Essas divergências, traduzidas em brigas e ataques quase sempre apimentados pela imprensa e por grupos políticos interessados, faziam parte do cotidiano da prefeitura, alimentando as fofocas — linguagem comum nos espaços públicos. Com a retirada do governo do PC do B, o já pequeno grupo de auxiliares mais à esquerda do governo perde ainda mais espaço junto ao prefeito. Em contrapartida, intensifica-se na administração a presença de novos e renovados aliados. O prefeito redefine, mais uma vez, seus aliados, dessa feita o PMDB, um dos seus mais ferrenhos adversários políticos. Propaga aos quatro ventos seu repúdio ao grupo Alves enquanto oligarquia local responsável pelo atraso político da população.

Buscando acordos de todos os lados, o prefeito passou a conduzir a administração com base na conveniência das situações, e não a partir dos princípios políticos assumidos pela FPN. A necessidade de ver aprovado seus projetos na Câmara Municipal era o termômetro da instabili-

---

34. Refere-se aqui à filiação do prefeito ao PSDB — Partido Socialista Democrático Brasileiro.

dade de postura e de condução político-administrativa. Os acordos com o PFL, bancada majoritária na Câmara, tornavam claros, pelo menos para a população, os rumos do governo. Para estabelecer essa ponte entre governo e Câmara Municipal, assumiu o cargo de assessor especial Leonardo Tinôco, irmão do prefeito, em substituição a Antenor Roberto, líder do PC do B, até então assessor político do prefeito.

Estávamos, pois, num terreno político profundamente minado, indefinido, escorregadio. A instabilidade da condução política e administrativa do governo favorecia a corrida pelos cargos que se tornavam cada vez mais vulneráveis e dependentes das inesperadas tomadas de posição do prefeito. Nessa dança das cadeiras, a da secretária de Educação era muito cobiçada.

Mesmo assim, na Secretaria de Educação continuamos trabalhando com o mesmo propósito, apesar de toda uma realidade adversa. A inquietude e a insegurança das posições do prefeito sem dúvida alguma solidificaram nossas posições na SME, na medida em que relutávamos em trabalhar com o mesmo ideal e com os mesmos propósitos em nome dos quais assumimos.

Foi nesse contexto que a discussão mais específica sobre a proposta de construção da Escola Cidadã foi tomando corpo, devendo avançar além das discussões e fundamentações já iniciadas. Era preciso tornar concreto o que antes vínhamos falando, pensando, estudando, matutando. Por se tratar de uma experiência que seguramente passava pela autonomia das escolas, inclusive a financeira, era preciso considerar também as condições dos cofres públicos municipais, condição primeira para sua viabilização. Da constatação da inexistência das condições viáveis à implantação em toda a rede dessa experiência, pensou-se, a título de uma experiência-piloto, implantá-la em quatro escolas, uma em cada região da cidade. A idéia era a de que, uma vez implantada, essa experiência avançasse para outras escolas, consideradas as dificuldades e os êxitos atingidos.

Foi quando firmamos *convênio com o Instituto Paulo Freire*, objetivando mobilizar os segmentos das escolas e da sociedade civil para a implementação da referida proposta, o que deveria acontecer no ano seguinte, em 1995. O trabalho de revitalização dos Conselhos escolares e a criação dos Conselhos novos eram um aliado nessa busca.

Contudo, a enorme vontade de avançar na educação, apesar da conjuntura política da prefeitura, foi aos poucos sendo amortecida, desencantando-se. Na verdade, a descredibilidade do governo não permitia à população acatar tamanha ousadia, percebemos depois. A descrença e a desconfiança nas atitudes intempestivas do prefeito atingiam igualmente o quadro dos assessores da Secretaria, dificultando o andamento das ações definidas. Se antes podíamos contar com a iniciativa espontânea da maioria dos assessores, agora era preciso um trabalho de "convencimento" sobre a conduta do prefeito em relação à educação. É que, diante de tantos conflitos e incertezas, em nenhuma ocasião o prefeito recusou-se ou mesmo omitiu seu desejo de viabilizar, na rede pública, uma experiência de educação voltada para segmentos populares. Agora, fazendo um rastreamento em suas entrevistas durante o período em que estivemos à frente da administração da SME, em nenhum momento o prefeito deixou de expressar à população sua vontade de ver viabilizada a proposta de Escola Cidadã. Ao contrário, até mesmo no período em que as diversidades políticas jamais permitiriam a implantação de tal proposta, o tom de sua fala continuou enfático, certeiro. Contudo, apesar da retórica enfática, falar alto não significava, em absoluto, nenhuma garantia. A contradição entre a fala do prefeito (e, acredito, sua vontade) e suas posições políticas não permitiam alimentarmos maiores esperanças. Ao contrário, os problemas administrativos da Secretaria agravavam-se assustadoramente. Associada ao desgaste político do prefeito e à conseqüente falta de credibilidade de suas posições, a Secretaria passa a conviver com uma realidade cada vez mais dura: a falta de apoio do Gabinete Civil às ações da SME, a falta de recursos financeiros mínimos com que trabalhar e o conseqüente desgaste da equipe.

Ingenuidade ou conveniência política? O que justificaria tamanho "assumir" para um governo que se aproximava cada vez mais, em nome da sua governabilidade, de grupos tradicionais locais? Responder a essas questões era uma forma também de encontrar sentido para minha permanência na administração. Afinal, como permanecer em um governo que passava a administrar pensando na reeleição, em função da qual justificava acordos e compromissos políticos? Sem respostas a tantas questões e, acima de tudo, por entender que o governo em muito se distanciava do seu projeto inicial, entreguei, pela primeira vez, minha carta de demissão. Dentre os motivos expostos, justifiquei assumindo as medidas tomadas pela Secretaria até então, por entender que conduzimos a administração pública municipal movida pela certeza de que a moralidade da administração pública é condição imprescindível para resgatar a confiança da sociedade em seus dirigentes. [E acrescentei:] Minhas posições políticas, respeitadas muitas vezes nas ações administrativas do governo, conclamam espaços próprios de realização, uma vez que apenas poderiam frutificar num governo com o qual estivessem politicamente sintonizados (Carta endereçada ao prefeito).

A primeira reação foi de descaso. O prefeito não só não considerou a entrega do cargo como se desfez, rapidamente, da carta que acabara de receber e ler. Apesar das argumentações que apresentava e da minha disponibilidade em trabalhar com calma a transição, desconsiderou completamente o pedido, deixando-me ainda mais confusa. As especulações sobre o novo ocupante do cargo já vinham de muito tempo. As vantagens políticas para o governo eram enormes. Mesmo assim, permaneci no cargo, sabendo ser a aceitação do meu pedido uma questão de tempo.

Estávamos em ano político. As eleições gerais de 1994 definiriam os espaços do governo nos níveis local e nacional. A tentativa de mais uma vez subsidiar o prefeito em suas decisões levou um pequeno grupo de auxiliares do governo (no qual me incluía) a construir cenários alternativos ao prefeito para apoio aos candidatos local e nacional. Novamente, em nome da governabilidade, foram simuladas as posições de diversos atores do cenário político local, tais como: Câmara Municipal, mídia, partidos políticos, sindicatos, Igreja, universidade etc. O documento *Relatório de exercício de avaliação situacional* sintetizou nosso último esforço em subsidiar o prefeito, na esperança de ver uma recondução da administração pública municipal.

A verdade é que nossa permanência no governo justificava-se na justa medida dos conflitos e das incertezas que nele se desenvolviam. No fundo, havia um enorme conflito entre o que o prefeito gostaria realmente de realizar e o que lhe era apresentado pela conjuntura política. Nesse sentido, ele abria espaços no governo, ora para o grupo conhecido na prefeitura como de esquerda, de resistência, ora para os grupos ligados à política tradicional local, ou, em outras palavras, a grupos de direita. Não raramente, acenava para os dois grupos ao mesmo tempo. Nesse jogo de instabilidade e oscilação política, o compromisso assumido pelo prefeito, de fazer um governo democrático, popular e participativo, foi se perdendo entre as alianças políticas, comprometendo, inclusive, o que para ele era mais caro, a governabilidade. A coalizão de forças políticas contraditórias existentes na sociedade dificultava o poder de decisão do prefeito, acuado pelas disputas do poder dentro e fora do governo. Assim, a autonomia político-administrativa, imprescindível à governabilidade, estava ameaçada.

Embora tendo já expressado meu desejo de sair do governo, continuamos agindo visando avançar para o interior dos espaços públicos, apresentando medidas que realmente tivessem uma relação direta com as questões vividas pela sociedade. Como era o momento de eleições para presidente da República e considerando a necessidade de um trabalho de orientação política para os jovens adolescentes votantes, convidamos *Frei Beto* para proferir palestra na *Conferência "Fé e Política*. Era, sem dúvida alguma, uma iniciativa claramente política e ousada naquele instante. Frei Beto, conhecido nacionalmente (e fora do Brasil) por suas posições a favor da Teologia da Libertação, a favor dos pobres e dos oprimidos, falou para uma grande multidão de estudantes, religiosos, militantes, evangélicos — a população em geral. Ao criticar a elite brasileira, defendeu as greves e declarou sua opção ao candidato à presidência da República pela Frente Brasil Popular — Lula.[35]

> A posição da Igreja, explicou, é clara e acertada de não fazer escolha por candidato. Porém, a posição de orientar o eleitor, como vem fazendo, é um preceito do qual ela não pode se negar a falar. O apoio a Lula, argumentou, é um fato de cidadania que não se pode vincular à sua função como membro da Igreja Católica (*Diário de Natal*, 1994a).

Nesse período, setembro de 1994, o prefeito já havia feito pública sua opção para presidente da República: votaria em Fernando Henrique Cardoso, correligionário partidário. Mesmo assim, não impediu a participação da Secretaria na promoção desse evento, o que significaria despreendimento financeiro e principalmente tomada de posição política. Ao contrário, sentia orgulho em favorecer tal evento.

É lógico que foge completamente ao meu alcance entender, com o rigor que essa questão exige, as causas que levavam o prefeito a agir dessa forma em relação à SME. Atitudes inexplicáveis como essa fa-

---

35. A presença de Frei Beto em Natal, em setembro de 1994, foi mais uma promoção da SME em parceria com o *Diário de Natal*, *DN Educação* e a Cooperativa Cultural da UFRN. Na ocasião, Frei Beto autografou alguns dos seus livros, entre eles *Essa escola chamada vida*, feito em parceria com Paulo Freire.

ziam com que, em alguns momentos, alimentássemos esperanças; em outros, desilusões. Isso porque, repito, em nenhum momento o prefeito desconsiderou ou refutou qualquer uma das atitudes e decisões político-administrativas tomadas pela Secretaria, mesmo quando essas ações poderiam reverter-se em desgastes políticos para ele, revelando as contradições dentro do seu próprio governo. A participação de Frei Beto nas discussões políticas, às vésperas das eleições gerais de 1994, é a prova cabal do que exponho.

Tentar entender tais posicionamentos certamente significaria enveredar por muitas frentes de análise, dentre elas a governabilidade administrativa, as políticas públicas empreendidas, o poder local, o papel do município... Sem esquecer, nesse quadro de análise, o complexo quadro político local, os bastidores do serviço público, a burocracia esclerosada do aparelho estatal ou, ainda, os limites de poder de um dirigente público. Enfim, compreender uma administração pública implica desvendar muitas frentes de análise, não sendo esse meu propósito. Importa registrar momentos do meu itinerário com a educação, em que a concepção e a clareza da educação como ato político-pedagógico e como canal de conscientização e de elevação da consciência crítica do educando sempre esteve presente. E isso, necessariamente, passa pelo pensar freireano, quer concordemos, quer não com sua concepção de educação.

A instabilidade do governo, se até certo ponto favorecia ações mais contestatórias, por outro lado limitava a continuidade ou a extensão dessas ações dentro do governo. Isto porque, como já foi dito, a bandeira sinalizava para todos os lados, tendendo a fortificar, em ritmo acelerado, as alianças partidárias mais à direita, o que afastava, de forma explícita, os propósitos iniciais da FPN. Era chegada a hora, mais uma vez, de deixar o governo. O limite da tolerância, a esperança de querer avançar, apesar de todos os entraves político-administrativos, foi dando lugar à descrença, à desconfiança, e principalmente ao descrédito no governo. Nessas circunstâncias é que, pela quarta vez, entreguei o cargo, definindo, inclusive, a data-limite da minha permanência no governo: último dia do ano de 1994. O PSDB assumiu o cargo. Venceu o alerta de um dos assessores (secretário do governo) do prefeito, logo nas primeiras manifestações de embate que travamos dentro da prefeitura. "Professora, no serviço público, quando se é chefe, ou você perde a vergonha e fica no cargo ou não resiste muito e cai fora." Na verdade, ele falava com a experiência de quem está há muitos anos dentro da administração, ocupando o mesmo cargo em sucessivas gestões municipais (inclusive na atual), independentemente do tipo de governo que se opere. Optei pela segunda alternativa!

O PSDB, no cargo, comprometeu-se em dar continuidade ao trabalho por nós iniciado, inclusive a implantação da Escola Cidadã. Contudo, apesar do empenho do Instituto Paulo Freire de levar à frente a assessoria firmada anteriormente, a Secretaria aos poucos foi priorizando outras frentes de atuação, outra forma de administração.

Hoje, seis anos depois, os professores têm como bandeira de luta a volta das eleições municipais para diretores de escolas e o aumento de salários congelados há exatos seis anos.

Verdadeiramente, no instante em que me distancio do vivido, é possível enxergar que a utopia de experimentarmos, em Natal, a construção de uma escola verdadeiramente cidadã não poderia enraizar-se dentro desse contexto. Além do que não tivemos também o tempo suficiente para trabalhar com profundidade, especificamente com a rede municipal, as propostas políticas e pedagógicas da Escola Cidadã. Seguramente, tivemos a oportunidade de exercitar uma forma de gestão municipal que insistia em aproximar-se de uma gestão democrática, comprometida com uma única causa: a melhoria de escola pública. Nossa pouca experiência no poder público permite reconhecer ter sido esta extremamente rica, principalmente por revelar, dentre tantos aspectos, a enorme distância entre o campo teórico de nossas discussões na academia e a realidade tal e qual se apresenta no cotidiano de uma administração pública. De resto, é como acentua Romão ao analisar a experiência de Paulo Freire na Secretaria de Educação de São Paulo:

> A própria concepção freireana não desconhece os limites das administrações e, principalmente, que a transformação de qualquer realidade é um processo coletivo de longo prazo, não podendo resultar de uma intervenção num curto lapso de tempo, nem de uma individualidade, por mais genial que seja (Romão, 2000a: 215).

Esse é, também, o meu entendimento.

1.7. A administração municipal e o sindicato dos docentes

Considerado o registro dos aspectos aqui priorizados para caracterizar os compromissos assumidos com a educação na rede pública de ensino no município de Natal, resta tecer algumas considerações acerca do que significou, nessa experiência, *a relação da administração com o sindicalismo docente — SINTE/RN.*

O SINTE/RN, enquanto entidade sindical docente, goza de um significativo respeito entre seus pares e, desde a sua origem, em 1987, imprimiu forte impacto ao movimento sindical local introduzindo, nesse período, a Central Sindical — CUT no Estado. Sua atuação passa também pela influência dessa entidade no sistema político partidário e nos processos eleitorais. Mesmo sendo possível encontrar contestações à relação entre o movimento docente e partidos políticos, a história encarrega-se de contestar a assertiva. O movimento dos professores no RN contribuiu significativamente para a estruturação de um partido político, o PT, o Partido dos Trabalhadores, no Estado. Além desse partido, o SINTE também influenciou, embora em menor grau, outros partidos, como o PDT e o PMDB. Tanto que, em 1989, um dos deputados eleitos pelo PMDB havia sido presidente da associação dos professores em Mossoró, a segunda maior cidade do Estado, tendo no professorado sua votação mais expressiva. Nas eleições de 1994, o PT garantiu vagas na Assembléia Legislativa e na Câmara Municipal, todos ex-dirigentes do movimento docente de 1º e 2º graus no Estado. Assim sendo, fica difícil desconhecer o impacto do movimento no sistema partidário e nos processos eleitorais.

No que se refere à influência desse movimento na política educacional estadual, a ele é atribuído o mérito de conquistas importantes. A implementação do *Estatuto do Magistério* assegurou aos professores a possibilidade de participação em cursos de capacitação e a institucionalização do concurso público. Sem dúvida, uma medida que se traduzia na autonomia política da categoria docente, colocando-a frente a frente com o poder dos chefes políticos locais e com a possibilidade de uma postura mais reivindicatória.

No que se refere à sua *prática pedagógica*, notadamente a partir do final dos anos 1980, o movimento redefine sua atuação político-pedagógica e seu relacionamento com os alunos.[36] Nesse período, a análise crítica da realidade política e social toma corpo no interior da sala de aula, sem, contudo, evitar o proselitismo político, uma das distorções da politização da categoria e seguramente um dos entraves às mu-

---

36. A esse respeito, ver Edmilson Lopes Jr., *O movimento de lutas dos professores de 1º e 2º graus da rede estadual de ensino do Rio Grande do Norte (1979-1989)*, 1992.

danças sociais mais amplas. Na verdade, dessa prática, o sindicalismo no Rio Grande do Norte avança na defesa de seus interesses e postulados, criando, assim, sua identidade coletiva. Como os demais movimentos sindicais docentes no Brasil, o SINTE/RN assume-se nesse período, final de década de 1980 e início dos anos 1990, enquanto sindicato dos trabalhadores em educação, como trabalhador assalariado do setor público, cujo Estado é o patrão. O confronto político com o Estado marcava-se pela contestação à situação social, pelas denúncias das condições de trabalho dos professores e, principalmente, pela busca de melhorias salariais.

Essa forma de atuação e de relação com o Estado tomou corpo especificamente nos anos de 1993 e 1994, período em que éramos os interlocutores diretos com o sindicato. A relação da Secretaria de Educação Municipal de Natal com o SINTE/RN foi marcada por essa e por formas novas de embate, até porque a conjuntura político-social forçava o sindicato e o próprio Estado a reinventarem novos caminhos de negociações. Digo isso por perceber, à época, na relação do SINTE/RN com os poderes públicos municipal e estadual, expressões de manifestação de um *sindicato de contestação* — característico dos anos 1980, sem, contudo, deixar de registrar, nessa relação, o forte interesse de *negociação com o Estado*, em busca do atendimento das reivindicações da categoria. Essa forma de expressão manifestava-se mediante as sucessivas greves deflagradas pela categoria docente (e de todos os demais segmentos do funcionalismo público municipal), em função de uma pauta de reivindicação principalmente de ordem salarial.

Contudo, já nesse período, a greve, como instrumento de pressão, manifestava duplos sinais de desgaste. Primeiro, em relação à própria categoria, dada a fraca participação e envolvimento dos professores sindicalizados nas atividades grevistas, e segundo, em relação ao fraco apoio da sociedade a esse tipo de manifestação política. As "palavras de ordem" já não mais surtiam os efeitos da década passada, embora ainda fossem usadas como estratégia de enfrentamento com o Estado. Carros de som, passeatas, manifestações em frente aos órgãos públicos do município eram algumas práticas utilizadas pelo sindicato como forma de intimidar e pressionar os dirigentes de tais órgãos.

Ora, essas características do SINTE/RN, associadas às já citadas características do governo, formavam o quadro a partir do qual se estabelecia a relação entre a Secretaria e o movimento docente. Nos primeiros dias da administração, recebemos o sindicato para negociar a greve que perdurava há um longo tempo. Embora reafirmasse, no encontro, o mesmo compromisso firmado com o prefeito e com a sociedade ao assumir o cargo, do sindicato tivemos, a partir daí, uma aproximação tímida, como se a presença dessa categoria nas ações da Secretaria fosse vigiada pelo temor em não se deixar contaminar com as asperezas da coisa pública. Não havia uma recusa de sua participação, mas também não havia um investimento da categoria ou mesmo da direção sindical nas atividades que desenvolvíamos juntos. As diferentes comissões criadas, seja para a revitalização dos Conselhos escolares, para eleição dos diretores de escolas, para análise e encaminhamento das promoções da categoria, para normatização dos afastamentos dos professores para freqüentar cursos e tantas outras do real interesse da educação e da categoria docente, nada disso levou o sindicato a explicitamente se manifestar em solidariedade a tais iniciativas, marcando, assim, sua credibilidade, ou mesmo seu reconhecimento pelo acerto ou importância das medidas. O fato de não contestar essas iniciativas (e, acredito, não havia motivos para tanto), já era em si uma forma de expressão. Embora não possa falar em omissão por parte do sindicato, devo falar que a credibilidade e a confiança nas nossas propostas administrativas manifestavam-se tímida e silenciosamente. Foi-nos dado um apoio mudo, diria, implicitamente traduzido no silêncio da categoria.

    Tentando compreender tais atitudes, antes que criticá-las, sou levada a acreditar que, por trás dessa "desconfiança", escondia-se certa concepção de Estado, certo basismo da categoria ou ainda os conflitos ideológicos dos partidos que representavam. No fundo, a desconfiança confirmava o alerta feito por Gadotti, para quem "os sindicatos, ao lidar com o Estado, agem de modo a estar taticamente dentro e estrategicamente fora", e era exatamente assim que se dava nossa relação com o sindicalismo docente em todo o período em foco.

    No que diz respeito *à forma específica por que se deu essa relação*, confesso algumas dificuldades em caracterizá-la no que tange à predominância de determinado estilo, de determinado tipo de sindicalismo. Embora seja possível abstrair da relação do sindicalismo brasileiro com o Estado manifestações próprias de determinados tipos de sindicalismo, qual seja: de contestação, reivindicativo e autônomo,[37] tenho dificuldades de identificar, na nossa relação com o sindicato docente um tipo específico. Ao contrário, nos diferentes momentos de embate e de negociações que tivemos, nos quais Estado e sindicatos ficavam frente a frente, as manifestações sindicais tendiam ora para um sindicalismo de contestação, de confronto político, sem que anulasse a possibilidade de negociação, ora de reivindicação, basicamente da questão salarial, embora acenando para a necessidade de melhoria na qualidade do ensino. Ostentando a liberdade política conquistada na década passada, o sindicato docente exerce fortes críticas ao Estado sem que deixasse de estabelecer com um certo diálogo objetivando uma negociação. Seguramente, abrir espaços ao diálogo com o Estado, por mais conflituoso que fosse, de certa forma era reconhecer a categoria, o próprio movimento. Não recebê-lo era a prova cabal de rupturas, de acirramento de posições, de embates de poder e, principalmente, de negação da entidade enquanto organização sindical. O fato de a entidade ser recebida era, por si só, uma forma de reconhecê-la. Daí por que, se preciso fosse, recorria-se a um mediador, geralmente representante da Câmara Municipal ou do Legislativo estadual, para abrir o diálogo com o Executivo. Nesse ponto e nesse estágio, a comunicação dava-se por meio de uma *relação tensa entre o diálogo e os conflitos*. Sair dos impasses das negociações implicava saber lidar com essa relação, o que seguramente não era fácil, nem para o sindicato, nem para o governo. No fundo, esse vem a ser um exercício ainda muito recente, em meio a essas duas esferas.

Nesse jogo de luta e de competição, que tinha o Estado como arena, é possível perceber que nem todas as negociações são bem-sucedidas, seja pela frágil experiência de ambas as instâncias envolvidas, seja pelas limitações próprias do Estado e do sindicato em saber lidar com as contradições, com o diferente. Não sem razão, eram muitas as audiências realizadas com o Fórum dos Servidores para chegar-se, ao final, a acordos já sinalizados nas primeiras negociações. Soma-se a esse aspecto o fato de que, dada a desconfiança permanente dos sindicatos nas informações repassadas pelo governo, quase sempre a

---

37. Conforme registra Moacir Gadotti, em recente publicação, *Perspectivas atuais da educação*, 2000. Para ele, o sindicalismo de confronto político, próprio dos anos 1980, é marcado pela contestação e pela impossibilidade de negociação com o Estado, dada a intensidade dos conflitos que os separa; o sindicalismo reivindicativo dos anos 1990, corporativo em suas reivindicações, centra seu interesse e luta especificamente na questão salarial e melhoria das condições de trabalho. Por fim, o sindicato autônomo, característico dos tempos atuais, é aquele que dialoga com o Estado, contesta-o, reivindica, propõe.

solução apresentada para o impasse era considerada, para os sindicatos, o começo de uma série de outras soluções guardadas pelo Executivo, devendo ser apresentadas de acordo com o fôlego e a resistência dos sindicatos. Não retiro totalmente dos sindicatos as razões que os levam a agir dessa forma, até porque desconheço-as em sua totalidade; ao mesmo tempo, sei que uma das práticas dos governos, como alternativa para as negociações, era aquela desenhada pelos sindicatos. No entanto, devo acrescentar que considero pouco sábia e apressada essa desconfiança generalizada do sindicalismo para com todos que assumem cargos públicos em nosso país, já que isso representa desconhecer as contradições e as possibilidades que se abrem por dentro do Estado. Com isso, chamo a atenção para a crença generalizada segundo a qual todo cidadão que assume cargos públicos nesse país recebe um atestado de irresponsabilidade, sendo inimigo político do povo e dos sindicatos. Não acredito em generalizações, até porque as contradições estão presentes em todas as esferas, seja no interior do Estado capitalista, dos partidos políticos, seja dos movimentos sociais de base. Aliás, o basismo como prática e como modelo de organização sindical, é um limite ao processo democrático, constituindo-se um limite a ser superado.

O que estou tentando deixar claro, a partir dessa leitura, é que, em todos os momentos em que se fez necessária uma negociação direta entre governo e sindicato docente, notadamente quando essa negociação contemplava questões salariais — em todos os momentos a relação estabelecida era altamente conflituosa e tensa, desgastando as partes envolvidas. Identificar nessa relação a tipologia que marcava o sindicato docente é quase impossível. Posso acrescentar (e aí tendo a concordar com Gadotti) que:

> As relações entre poder público e os sindicatos de professores são dinâmicas, ou seja, não existem em *estado puro*. Estão em permanente evolução e traduzem, na prática, certas concepções (correntes ou tendências) do sindicalismo. O que ocorre é que certos sindicatos aproximam-se desta ou daquela concepção, a qual pode variar segundo a conjuntura (Gadotti, 2000: 126).

E foi bem isso o que aconteceu na relação do sindicato docente com o governo.

Ao mesmo tempo que a relação conflituosa da Secretaria com o sindicato docente acirrava-se nas negociações salariais, tornava-se mais amena quando se tratava de outro tipo de envolvimento, de iniciativa da Secretaria ou do sindicato. Nesse caso, situava-se a participação do sindicato nas diferentes comissões criadas pela SME, em função das principais metas priorizadas na administração, quais sejam, a gestão democrática, a melhoria da qualidade do ensino e a valorização dos educadores, esta última plasmada na administração pela atualização e capacitação permanente dos educadores e servidores técnico-administrativos e pelo empenho por melhorias salariais. Embora a melhoria salarial venha a ter uma relação direta com a igual melhoria da qualidade do ensino, minha posição sempre foi muito clara:

> A melhoria do ensino passa pela questão salarial, mas passa também pelo resgate do compromisso social e político do educador para com a educação. A melhoria salarial, por si só, não nos dá a garantia de que o ensino terá uma melhor qualidade (*Dois Pontos*, 1994).

Enfim, em função desses propósitos, é possível afirmar que a relação da SME/Natal com o SINTE/RN, nos anos de 1993 e 1994, foi de *conflito e parceria*, embora, repito, essa parceria tenha se manifestado de forma desconfiada e silenciosa. Afinal, uma posição tímida, principalmente se consideradas as particularidades do governo e o nível de pressão e isolamento com o qual trabalhávamos, enquanto pequeno grupo de resistência dentro do governo. E disso os sindicatos, acredito, tinham clareza.

A preocupação e sobretudo a importância da parceria sempre foi uma constante nas minhas falas. Na abertura do VII Congresso Estadual dos Trabalhadores em Educação, expressei aos sindicalistas publicamente minha posição a respeito:

> Uma escola pública de qualidade passa pela união de parcerias. O soerguimento da Educação depende de todos nós. Sem isentar o Estado das suas obrigações sociais, é preciso firmar parcerias, uma vez que o Estado já demonstrou que sozinho não tem condições de fazer muita coisa (*Tribuna do Norte*, 1994).

Mas a importância da parceria não diz respeito apenas ao Estado e ao sindicato. Nos espaços escolares, é possível perceber que nem sempre o alarmante quadro de necessidades generalizadas das escolas públicas significa, necessariamente, omissão total dos órgãos públicos. Não raramente, a falta de compromisso com a educação pública passa também pelo não envolvimento dos usuários da escola: alunos, professores, funcionários, pais de alunos, na preservação e manutenção da escola. Não raramente, a depredação dos espaços escolares, a destruição das carteiras, cadeiras e do material permanente, a sujeira da escola e arredores evidenciam que a comunidade não assume o bem público como propriedade sua. Afinal, de um povo separado e distanciado do governo, concebido como seu oposto, desafeto ou inimigo, pode-se esperar tudo, inclusive ver nas obras e equipamentos públicos apenas equipamentos e obras do Estado. Do desapego à destruição o limite é quase indefinido ou inexistente. Não é a toa que em todo início de ano ou de período letivo as mesmas escolas exigem do governo os mesmos serviços, muitos realizados meses antes. Sem compromisso, sem envolvimento, sem consciência da necessidade de preservação do bem público, o que vemos nas escolas públicas é uma realidade cantada aos quatro cantos do país há muitos anos: o sucateamento da educação pública.

Daí por que mudar essa realidade implica que o Estado assuma de uma vez por todas a educação como coisa séria e importante para a população, mas significa também um amplo trabalho de educação na busca de um elevado nível de conscientização da população escolar e extra-escolar, caminho formativo para o exercício da cidadania. Nesse sentido, uma grande frente capaz de envolver as diversas esferas sociais, notadamente os segmentos escolares e a comunidade ao seu redor, faz-se necessária, em que certamente o Estado e o sindicato têm muito o que ensinar e aprender, principalmente se considerarmos a escola o lugar por excelência para o exercício da aprendizagem.

Em relação à experiência relatada, apesar dos limites que separavam o governo e o sindicato, foi possível trabalhar juntos em alguns momentos, sem que isto significasse, em absoluto, uma parceria constante. Estado e sindicato pareciam compor dois mundos distintos e contraditórios, cuja comunicação fazia-se nos limites estritos da educação. Foi assim nos *Encontros de formação dos educadores*, no trabalho com os *Conselhos escolares*, na *eleição de diretores de escolas*, na *Conferência de Paulo Freire*, de *Frei Beto*, enfim, em tantas outras atividades. Como representante da categoria docente, o sindicato fazia-se presente, emitia seu parecer sobre as questões discutidas, vigiando uma aproximação que não deveria jamais ser revertida em cooptação ou fragilidade da autonomia política da entidade sindical, mesmo sabendo não ser essa a nossa intenção. Acredito que o zelo por preservar esses dois aspectos específicos poderá responder pelo "acato silencioso" do sindicato a algumas das iniciativas e ações político-administrativas da Secretaria.

Hoje, passados exatos seis anos dessa experiência, volto aos líderes sindicais locais como pesquisadora. Por exigência dessa pesquisa, estabeleço um franco diálogo com alguns líderes sindicais, inclusive a presidente do SINTE/RN nos anos de 1993/1994, hoje deputada estadual e candidata, nas últimas eleições, a prefeita de Natal pelo PT — Fátima Bezerra. Foi a primeira vez que com eles retomei um diálogo, de forma mais sistemática, interrompido em 1994. A prontidão, a presteza e o desprendimento com que aceitaram colaborar com essa pesquisa, especificamente em discutir o sindicato docente e a concepção freireana de educação revelou-me, mais uma vez, o empenho dessas lideranças em discutir outras questões importantes para a educação, que não apenas as salariais. Além das contribuições sobre a hipótese que intento demonstrar ("a presença do pensamento freireano no sindicalismo docente"), o diálogo com lideranças sindicais docentes locais permitiu-me aferir o entendimento de que, quando se está dentro do Estado, assumindo determinado poder, por menor que ele possa ser, o indivíduo deixa de ser o professor sindicalizado, o político que o faz educador, o militante, e passa a ser o "suspeito". Alguém que não mais se compromete com a sociedade da qual é parte. Afinal, agora ele pertence não mais à sociedade, mas ao governo, é gente de governo e, portanto, não mais poderá atuar em busca de uma sociedade mais humana, mais fraterna, mais democrática. Ele passa a ser um "suspeito" em potencial, por mais que as ações desse cidadão no governo provem o contrário.

Não quero dizer com isso que o Estado está isento nessa história. Os sindicatos não são os vilões. Ao contrário, a desconfiança dos sindicatos provém da forma como historicamente as esferas do poder tratam as organizações sociais, autorizando-os a agir dessa e não de outra forma. Afinal, para o Estado capitalista, uma organização sindical de qualquer categoria é sempre uma grande ameaça a ser controlada. No fundo, há um embate permanente e uma luta de poder, cujas ameaças justificam as diferentes posturas assumidas pelas esferas envolvidas. Mas essa é, na verdade, uma outra história... A respeito, tão-somente chamo a atenção para o fato de que a generalização escamoteia as contradições, as diferenças, impossibilitando avanços dentro do próprio Estado, por si só contraditório em sua formação.

Ao reconhecer as lacunas dessa experiência, e certamente foram muitas, resta-me dizer que

> há limites nas responsabilidades administrativas e, principalmente, que a transformação de qualquer realidade é um processo coletivo, e a longo prazo, não podendo resultar de uma intervenção num lapso de tempo, nem de uma individualidade, por mais genial que seja (Romão, 2000a: 215).

Por fim, ao reconhecer no resgate do que aqui chamo ciclo de retorno que muitos foram os erros, os limites e as contradições que marcaram as experiências relatadas, igualmente reconheço que foi em meio aos erros que os acertos se fizeram possíveis, embora desproporcionais ao esforço despreendido. No fundo, realizamos o que, para Freire, constitui o *possível histórico*, que não é determinado por decreto nem pelo transplante de receitas. Como nos lembra Freire:

> Talvez a única receita seria a seguinte: é impossível, para os que pretendem reinventar o poder, não usar a imaginação, não usar a criatividade, não usar táticas em relação dialética com seu sonho, com sua estratégia, não ter uma compreensão muito crítica das possibilidades históricas (Freire & Faundez, 1985: 85).

Acredito que os limites da nossa compreensão crítica respondem pelos erros e contradições das experiências relatadas.

Contudo, o mais importante a ser revelado no momento é que o registro desse percurso, em que teoria e prática confundem-se constantemente, possibilitou-me comprovar a estreita relação entre as experiências de vida e a teoria que ilumina nossas ações. Inovando-se, modificando-se, negando-se, ela se refaz num constante movimento dialético de afirmação e de negação. E é exatamente pela capacidade de ser negada, de ser recriada enquanto se reafirma que a teoria freireana pôde ser testada, acompanhando-me nesse caminhar com a educação.

Capítulo 2

ANOS 1980-1990:
cenário político e principais atores

Inicialmente, é importante reconhecer a diversidade de enfoques que poderia adotar ao refletir sobre o cenário político brasileiro, considerado o período em destaque. No entanto, sendo meu objetivo traçar o esboço do *quadro histórico no qual emergiu o sindicalismo docente*, objeto central de meu estudo, destacarei para reflexão alguns aspectos político-econômicos e socioculturais presentes na sociedade brasileira nesse período. Isso porque é de fundamental importância não apenas observarmos o próprio movimento da sociedade brasileira, como também exercitarmos determinada leitura crítica da realidade, para que dela possa emergir a compreensão das diferentes forças que agem e interagem nos campos econômico, político e sociocultural.

Não tenho, portanto, a pretensão de presentificar as interpretações históricas já realizadas sobre o período, o que nos afastaria do campo específico da análise pretendida. Contudo, sem fugir ao rigor analítico que a temática exige, tentarei resgatar aspectos impulsionadores da reordenação do cenário político do Brasil, nas décadas de 1980-1990, para ponderar sobre as alterações sofridas por seus principais atores — seus papéis e funções. Nesse passo, move-me o objetivo de pinçar aspectos importantes dos elementos em discussão, para que embasem análises mais específicas a serem desenvolvidas quando tratarei da organização sindical docente.

Antes, porém, considero extremamente importante precisar o meu entendimento sobre alguns conceitos que irão permear minhas reflexões, dada a diversidade de definições que os envolve. Não que essa diversidade conceitual constitua limites à minha análise, ao contrário: ela enriquece o pensamento, ampliando as discussões. Contudo, é meu objetivo tentar eliminar possíveis ambigüidades conceituais, sobretudo ao abordar inicialmente a complexidade de alguns elementos essenciais à análise: o Estado, a sociedade e a cultura política brasileira, todos eles encerrando, em si, um vasto universo conceitual. Ora, se por um lado escapa aos limites desta tese a discussão exaustiva dessas questões, por outro é impossível deixar de abordá-las.

Acrescenta-se a esse raciocínio o fato de que alguns aspectos fazem-se tão intrinsecamente relacionados que só à força de ordem metodológica poderíamos abordá-los separadamente, embora com a clara convicção de que são exatamente os elos entre eles que irão compondo uma rede de interdependências e de entrelaçamentos, constituindo e caracterizando o Estado brasileiro, a sociedade e a nossa cultura política. Como afirma Boris Fausto:

> Estado e sociedade não são dois mundos estranhos. Pelo contrário, há um duplo movimento do Estado em direção à sociedade e desta em direção ao Estado. Esse movimento se caracteriza pela indefinição dos espaços público e privado (Fausto, 1995: 76).

Embora o autor tenha se reportado especificamente ao Brasil colonial, essa sua observação pode perfeitamente ser compreendida como sendo apenas um dos muitos aspectos que caracterizaram a formação do Estado e da sociedade brasileira, permitindo-nos, ainda nos dias atuais, falar de sua atualidade. A conhecida expressão "para os amigos tudo, para os inimigos a lei" nos persegue, faz parte da nossa história, denunciando, na sociedade brasileira, o caráter privado do público.

Na tentativa de respaldar esse raciocínio, reporto-me ao entendimento da relação intrínseca entre o Estado e a sociedade civil, fundada na concepção do Estado no sentido ampliado. Essa concepção, defendida por Gramsci e aqui abraçada, justifica, espero, o entendimento acima exposto. Tomando-o como referência, imponho-me o dever de melhor explicitá-lo. Inicialmente, lembro Cristinne Buci-Glucksmann:

> O Estado integral é aquele que incorpora a hegemonia ao Estado, rejeitando toda e qualquer distinção orgânica entre sociedade civil e Estado,

hegemonia e ditadura. Sem o que, cai-se no economicismo. [...] O Estado integral pede um desenvolvimento rico, articulado, das superestruturas, que exclui a possibilidade da sua redução somente ao governo/força, mesmo ele sendo completado integralmente (Buci-Glucksmann, 1980: 129).

De fato, é de Gramsci o entendimento de que "a estrutura e as superestruturas formam um 'bloco histórico', isto é, o conjunto complexo — contraditório e discordante — das superestruturas é o reflexo do conjunto das relações sociais de produção" (Gramsci, 1987: 52).

Dessa forma, a hegemonia, estando incorporada ao Estado, assegura-lhe o poder e sua manutenção por meio dos elementos ditos privados contidos na sociedade civil. Ou seja, igreja, imprensa, partidos, sindicatos, escolas seriam responsáveis pela difusão e reforço da hegemonia política e ideológica do Estado, garantindo-lhe sua base histórica. A importância da hegemonia atribuída por Gramsci, como responsável pela divulgação das normas e valores da classe dominante à classe subalterna, favorece a dedução de que: "[...] a principal crise do desenvolvimento capitalista não é econômica, mas hegemônica. É somente quando o 'consenso', subjacente ao desenvolvimento capitalista, começa a desmoronar, que a sociedade pode se transformar" (Carnoy, 1986:12).

Dessa afirmação, deduz-se ser o Estado capitalista também produtor de relações sociais, embora saibamos que, ao fazê-lo, é do seu interesse camuflar as diferenças, com seu poder homogeneizador. Torna-se isso possível, no entendimento de Tavares de Jesus (1989), por via de um processo pedagógico, ou seja, pela ideologia (concepção de mundo difundida entre classes); pela estrutura ideológica (agrupamento dos meios para difusão da ideologia) e, por fim, pelo material ideológico (produzido e veiculado pelas igrejas, escolas, partidos, sindicatos etc.). É dessa forma que os poderes da coerção e do consenso exercidos pelo Estado e pelas classes governantes expressam-se enquanto unidade dialética.

Sem querer insistir em conceitos fundamentais apontados por Gramsci e decerto bastante conhecidos, interessa ressaltar que o desdobramento metodológico das superestruturas por ele trabalhado, e aqui apenas referido, encerra um valor incomensurável à discussão que ora pleiteio, na medida em que é precisamente dessa relação entre o Estado, a sociedade civil e a hegemonia que se pode vislumbrar, contraditoriamente, a possibilidade de resistência e de uma contra-hegemonia. É exatamente nesse universo de dominação, cujos indivíduos estão de tal forma encharcados por uma visão de mundo consolidadora da hegemonia do bloco histórico, que a teoria gramsciana é inovadora. A luta política, no contexto da sociedade capitalista, pode e deve avançar a partir da instância da sociedade civil. Isto porque, para Gramsci, a relação dialética entre a base e a superestrutura é representada por meio de uma série de antíteses: momento econômico/momento ético/político; necessidade/liberdade; objetivo/subjetivo.

Refutando um princípio ordenador preconcebido, a teoria gramsciana respalda-se no entendimento de que as condições materiais, ao refletirem-se enquanto necessidades concretas, oportunizam, a partir delas, condições de liberdade; ou seja, a estrutura que esmaga o homem, que o aliena, que o torna passivo, é a mesma que, de forma contraditória, transforma-se para esse homem em instrumento de luta, de ação. Essa transformação ocorre no momento em que o homem se reconhece como sujeito ativo da história, conquistando sua liberdade. Essa é a tarefa não apenas do homem enquanto indivíduo histórico, mas também de todos os homens, reconhecida por Gramsci como a vontade coletiva. A necessidade histórica de superação de uma hegemonia por outra impõe a necessidade da atuação do intelectual orgânico vinculado às classes populares, cuja função (que o define como intelectual) é despertar a consciência da autonomia, da liberdade, condição essencial à nova hegemonia. A ideologia, portanto, passa a ser fonte de mudança, e a organização social, um caminho necessário.

Ainda nessa linha de raciocínio, Gramsci adverte que

> se a relação entre intelectuais e povo-nação, entre dirigentes e dirigidos, entre governantes e governados, se estabelece graças a uma adesão orgânica, na qual o sentimento-paixão torna-se compreensão e, desta forma, saber (não de uma maneira mecânica, mas vivencialmente), só então a relação é de representação, ocorrendo a troca de elementos individuais entre governantes e governados, entre dirigentes e dirigidos, isto é, realiza-se a vida do conjunto, a única que é força social; cria-se o "bloco histórico" (Gramsci, 1987: 139).

Seguramente, essa é uma discussão que impõe uma gama enorme de desdobramentos e explicações. Contudo, como mencionei anteriormente, meu objetivo no momento é assumir, ao explicitar (embora brevemente) o entendimento adotado nessa tese, quando me refiro à questão do Estado. Resta apenas acrescentar, reafirmando, que é precisamente do entendimento dessa relação dialética entre Estado, sociedade civil e hegemonia que se torna possível pensar as instâncias constitutivas da sociedade como espaços de luta política. A difusão de uma nova visão de mundo, capaz de transformar a fase econômico-corporativa do senso comum numa fase ética-política, é função, entre outras, dos sindicatos, da escola, da educação, para ficarmos apenas nas instâncias mais constantes nas nossas análises.

É com esse entendimento, e a partir dele, que retorno ao quadro histórico da sociedade brasileira, com o intuito de destacar elementos que lhes são peculiares, consideradas as circunstâncias históricas locais e internacionais. Esse retorno ao passado dá-se na medida em que, com Sônia Kruppa, entendo o presente como sendo "a realização completa do que aconteceu anteriormente, ao mesmo tempo que é sempre parcial: o vivido se dilacera entre o passado e o futuro. Voltar na história significa fazer o estudo do passado daquilo que é hoje" (Kruppa, 1994: 12).

A volta aos anos 1980 e 1990 no Brasil será feita com o propósito de melhor compreender a emergência e a evolução do processo de organização do sindicalismo docente, e nele as matrizes discursivas[1] da sua formação sindical. Sendo meu objeto de estudo detectar e avaliar *a presença do pensamento freireano na formação sindical docente*, comprová-lo implicaria um apelo a fatos imersos na nossa história e, conseqüentemente, na história do sindicalismo docente. É o que me proponho neste capítulo e no que segue.

2.1. Cultura política brasileira

Nessa busca, a discussão sobre a cultura política brasileira é imprescindível. Isso porque a influência sobre toda a sociedade do que estamos habituados a chamar de cultura política brasileira leva-nos a considerá-la como extremamente significativa. As diferentes manifestações sociais observadas no país, no decorrer dos diversos momentos históricos, explicitaram (e ainda explicitam), pelo embate das relações de poder na política brasileira, formas específicas de atuação. E são precisamente essas formas específicas de atuação que constituem o

---

1. Sobre a expressão, vejam-se anotações e análise no Capítulo 3, tópico 3.6, letra b.

que é próprio da sociedade brasileira, ou seja, a nossa cultura política. Uma forma de entendê-las passa, necessariamente, pela determinação do conceito de cultura e, a seguir, pela noção de *cultura política*.

Com Chaui, podemos afirmar que cultura é

> como um conjunto articulado dos modos de vida de uma sociedade determinada, concebida ora como trabalho do espírito mundial (como em Hegel), ora como relação material determinada dos sujeitos com as condições dadas ou produzidas e reproduzidas por eles (como em Marx) (Chaui, 1986: 14).

Ou seja, na linha do estudo hegeliano, a cultura define-se gradualmente como campo das formas simbólicas — trabalho, religião, ciências, artes e política; enquanto na linha marxista, a cultura é tida como um momento da práxis social, como fazer humano de classes sociais contraditórias na relação determinada pelas condições materiais e como história da luta de classes. Em uma palavra, e na ótica da relação estabelecida entre cultura e história, cultura é aqui entendida como campo de construção simbólica e material das ações humanas.

Por sua vez, cultura política

> designa o conjunto de atitudes, normas, crenças, mais ou menos largamente partilhadas pelos membros de uma determinada unidade social e tendo como objetivo fenômenos políticos. Desse modo compõem-se a política de uma determinada sociedade os conhecimentos, a prática política e todas as forças políticas operantes (Bobbio, 1992a: 306).

Não sendo a cultura política homogênea, a capacidade ou a possibilidade de agir e de produzir efeitos sobre as diversas esferas sociais está presa à capacidade de mando e de obediência baseada no fundamento específico da legitimidade.

No Brasil, essas práticas políticas e sociais foram se constituindo ao longo da história. Sem querer referir a todas as análises explicativas da formação da nossa sociedade, é oportuno tentar entender e considerar os fundamentos, as rupturas, as contradições do processo de formação da sociedade brasileira, buscando apreender as linhas de força que dão continuidade e unidade à manifestação de determinado poder político no Brasil. Em outras palavras, trata-se de encontrar, a partir da nossa formação social, especificidades da sociedade brasileira imersa na sociedade global. Aliás, essa foi a grande contribuição dos explicadores do Brasil dos anos 1930: *pensar a sociedade a partir dela mesma.*

O que inspira, nesta análise inicial, é exatamente esse contributo!

Sem desconhecer a contribuição de outros estudiosos da questão, partirei das reflexões de Gilberto Freire, Sérgio Buarque de Holanda e Caio Prado, por constituírem eles a tríade dos intérpretes explicativos da formação da sociedade brasileira na década de 1930. Embora ancorados em pressupostos teórico-metodológicos diferentes, preservam um campo comum de análise com extraordinário poder explicativo da sociedade, qual seja, o campo social. Contrapondo-se às explicações conservadoras do século XIX, cujas bases formativas da sociedade estariam fundadas nas "três raças tristes", os demiurgos da década de 1930 voltam o olhar para a sociedade brasileira e tentam abstrair da análise apreendida a explicação e a contestação do estereótipo que se foi enraizando na mentalidade do povo brasileiro.

Contrariamente aos pensadores clássicos conservadores, que perguntavam, sobretudo a partir do Estado, como se forma a sociedade, os novos intérpretes da sociedade brasileira deslocam a questão para a da formação da sociedade. Quais são suas características? O que é específico do Brasil e dos brasileiros na sociedade? Responder a essas perguntas significa penetrar nas raízes formativas da nossa sociedade, buscando caminhos que levem à elucidação de nossa realidade.

Quer seja pensando a sociedade por meio de uma análise antropológica associada à interpretação da formação da cultura brasileira, como em Gilberto Freire; quer seja à luz de uma interpretação marxista da sociedade, como em Caio Prado; quer seja, ainda, interpretando a sociedade por um caminho weberiano, esses três intérpretes da sociedade desse período mantêm entre si um diálogo elucidativo e nos ajudam a encontrar especificidades da sociedade brasileira, consideradas nossas origens econômicas, políticas, sociais e culturais.

Como sabemos, ao longo de sua história, o Brasil foi marcado pela desigualdade social, fruto de um sistema caracterizado pela exclusão e segregação social. Essa marca foi-nos impressa no momento mesmo em que a estrutura central da constituição da sociedade e do Estado brasileiro ancorou-se na formação de uma classe proprietária de engenhos e de escravos, mas, acima de tudo, fundou-se mediante a ausência do Estado na colônia e na existência de uma classe dominante econômica e politicamente "que a todos os títulos podia ter o mesmo estatuto teórico e prático das classes dominantes de um capitalismo emergente".[2]

A propósito, uma das significativas contribuições da vertente gilbertiana da economia patriarcal foi fornecer a chave explicativa para entendermos a ausência do Estado na colônia e a conseqüente delegação de poder da Coroa aos proprietários da terra — a iniciativa privada.[3]

Como conseqüência, foi se enraizando entre os excluídos — a maioria — uma mentalidade servil, o que contribuiu para a formação de uma cultura no interior da qual a política e a função pública são exercidas por uma minoria que se alterna no poder e cujos interesses devem ser preservados pelo Estado. O respeito à propriedade privada e ao comércio internacional, desde cedo, foi levado ao extremo no país pelos grupos no poder, sejam eles moderados, conservadores, autoritários ou conciliadores.

Fortificando esse quadro, a política, espaço em que o poder se exerce, é reforçada pela "colaboração" do homem cordial brasileiro, por meio do seu horror ao público e da ênfase na emoção, no sentimento em detrimento da razão. Aqui se faz necessária uma ponderação. Embora a questão da "cordialidade do homem brasileiro", apontada por Sérgio Buarque de Holanda na década de 1930, deva ser considerada dentro de determinado contexto histórico que justifica a obra do autor, nem sempre esse aspecto é levado em consideração. Esse fato, seguramente, põe em evidência situações profundamente questionáveis numa sociedade marcada pelo conformismo e pela resistência, para usarmos uma expressão de Marilena Chaui. Nesse sentido, faz-se oportuno considerar as reflexões contidas no texto *As raízes*

---

2. Comentário feito pelo Prof. Dr. Francisco de Oliveira, em sala de aula, no curso Formação da Sociedade Brasileira, na Escola de Sociologia e Política de São Paulo, em 1998.

3. Ao fazê-lo, inicia e alimenta até hoje um debate extremamente polêmico, presente em sua mais consagrada obra: *Casa-grande & senzala*. A dimensão política dessa obra provocou e continua provocando polêmicas e controvérsias por entre estudiosos e intelectuais interessados na história cultural da sociedade brasileira. O *céu & inferno de Gilberto Freire* (Mello, 2000) repõe em evidência, para muitos, o caráter conservador da democracia racial na sociedade brasileira, tido como contributo do autor, ao mesmo tempo que repõe a discussão — democracia racial: mito ou equilíbrio de antagonismos? A atualidade de sua obra reside na necessidade e no desafio de tomar essas controvérsias do presente como base para buscar respostas a velhas e novas indagações. No mais, acredito que as controvérsias tendem a manter atual sua obra, ao mesmo tempo em que denuncia sua influência em nosso meio.

das Raízes do Brasil, de George Avelino Filho. Para esse autor, a obra de Sérgio Buarque de Holanda, publicada em 1936 e reeditada dez anos depois, em 1946, deve ser considerada

> como a identificação dos obstáculos que entravavam a modernização política e econômica do país; como as raízes daquilo que deve ser enfrentado para a criação de uma nova sociedade, de uma nova cultura política, que ao mesmo tempo rompa com o bacharelismo e outros mecanismos sedimentados e liberte a verdadeira expressão do nacional. Dessa forma, misturam-se a remoção dos entraves políticos e econômicos e das barreiras que oprimem a espontaneidade da cultura, que se refletem no abismo que separa as concepções genéricas, abstratas e importadas, e a nossa realidade (Avelino Filho, 1987: 36-37).

A cordialidade do homem brasileiro, portanto, não deve ser encarada como um caráter nacional assegurado por uma uniformidade social estável, imutável. Ao contrário, a cordialidade brasileira parte de uma concepção da tradição e da nossa história, devendo ser entendida "como síntese frágil de um passado instável, porque constituído a partir das necessidades do presente" (Avelino Filho, 1987: 41), e não como um espírito nacional sólido e permanente.

Nesse sentido, a cordialidade almejada e propagada enquanto "espírito nacional" pelos senhores dominantes da nossa sociedade não considera que o movimento histórico-social de uma sociedade de classes põe em evidência as diferenças culturais, manifestas "em uma sociedade que é a mesma para todos, mas dotada de sentidos e finalidades diferentes para cada uma das classes sociais" (Chauí, 1986: 24). E que esse movimento, inerente a todas as coisas e a todos os homens, ao se inter-relacionarem, transformam-se mediante a contradição própria da história social, expressando-se por meio dos conflitos, das resistências. Em outras palavras, a idéia do homem cordial, da cordialidade, tenta escamotear os conflitos, as contradições, as resistências, o que nem sempre é assegurado. Afinal, como nos alerta Antonio Cândido:

> O "homem cordial" é visceralmente inadequado às relações impessoais que decorrem da posição e da função do indivíduo, e não da sua marca pessoal e familiar, das afinidades nascidas na intimidade dos grupos primários [...] "o homem cordial" não pressupõe bondade, mas somente o predomínio dos comportamentos de aparência afetiva (Cândido, 1995: 17).

Contudo, apesar de a hegemonia pretendida não se encerrar passivamente na garantia do controle da dominação, mas na vigilância permanente de uma contra-hegemonia, forma de expressão de uma sociedade de classes, a verdade é que predominava à época, de forma bem mais acentuada do que hoje, a ausência da distinção entre os limites do público e do privado, permitindo administrar a esfera pública, com uma conotação de interesse particular e de direitos pessoais, em substituição aos interesses da coletividade e dos direitos do homem enquanto cidadão. A esse respeito, na concepção de Sérgio Buarque,

> não era fácil aos detentores das posições públicas de responsabilidade, formados por esse ambiente, compreenderem a distinção fundamental entre os domínios do privado e do público. Assim, eles se caracterizam justamente pelo que separa o funcionário "patrimonial" do puro burocrata conforme a definição de Max Weber. Para o funcionário "patrimonial", a própria gestão política apresenta-se como assunto do seu interesse particular; as funções, os empregos e os benefícios que deles aufere relacionam-se a direitos pessoais do funcionário e não a interesses objetivos, como sucede no verdadeiro Estado burocrático, em que prevalecem a especialização das funções e o esforço para se assegurarem garantias jurídicas aos cidadãos (Holanda, 1995: 145-146).

Nesse quadro social, o poder é instaurado numa relação de mando e de obediência ou, se preferirmos, de subserviência. Como afirma Bobbio (1986), analisando o pensamento de Weber acerca de poder, as relações de mando e de obediência tendem a se basear não só em fundamentos materiais ou no mero hábito de obediência dos súditos, mas também num específico fundamento de legitimidade. Para Weber, a lei, a tradição do caráter patriarcal do aparelho administrativo e o carisma da pessoa do chefe — o grande líder profeta, herói — constituem o sustentáculo e a legitimação para o efetivo exercício desse poder político. Afinal, a "escolha dos homens que irão exercer funções públicas faz-se de acordo com a confiança pessoal que mereçam os candidatos, e muito menos de acordo com as suas capacidades próprias" (Holanda, 1995: 146).

Nesse campo, a presença do populismo na história da sociedade brasileira é um bom exemplo. Fazendo parte da nossa cultura, as práticas populistas expressam formas intensas e peculiares de manifestação do poder privado na esfera pública, ecoando no enorme conservadorismo de nossa sociedade, denotando, ainda hoje, sua presença e atuação. Como conseqüência, o poder público apresenta-se como cenário às manifestações dos conflitos privados.

Contudo, é oportuno ressaltar que o populismo, como estilo de governo, notadamente presente na nossa história, não possui um caráter de dominação homogênea sobre os segmentos populares da sociedade. Como nos alerta Francisco Weffort,

> o populismo é algo mais complicado que a mera manipulação e sua complexidade política não faz mais que ressaltar a complexidade das condições históricas em que se forma. O populismo foi um modo determinado e concreto de manipulação das classes populares, mas foi também um modo de expressão de suas insatisfações. Foi, ao mesmo tempo, uma forma de estruturação do poder para os grupos dominantes e a principal forma de expressão política da emergência popular no processo de desenvolvimento industrial e urbano (Weffort, 1980: 62).

Uma das contribuições de Weffort, ao estudar o populismo na política brasileira, foi chamar a atenção para valor histórico dessa prática política. Enquanto estilo de governo, o populismo surge numa conjuntura, cuja estrutura de poder oligárquico em crise apela por envolver e conquistar os segmentos populares como forma de garantir esse novo tipo de regime político. Contudo, nesse jogo de liderança e de poder político, a manipulação dos setores populares nunca foi absoluta; ao contrário, a relação densa que se estabelece entre as diferentes classes sociais em foco explicita não apenas o elevado grau de heterogeneidade interna de cada uma delas, mas também o entendimento de que a manipulação dos segmentos populares, enquanto invenção do populismo, será sempre limitada.

Embora seja do interesse do político populista "antecipar" necessidades e aspirações básicas dos segmentos populares, em forma de "doações" — medidas responsáveis, por vezes, pela desarticulação desses segmentos enquanto classe social, contraditoriamente, ao fazê-lo, favorecem a organização e as mobilizações populares frente ao Estado, explicitando a resistência e a fragilidade do poder de controle e de manipulação das camadas populares pelo Estado. Ou seja, instaura-se, para a maioria da população, a possibilidade de conquista da cidadania, na medida mesmo em que o comportamento político-popular se modifica.

A ambígua relação estabelecida entre o Estado populista e as classes populares impõe a necessidade de, uma vez considerada essa ambigüidade, desvendar os limites que se colocam nessa relação. Urge delinear até que ponto os interesses reais dos segmentos populares foram realmente atendidos pelos líderes populistas e até que ponto os referidos segmentos serviram de "massa de manobra" para os grupos dominantes. Um bom exemplo pode ser o da legislação trabalhista, "doação" do período áureo do populismo no Brasil, no governo Vargas.

> Estabelecida a legislação do trabalho como direito, quando um assalariado reivindica o cumprimento de um determinado requisito legal, aquela relação originária de "doação" (e portanto de dependência) desaparece. O que passa a contar agora é o cidadão que reivindica o cumprimento da lei, que reivindica os "seus direitos" de homem livre na relação de trabalho. E nós podemos então perceber que, na relação política, a "doação" é apenas um dos lados do problema (Weffort, 1980: 73).

Dessa forma, a questão da manipulação e da passividade popular deve ser relativizada, consideradas as condições históricas que se apresentam como campo para sua atuação.

E bem verdade que essa prática política teve seu momento áureo na nossa história. Contudo, se é verdade que a espinha dorsal do populismo no Brasil já foi quebrada, igualmente é verdadeiro que ainda nos restam fortes e significativos resíduos da sua presença nos redutos políticos eleitoreiros espalhados pelo país afora. Suas conseqüências são evidentes, expressando-se das mais diferentes formas: na fragilidade do processo de organização política dos segmentos minoritários da sociedade; na falta de credibilidade, portanto, na ausência de legitimidade concedida aos representantes das diversas categorias; na frágil distinção entre o público e o privado na débil clareza política e na conseqüente ausência de discernimento das verdadeiras intenções que essas práticas escondem — enfim, e principalmente, no desconhecimento, pela maioria, da sua capacidade de atuação enquanto agente histórico.

Evidentemente, não se trata aqui de negar os significativos avanços políticos e sociais empreendidos pelos diferentes movimentos organizacionais da nossa sociedade e, com eles, o enfraquecimento dessas práticas conservadoras. Ao contrário, essa é uma questão que não apenas reconheço, mas que constitui a mola impulsionadora da minha pesquisa. Contudo, não podemos desconhecer que, nas relações de poder que se realizam na política brasileira, o populismo faz parte dessa história,[4] plasmando a cultura política do Brasil. Ignorá-lo seria negar a própria história.

Em relação ao que estou tentando ressaltar, qual seja, a cultura política no Brasil, esses são alguns aspectos constitutivos de um campo histórico que sustenta e mantém, até o limite máximo, o exercício do poder político na esfera pública no país, mesclando a todo instante e a cada momento histórico a parceria entre o poder privado e a esfera publica ou, em outras palavras, a intrínseca relação entre o Estado e a sociedade civil. Nesse sentido, e ainda na tentativa de enfocar o legado deixado pelos "explicadores do Brasil", é pertinente considerar, até mesmo para melhor entender as relações, os processos e as estruturas que foram constituindo as configurações sociais de vida, a significativa contribuição de Caio Prado Júnior (1965). Ao escrever *Formação do Brasil contemporâneo*, sua obra clássica fundada no materialismo histórico dialético, destaca-se por entre os historiadores e pensadores da época, ao inserir os fatos em seu contexto político, econômico e social. A forma peculiar e pioneira de Caio Prado de interpretação da sociedade brasileira foi responsável pela sua inserção na nossa história, como o autor que "inaugura uma interpretação marxista da formação social brasileira, estabelecendo um horizonte intelectual novo, sem o qual não foi mais possível pensar a história e o pensamento no Brasil" (Ianni, 1989: 64).

Registrar o enorme contributo das suas obras e do seu pensar exige uma exaustiva pesquisa que foge inteiramente ao nosso foco de análise. Contudo, acrescento às informações já postas que o enfoque marxista de análise da sociedade brasileira, surgido no país de forma mais contundente na década de 1970, com grande repercussão no meio universitário, muito deve às análises expressas nos estudos iniciais publicados por Caio Prado nas primeiras décadas do século passado,[5] cuja formação se dá fora dos espaços universitários. Não sem razão, a referência e a volta aos seus escritos é uma constante nos trabalhos publicados por estudiosos das questões nacionais, fato que confirma sua importância e atualidade.

---

4. Como sabemos, na nossa história política, o populismo é apenas uma das formas de governo empregada pelos dirigentes governamentais e aqui destacada. Contudo, não podemos esquecer, por exemplo, que, nesse jogo do poder, o coronelismo e a conciliação também ilustram a nossa história.

5. Estou me referindo especificamente às primeiras publicações de Caio Prado Jr.: *Evolução política do Brasil*, publicado em 1933; *Formação do Brasil contemporâneo*, em 1942; e *História econômica do Brasil*, em 1945.

Enfim, a leitura crítica dos aspectos que constituem nossa cultura política, alguns aqui registrados, torna-se possível graças ao contributo de muitos, e inegavelmente, dentre tantos, os "explicadores do Brasil" dos anos 1930 merece uma atenção especial.

2.2. A "abertura democrática" e a reordenação do cenário político

Feitas essas considerações a propósito das características formativas da sociedade brasileira, podemos voltar-nos propriamente às décadas de 1980 e 1990 no Brasil, com a certeza de que os aspectos formativos da nossa sociedade, há pouco mencionados sumariamente, marcam presença constante nos diferentes períodos históricos, inclusive nos atuais. Reforço ainda a preocupação de que minha intenção, no momento, *é mapear aspectos relevantes e constitutivos da década de 1980 e 1990*, para que possamos melhor entender a relação estabelecida entre as diferentes conjunturas sociais e a emergência de determinados atores, sua presença e poder de organização na esfera social.

Para isso, é importante fazer um *recuo na nossa história*. Ao repassá-la, percebemos que a ditadura militar instalada no país com o golpe de 1964, centrada em um poder profundamente repressivo e controlador, sofre, a partir de 1974, com a posse de Geisel, um longo período de crise, que segue até 1985, quando começa a declinar. Alguns fatores contribuíram para a instabilidade do bloco no poder nesse período. Dentre eles, os conflitos entre facções militares associados ao enfraquecimento dessas facções com setores da classe burguesa e à crescente onda de oposição ao regime, por parte da sociedade civil. Juntava-se, ainda, a esses fatores a necessidade de implantação de um novo modelo econômico de desenvolvimento, dessa feita centrado mais firmemente nos empréstimos externos e no estímulo ao ingresso do capital estrangeiro. Ao "desenvolvimento associado" caberia privilegiar as grandes empresas multinacionais associadas às nacionais.

Por sua vez, a cisão entre os segmentos do bloco militar no poder dava-se entre os defensores da "linha-dura" e os "moderados". Para os últimos, era importante aliviar a tensão social contra o regime, ampliando sua base de apoio na sociedade civil, agora necessária à mudança política que se pretendia instalar no país. Para isso, atenuar as ações da "linha-dura" era fundamental, dado o enorme desgaste das Forças Armadas no interior do Estado.

Por outro lado, os militares, até então unidos a segmentos da classe burguesa, começam a perder esses aliados, na medida em que, para estes últimos, não mais interessava abdicar do direito de governar em troca da proteção de um Estado forte. Ao contrário, exigia-se acesso a cargos no governo e, conseqüentemente, pleiteava-se a diminuição da autonomia dos espaços do Estado. Estava criado, a partir daí, um embate entre blocos que formavam a complexa organização do poder estatal, fazendo-se necessário, naquele momento, o apoio da sociedade civil para dar corpo aos novos discursos políticos do Estado, seguidos de novas formas de ação social.

Tratava-se de imprimir "uma mudança na estrutura formal ou no método de feitura das políticas sociais, fato que se reveste de maior importância no que concerne à busca incessante de legitimação por parte do Estado" (Germano, 1993: 213). Ancorada em Claus Offe, essa colocação aponta para a necessidade de evidenciar-se a compreensão da formulação da produção de políticas públicas, a partir da distinção entre a forma e o conteúdo dessas políticas enquanto regras estratégicas. Para Offe,

> as políticas públicas não podem ser compreendidas totalmente por questões relativas ao seu conteúdo, mas que adicionalmente, os procedimentos formais, ou método institucionalizado de processar casos problemáticos do meio em questão, são igualmente determinantes importantes da atividade estatal (Offe, 1975: 134).

Em outras palavras, a dinâmica de formação das políticas públicas não surge apenas mediante emergências sociais, mas também por meio da estrutura formal ou do método utilizado para a elaboração de tais políticas. Nesse sentido, amplia-se a concepção do Estado como "solucionador" de problemas. O Estado opera mediante o reconhecimento de problemas, porém, ao organizar suas atividades e medidas dirigidas ao meio, adota para si mesmo certo procedimento operacional. Estando interligados, os processos de resolução de problemas resultam da inter-relação dos problemas sociais e econômicos detectados e das estratégias formais utilizadas pelo Estado.

Tais observações contribuem para o entendimento de que a mudança na forma de execução das políticas sociais no período em questão associava-se às condições conjunturais internas do próprio país (onde se dá a relação da sociedade política com a sociedade civil, para usarmos a expressão gramsciana), bem como ao contexto internacional. Em outras palavras, as matrizes conjunturais do país, associadas às do contexto internacional, são os pilares das mudanças nas formas das políticas públicas sociais nesse período, imprimindo-lhe, como veremos, um caráter reformador e conservador. Assim, importa reconhecer que o conjunto desses aspectos constituíam o novo quadro político, econômico e social que se delineava no país.

Não sem razão, pois a ajuda internacional aos "países em desenvolvimento" fazia-se nos termos estratégicos da promoção de mudanças sociais, com o consenso e a participação dos diferentes segmentos da sociedade. Para isso, caberia ao Banco Mundial garantir as mudanças pretendidas sem rupturas, por meio de duas estratégicas básicas: incorporar a grande parcela dos socialmente excluídos nos programas sociais "reparadores" e incluir, nas instâncias decisórias do Estado, a representatividade das organizações populares e dos trabalhadores. Assim sendo, o financiamento, até então voltado à infra-estrutura (transporte, energia, indústria), tende a deslocar-se progressivamente para programas sociais. Trata-se, portanto, de estratégias perfeitamente programáticas, com o intuito de garantir mudanças, embora preservado o poder de mando.

O "reformismo conservador" como estratégia do Banco Mundial é aceito e assimilado facilmente pelos dirigentes políticos do nosso país. O II PND — Plano Nacional de Desenvolvimento do Brasil (1975-1979) retrata claramente a adoção de estratégias que, como veremos, vêm ao encontro das "sugestões" das agências financiadoras do país.

No que se refere ao campo econômico, podemos registrar que o capitalismo no Brasil, embora assinalasse em 1973 taxas de crescimento na ordem de 14% ao ano, já nos anos seguintes registrava sinais evidentes de esgotamento, sendo necessário ao governo militar implementar um redirecionamento da política econômica nacional. Segundo Ilza Andrade,

> o núcleo central da nova estratégia propõe duas dimensões ao processo: a primeira é dirigida para a montagem de um novo padrão de industrialização, centrado sobretudo nas indústrias de base, e a segunda privilegia o fortalecimento do capital nacional (Andrade, 1996: 26).

Essas seriam as condições essenciais que fariam despontar no país um capitalismo capaz de imprimir um salto qualitativo na economia, desde que aumentasse a renda *per capita* nacional e uma maior distribuição de renda. Quanto à política de distribuição de renda apregoada pelo Estado, percebemos que um dos objetivos e opções nacionais do II PND é "realizar política de melhoria da distribuição de renda, pessoal e regional, simultaneamente com o crescimento econômico" (II PND, 1974: 21).

Tratava-se, portanto, de privilegiar naquele momento novos campos de atuação da estratégia de desenvolvimento para o país, fato que o II PND encarregou-se de expressar. Os principais campos de atuação eram: "Consolidação no país de uma economia moderna; ajustamento às novas realidades de economia mundial; nova etapa no esforço de integração nacional; estratégia de desenvolvimento social; integração com a economia mundial" (II PND,1974: 26).

Quanto à estratégia de desenvolvimento social, o II PND deixa clara a intenção do governo em

> garantir a todas as classes e, em particular, às classes média e trabalhadora, substanciais aumentos de renda real; eliminar, no menor prazo, os focos de pobreza absoluta existentes, principalmente, na região semi-árida do Nordeste e na periferia dos grandes centros urbanos (II PND, 1974: 27).

Desse modo, o governo refutava a idéia de esperar que o crescimento econômico desse conta da adequada distribuição de renda pela evolução dos fatores do mercado. Ou seja, refutava a idéia de "esperar o bolo crescer". Para o governo, havia

> necessidade de, mantendo acelerado o crescimento, realizar políticas redistributivas "enquanto o bolo cresce". [... Afinal,] a solução através do crescimento apenas, pode demorar muito mais do que a consciência social admite, em termos de necessidade de melhorar rapidamente o nível de bem-estar de amplas camadas da população (II PND, 1974: 61).

Pelo exposto, associada à questão da necessidade de distribuição de renda, o governo redimensiona sua relação com as questões sociais, entendendo-as não mais como questões técnicas (numa tentativa de esvaziá-las politicamente), mas como questões políticas. O momento histórico exigia novas concepções, novas medidas. A "integração social", o "redistributivismo" e os apelos "participacionistas" passaram a fazer parte da agenda do Estado mediante a necessidade de manutenção de um poder, cujas bases de sustentação demonstravam enormes fragilidades. Segundo o professor Francisco de Oliveira, essa não era uma medida original do governo. Ao contrário, o que presenciamos nesse período é a volta do poder do Estado com a capacidade de "garrotear os sujeitos emergentes das classes dominadas e de tentar resolver o problema da hegemonia entre os dominantes",[6] o que, como veremos, o Estado não conseguirá.

O certo é que o governo, movido pelas razões antes referidas, passa a considerar os limites do que ele mesmo denominou "consciência social", reforçando, com seu PND, a necessidade de apoio dos segmentos marginalizados da sociedade para preservar a estabilidade social e política do país. Daí a necessidade de integrá-los e de adotar medidas que favorecessem a participação dos trabalhadores no processo de integração e expansão em curso no país. Embora as medidas fossem descentralizadas, guardavam a marca daquilo que era principal para a manutenção do regime autoritário: a concentração do poder. Isso significa o predomínio da força do Estado sobre a sociedade civil — ou, se preferirmos, uma descentralização "concentrada" nas mãos de grupos de confiança, distribuídos em estados, municípios e regiões do país.

Contudo, a esfera econômica parecia caminhar por outras trilhas, distanciando-se da meta de crescimento do mercado interno pretendida pelo Estado. Embora no período compreendido entre 1974-1978 (governo Geisel) o país tenha registrado um significativo crescimento econômico, esse ritmo não foi mantido; ao contrário, mostrou-se inferior à época do "milagre econômico brasileiro", quando o país registrou uma média de crescimento na ordem de 10%. O aumento exorbitante do preço do barril de petróleo provocou sérias alterações no balanço de pagamento no país. Reservas cambiais são usadas, restringem-se as importações, e o país leva à frente a estratégia de crescimento centrado no aumento da dívida externa. Conseqüentemente,

> a dívida externa do país pulou de 3,2 bilhões em 1970, para cerca de 43 bilhões em 1978. O índice de crescimento econômico caiu no biênio 1977-1978 (respectivamente para 5,4 e 4,8%, quando a média do período foi 7%), e a inflação praticamente duplicou — 37,9% — em relação à época do "milagre", cuja média girou em torno de 19,3% (Germano, 1993: 226).

Do ponto de vista político-econômico, era esse o quadro do país em 1978. Ao então presidente Figueiredo caberia tentar garantir a ex-

---

6. Comentário feito pelo prof. dr. Francisco de Oliveira, em sala de aula, no curso Formação da Sociedade Brasileira, na Escola de Sociologia e Política de São Paulo, em 1998.

pansão da economia nacional, em meio a um elevado índice da dívida externa nacional que caminhava a passos largos.

Deve-se relevar que as medidas "liberalizantes" adotadas pelo Regime, apesar de possuírem formas mais modernas de atuação, guardavam em si o caráter reformista, já que centradas em bases sociais clientelistas e paternalistas, marcas da sociedade brasileira. Em síntese: sustentava-se politicamente em bases conservadoras.

Esse é o caso, por exemplo, do Nordeste. Ao lidar com a necessidade de implantar novas estratégias de atuação, dessa feita mais "modernas", que garantissem sua legitimação, o Estado tinha claro que precisava contar com o apoio político dos coronéis e das oligarquias latifundiárias regionais.[7] Isto porque a política regional do Nordeste sempre funcionou como importante base de fortalecimento e de sustentação dos grupos no poder. O fato de o Estado considerar a necessidade de lidar, ao mesmo tempo, com novas e velhas estruturas reforça o entendimento de que o campo da política é o espaço em que o poder ganha maior destaque.

Contudo, embora o quadro social seja marcado pelas contradições entre um projeto "liberalizante" do governo e formas conservadoras de relações de poder local (regional), a contraditoriedade existente não significava qualquer ameaça à política de participação e de integração social apregoada pelo governo, uma vez que ao Estado interessava institucionalizar o Regime garantindo sua legitimidade, fato que, como já mencionamos, dependia em grande parte de uma boa parceria com os governos locais. O que poderia constituir limites, ou até mesmo entraves, às ações do Estado, na verdade favoreciam as "concessões", numa verdadeira troca de apoio político. Ao "paternalismo" do poder central caberia fidelidades locais e regionais — essa era a lógica das relações clientelísticas e paternalistas adotadas.

Essa parceria mostra-se, no Nordeste ainda, de modo bastante visível. No decorrer da sua história política, a região serviu de base de

---

7. Coronelismo é aqui entendido num sentido amplo, como parte do complexo quadro do processo político brasileiro, e não mais como uma forma de imigração do poder privado para a esfera pública. Enquanto teia de relações políticas, o coronelismo é assegurado por uma base estrutural capaz de garantir as relações de poder a partir do município. Não é à toa que a carreira por controle dos municípios, pelos políticos, sempre foi uma constante na nossa história, o que se mostra, mais descaradamente, nos períodos de eleição. Ancorados numa já tradicional teia de favores e reciprocidades, o "voto de cabresto" assegura a sobrevivência do coronelismo entre nós, ao mesmo tempo que denuncia suas seqüelas nas relações sociais e na cultura política brasileira.

sustentação de grupos tradicionais no poder. Ancorada em práticas político-eleitorais, a região dos "coronéis", da indústria da seca, das oligarquias latifundiárias, das eleições fraudulentas, manteve-se fiel ao pacto conservador entre o poder central e as elites regionais. Para se fortalecer e manter politicamente no poder, as elites nordestinas, de posse do controle político dos "currais eleitorais dos municípios", garantem o apoio às bases de sustentação política do partido governista, manifesta nas esferas estadual e/ou federal.

> Assim, foi apostando na importância desse tipo de articulação, que vinha se mostrando historicamente eficiente, que o bloco que detinha o controle do processo de liberalização do regime militar alimentou, através de mecanismos os mais diversos, sua base de apoio no Nordeste (Andrade, 1996: 59).

Estas seriam as condições necessárias à implementação das medidas nacionais que conduziriam à implementação e à coordenação das políticas e dos programas sociais, propostos pelo Estado, destinadas aos carentes, aos desagregados sociais. Daí por que apenas em 1974 foram criados o Ministério da Previdência Social — MPAS, o Conselho de Desenvolvimento Social — CDS e o Fundo de Assistência Social — FAS.

As propostas "participacionistas" contidas nos programas do governo ganham corpo e, em certa medida, correspondem aos apelos propalados pelo Estado. Não cabe aqui enunciar com detalhes todos os programas dessa ordem. No entanto, é importante registrar que é no período compreendido entre 1974 até os primeiros anos da década de 1980 que encontramos o maior número de programas assistenciais aplicados às mais diferentes esferas sociais. Foi assim nas áreas de saúde, educação, nutrição, saneamento básico, habitação, entre outras.

No período acima referido, o Nordeste ganha especial atenção. Prova disso é que muitos dos programas do governo tiveram como cenário histórico estados nordestinos. Apenas para citar alguns casos, as cidades de médio porte, como Natal e Mossoró (ambas no RN), sediaram as duas primeiras unidades do Centro Social Urbano no Nordeste, enquanto João Pessoa sediou o programa João de Barro — Programa Nacional de Autoconstrução. Era este último o maior projeto de construção de unidades habitacionais de que participava a população em sistema de mutirão. Essas medidas foram apenas algumas dentre outras empreendidas pelo Estado, todas com grande impacto político no país, denotando um redirecionamento claro e concreto das políticas públicas na busca de consenso e de parceria social.

2.3. A efervescência dos movimentos sociais

A abertura democrática no Brasil implicou a reordenação do cenário político e, como conseqüência, a alteração dos papéis e funções dos seus principais atores. Ao longo da década de 1980, já no processo de redemocratização do país, a participação popular na gestão da coisa pública foi uma das principais bandeiras dos diferentes setores e instâncias da sociedade civil. As reivindicações que despontavam faziam parte de uma outra luta maior, que era *a tentativa de reinstauração do sistema democrático no Brasil*.

Nesse período, vemos surgir novos mecanismos de participação dos segmentos populares, os quais podem ser apontados como um "corretivo da democracia participativa",[8] cujo objetivo é corrigir imperfeições de um sistema político fundado pela "vinculação entre duas realidades diretoras da vida latino-americana — a escravidão e o oficialismo" (Comparato, 1989: 42). A primeira, marca da desigualdade de condição social, e a segunda, do predomínio de um poder que emana do alto — "ali onde o poder é o poder". A forte presença dos diferentes segmentos que se organizavam no interior da sociedade acabou gerando um fato novo e extremamente relevante, qual seja o estabelecimento de bases legais que viabilizariam a interferência da sociedade civil nos negócios públicos. Era a institucionalização dos movimentos populares, que ganhavam novo *status*, tornando-se um componente com sustentação jurídica na gestão pública.

Em que pese o reconhecimento da emergência dos movimentos sociais nesse período, não se pode desconhecer que o surgimento desses "novos personagens em cena"[9] na sociedade brasileira deu-se em determinado contexto histórico, marcado por contradições e conflitos no interior da própria estrutura interna do Estado, favorecendo a sua presença. Embora seja essa uma questão que exige maior discussão, dada a diversidade de opiniões que encerra, refutamos a historiografia

---

8. A questão dos corretivos da democracia pode ser aprofundada por meio das análises de Fábio Konder Comparato, *A estraneidade dos direitos humanos na América Latina: Razões e soluções*, 1989.

9. A esse respeito, ver: Eder Sader, *Quando novos personagens entram em cena*, 1988.

dos "mitos fundadores", que atribui aos movimentos sociais das décadas de 1970-1980 todo o mérito da abertura política no país. Entendemos que as concessões e as conquistas foram ganhando corpo na medida em que as contradições no próprio aparelho do Estado impulsionavam uma maior aproximação com a sociedade civil, favorecendo a emergência desses movimentos. Portanto, no nosso entendimento, não era um movimento linear, de mão única, criado a partir das idéias e das ações dos "iluminados" da época.

Esse entendimento me faz lembrar o educador Paulo Freire, que chamava a atenção para a importância de considerarmos, nas nossas análises, a relação do homem com a história.

> Quando Marx afirma que o homem faz a história e é feito por ela, ele diz que o homem faz a história a partir de determinada situação concreta que ele encontra. Então você não pode fazer a história a partir de sua cabeça, do seu ideal, você faz a história a partir dos "limites" que você encontra hoje, no presente. Mas ao mesmo tempo em que você só faz a história a partir daí, esse aí em lugar de ser um espaço-tempo determinante é um espaço-tempo de possibilidades (Vale, 1992: 61).

Em outras palavras, a transitoriedade da história e (com ela a provisoriedade da realidade) favoreceu a construção de espaços sociais geradores de possibilidades, impulsionando a presença, mais uma vez, dos trabalhadores na cena política do Brasil.

Imbuídos de características extremamente fortes e peculiares, esses movimentos ocuparam, de forma fulminante e surpreendente, diferentes espaços sociais, ampliando a prática política do exercício da democracia. Respalda esse entendimento a caracterização e a atuação que marcaram o ingresso desses "novos personagens" na cena política do país. Uma dupla face os caracterizava:

> Numa delas, vemos o início de uma sociabilidade fundada na solidariedade de classe e pela qual as chamadas classes populares passaram a fazer parte da cena histórica, não como atores desempenhando papéis prefixados, mas como sujeitos criando a própria cena através de sua própria ação e, com isso, constituíram um espaço público além do sistema da representação política permitida, ou seja, o espaço da representação cívica e trabalhista. Na outra face, vemos os limites impostos ao projeto político que ali se desenhava e que, este sim, foi derrotado pela política instituída (Chaui, 1988: 15).

De meros espectadores de toda uma situação conjuntural, os movimentos sociais mudam de papel e se expressam como participantes do processo. Pareciam entender *a democracia como construção e conquista histórica*, cujo palco social caracteriza-se pelos conflitos e as contradições. Nessa ótica, colocavam em xeque não apenas o Regime em si, mas principalmente o entendimento da democracia como "dádiva divina dos homens todo-poderosos" das terras brasileiras. O processo de construção democrática não poderia prescindir da capacidade de organização e de formação política dos atores e sujeitos sociais emergentes, alijados da cena política, desde os anos 1930. Afinal, a "abertura política", cujos marcos surgiram do alto, não poderia propor-se facilitar a ampliação dos espaços democráticos e, conseqüentemente, a conquista da democracia nos modos acima referidos. Ao contrário, o Estado, ao fazer "concessões" à sociedade civil, utiliza sua capacidade de força e poder à exaustão, na busca de cooptar os sujeitos emergentes das classes menos favorecidas. A cooptação, como sabemos, lida com a doação, com a tutela, e não com a conquista, princípio básico da construção democrática.

O importante nessa discussão é que essas mudanças imprimiram uma ruptura nos padrões de legitimação de toda uma "ordem social", o que é próprio dos regimes autoritários. Nesses regimes, a "ordem" prevalece claramente em detrimento da justiça, e é essa lógica, no campo da política, que permeia as ações do Estado, quando se depara com as manifestações populares. Na verdade, o que está atrás da idéia da "ordem" é a defesa da conservação, da manutenção do *status quo*, em uma palavra, a manutenção do já pensado, do já dito, do que já está estabelecido.

Ora, o país vivia nesse período, com a emergência de movimentos operários e populares, a contestação da ordem vigente, fato que imprime aos "novos atores sociais" uma marca nova no cenário político — a da autonomia. E foram muitos os movimentos sociais da época: movimentos de bairros, das Comunidades Eclesiais de Base — CEBs, movimento dos educadores expressos nos diferentes níveis de ensino[10] e, sobretudo, *o "novo sindicalismo"*, presente em categorias sociais representativas. Como num regime autoritário, não é possível buscar justiça sem contestar a "ordem". A luta desses movimentos

---

10. Especificamente sobre a organização dos docentes e suas categorias, trabalharei em seguida, ao tratar a evolução da organização política dos educadores no Brasil.

pela conquista da autonomia, da cidadania, passava pelo conflito, pela resistência. O movimento grevista passou a fazer parte da luta dos trabalhadores. "Iniciada em meio à região do ABC paulista, rapidamente alastrou-se pelos grandes centros industriais e urbanos do Estado, envolvendo centenas de milhares de trabalhadores e estendendo-se até os dias de hoje" (Sader, 1988: 25). A greve como mecanismo de contestação e de luta retorna à cena política do Brasil, sendo utilizada pelas categorias trabalhistas em diferentes pontos do país.

2.4. A presença dos partidos políticos

Associados às significativas alterações aqui mencionadas marcando a sociedade civil no denominado período de transição, não podemos desconhecer que em meio às insatisfações expressas no interior da sociedade, *os partidos políticos no Brasil* crescem e se fortalecem no período, expressando a existência de uma opinião pública de oposição.

A partir de 1974, o MDB — Movimento Democrático Brasileiro, partido considerado de oposição nesse período, registra um significativo crescimento representativo no Senado e na Câmara dos Deputados, o mesmo acontecendo em 1976 nas eleições municipais, ao eleger a maioria dos vereadores nas maiores cidades do país. É importante dizer que este último pleito deu-se sob o forte controle do aparato do Estado, temeroso com os avanço das conquistas populares atingindo também o Parlamento.

Evidentemente, dado o acelerado crescimento do MDB, partido que abrigava a frente oposicionista, o governo adota uma série de medidas com o objetivo claro de desmobilizar o avanço da oposição. O Pacote de Abril (de 1977) concentrava parte dessas medidas: estabeleceu eleições indiretas para os governadores estaduais; alterou a composição do número de deputados por estado na Câmara Federal favorecendo as unidades federadas em que a Arena (Aliança Renovadora Nacional) tinha maior poder de barganha; criou a figura do "senador biônico" por um Colégio Eleitoral; aumentou para seis anos o mandato do Presidente da República. Enfim, essas e outras medidas foram tomadas como parte de um jogo político que tentava a todo custo desmobilizar o acelerado processo de organização social.

As medidas não pararam por aí. Em 1979, o governo Figueiredo lança mão de mais uma medida "liberalizante", ao promover a reforma da Lei Orgânica dos Partidos. Na verdade, ao favorecer a formação de novas agremiações, escondia a intenção clara de dividir a frente oposicionista, até então centrada no MDB. Em vista disso é que as mudanças ocorrem. A Arena transforma-se em PDS (Partido Democrático Social), abrigando os aliados do regime militar, enquanto as oposições se dividem, conforme planejado. À esquerda: o PT (Partido dos Trabalhadores), vinculado diretamente ao movimento sindical do ABC paulista — tendo como líder principal o metalúrgico Luís Inácio Lula da Silva; e o PDT (Partido Democrático Trabalhista), cuja liderança política estava com o ex-governador do Rio de Janeiro, Leonel Brizola, defensor do trabalhismo populista de Vargas e Goulart. À direita: o PP (Partido Popular), reduto dos conservadores e burgueses do MDB, entre eles Tancredo Neves, e o PTB (Partido Trabalhista Brasileiro) que agrupava correntes janistas e lacerdistas. Por sua vez o MDB, agora PMDB (Partido do Movimento Democrático Brasileiro), manteve o caráter de frente oposicionista, alinhando-se a uma parte da esquerda clandestina; o MR-8 (Movimento Revolucionário 8 de maio), o PCB (Partido Comunista Brasileiro) e o PC do B (Partido Comunista do Brasil), com o propósito de derrotar eleitoralmente o regime militar. As eleições de 1982 davam-se num cenário político marcado pelo pluralismo partidário, fazendo aflorar as divergências ideológicas e político-partidárias. Por ser uma eleição para prefeitos, vereadores, governadores de Estado, deputados estaduais e federais, além dos senadores, essa eleição representava um pleito extremamente importante para a oposição e para o governo que se aproximava. A jogada agora mudava de alvo. Ao Estado de Segurança Nacional importava assegurar maioria no Colégio Eleitoral, responsável pala eleição do Presidente da República em 1985.

Para isso, na busca de tentar garantir um "equilíbrio social" capaz de garantir a continuidade de um regime já por demais fragilizado, o governo, mais uma vez, adota um novo pacote eleitoral em 1981. Contudo, apesar das novas medidas, os partidos de oposição saíram das eleições de 1982 com sinais concretos de avanços.

Embora grande parte dos esforços da oposição tenha sido canalizado para o restabelecimento das eleições diretas para Presidente da República, em 1985, o Colégio Eleitoral sela um pacto entre o PMDB e o PDS, elegendo o primeiro presidente civil desde 1964, Tancredo Neves. Imbuído de um "compromisso com a nação", o novo governo apregoava a necessidade de reorganizar a economia e a política nacionais, com a implantação de um Estado de direito democrático e o lançamento de bases de um novo ciclo de expansão da economia. As medidas tomadas no campo institucional-legal engajavam-se com: eleições diretas em todos os níveis, convocação de uma Assembléia Nacional Constituinte, liberalização da legislação eleitoral e partidária, liberdade e autonomia sindical, reforma agrária — mediante a aplicação do Estatuto da Terra, legalização dos partidos políticos etc.

No campo econômico, o país vivenciou mudanças na condução da sua política, com vistas a combater as altas taxas inflacionárias que castigavam a população, juntamente com a elevação da dívida externa e a baixa taxa de crescimento interno do país. Foi a época dos Planos Cruzado I e II e do Plano Verão, todos empenhados no combate às mazelas que assolavam o país, punindo severamente a população. No entanto, após o sucesso efêmero de cada choque, os malsucedidos planos econômicos foram aos poucos dando sinais de sua incapacidade de diminuir a inflação e de controlar o déficit público com diminuição do endividamento externo e alívio da enorme desigualdade na repartição da renda e da riqueza no país.

Não sem razão, os trabalhadores de diversas categorias profissionais explicitavam seu descontentamento e insatisfação, e um amplo movimento de greves espalhou-se por todo o Brasil. Dessa feita, *a presença dos trabalhadores do serviço público nos conflitos grevistas* foi um fato marcante. Servidores públicos estaduais e municipais constituíram o principal grupo grevista em 1987, responsáveis por 60% das greves; isso, por um lado. Por outro, a situação de ingovernabilidade por que o país passou, a partir de 1986, fez aflorarem as insatisfações das organizações de direita, desejosas de recuperar espaços políticos perdidos na esfera governamental.

Embora fosse propósito do Estado assegurar a hegemonia entre as classes dominantes, associada à garantia de um consenso da sociedade civil, as intenções do Regime foram aos poucos sendo contrariadas e anuladas. Por um lado, pela ampliação dos espaços de atuação do movimento sindical favorecida pelas "necessárias" iniciativas liberalizantes do governo. Por outro, pelas ações terroristas empreendidas por setores ligados à repressão, as quais ocorriam, não só devido à incapacidade dos "militares enquanto governo" em contê-las, mas também devido à sua falta de poder para retirar tais segmentos dos elevados postos que ocupavam dentro do próprio governo. E foram muitos os atos de terrorismo ocorridos nesse período. Marcando posição nitidamente contrária àquela anunciada pelo governo, desafiando-o muitas vezes, o braço radical dos segmentos militares fez-se mostrar já no início do período da distensão entre 1973-1974, quando ocorreu o extermínio dos chamados "desaparecidos políticos" e verificaram-se invasões e atentados a sedes de instituições, como a OAB (Ordem dos Advogados do Brasil) e a Câmara Municipal do Rio de Janeiro, culminando com o episódio do Riocentro em 1986.

Relevam-se aqui dois aspectos importantes. O primeiro é que a sociedade civil, como vimos anteriormente, sofria profundas modificações no que concerne à ampliação dos seus espaços representativos, tais como o movimento sindical, a imprensa, a igreja, as instituições, os partidos de oposição; o segundo é que, ao esforço desprendido pelas organizações sociais, associam-se as medidas "liberalizantes" do Estado, engrossando o caldo da resistência na sociedade civil, ao mesmo tempo que se ampliavam os espaços de atuação. Foi o caso do AI-5 em 1978, da concessão da anistia política em 1979, da restituição das eleições diretas para governadores em 1982 e do abrandamento da censura à imprensa, agora igualmente essencial ao processo de abertura. Foram essas algumas das "concessões" feitas pelo Estado e que, a contragosto, acabaram favorecendo as organizações sociais da época.

Enfim, o quadro social do país era extremamente conturbado e desfavorável à manutenção do Regime. A crise política iniciada em 1972 caminhava para seu desfecho.

2.5. Década de 1990: o neoliberalismo e a "nova questão social"

Na análise da década de 1990, priorizarei o enfoque do novo paradigma hegemônico em curso, que se configura numa virada histórica no desenvolvimento do capitalismo. Trata-se de reconhecer a afirmação do neoliberalismo como projeto econômico, social e político preponderante no mundo neste final de século. Certamente, essa prioridade de análise aqui adotada vem acompanhada da clareza de que, por tratar-se de um movimento ainda em curso, qualquer análise que dele se faça será sempre provisória, inacabada.

Contudo, é possível perceber hoje, na pluralidade de enfoques sobre o neoliberalismo, o esforço de apreensão dos efeitos dessa força intelectual e política sobre as sociedades em escala mundial, abrindo um enorme leque de informações, dúvidas, incertezas e contradições, muitas eivadas de esperanças e utopias, expressas em alternativas à sua transformação. Nosso esforço, no momento, é o de *enfocar aspectos estruturais do neoliberalismo e seus efeitos específicos sobre a sociedade brasileira*, objetivando melhor compreender os reflexos da nova política na organização dos movimentos sociais, especialmente na organização sindical docente. Embora reconheça as lacunas e os riscos reducionistas que esse corte de análise pode ensejar, não o fazer seria investir em um universo de múltiplas abrangências que, ao final, embora pudesse contribuir para os propósitos da pesquisa, seguramente também deles em muito teria se afastado. E esse afastamento, por suposto, dar-se-ia em detrimento dos objetivos que temos em vista.

Feitos esses esclarecimentos, tomo de empréstimo o alerta do historiador Perry Anderson, ao referir-se a uma das heranças de Lênin: "jamais subestimar o inimigo, se se pretende combatê-lo". Nessa ótica, é imprescindível reconhecer inicialmente que o neoliberalismo constitui um "corpo de doutrina coerente, autoconsciente, militante, lucidamente decidido a transformar todo o mundo à sua imagem, em sua ambição estrutural e sua extensão internacional" (Anderson, 1995: 22). Conhecê-lo, reconhecer nele o seu poder, é condição primeira para pensar alternativas ao modelo hegemônico imperante. Sendo um projeto hegemônico, o neoliberalismo inscreve-se na lógica de *continuidade e rupturas* que caracteriza todas as formas históricas de dominação nas sociedades capitalistas. Nesse sentido, a combinação do novo, a partir de estruturas velhas, possibilita entender o neoliberalismo como um novo formato de dominação centrado na reorganização das características já existentes, revestidas de outras formas de poder de dominação.

Nessa ótica, existindo outras formas de dominação que não apenas a econômica (o que por si só impõe sérios problemas sociais), o caráter hegemônico do neoliberalismo não se encerra apenas no predomínio econômico, como bem percebeu Pablo Gentili, entre tantos outros. Para ele,

> se o neoliberalismo se transformou num verdadeiro projeto hegemônico, isto se deve ao fato de ter conseguido impor uma intensa dinâmica de mudança material e, ao mesmo tempo, uma não menos intensa dinâmica de reconstrução discursivo-ideológica da sociedade, processo derivado da enorme força persuasiva que tiveram e estão tendo os discursos, os diagnósticos e as estratégias argumentativas, a retórica, elaborada e difundida por seus principais expoentes intelectuais (num sentido gramisciano, por seus intelectuais orgânicos). O neoliberalismo deve ser compreendido na dialética existente entre tais esferas, as quais se articulam adquirindo mútua coerência (Gentili, 1996: 10).

É nessa ótica que o entendemos hegemônico.

Sem dúvida, fatores condicionantes articulam-se mutuamente, favorecendo a implementação do novo paradigma hegemônico, fortemente dominado pelas forças econômicas internacionais. O cenário internacional, por exemplo, registrou alterações extremamente significativas e propícias à implementação do novo paradigma econômico. O mundo capitalista, ainda no início da década de 1970, vivia uma longa crise, marcada por profunda recessão e, pela primeira vez, por baixas taxas de crescimento com elevadas taxas de inflação. Para os defensores do neoliberalismo, as causas da crise

> estavam localizadas no poder excessivo e nefasto dos sindicatos e, de maneira mais geral, do movimento operário, que havia corroído as bases de acumulação capitalista com suas pressões reivindicativas sobre os salários e com sua pressão parasitária para que o Estado aumentasse cada vez mais os gastos sociais [...] o remédio, então, era claro: manter um Estado forte, sim, em sua capacidade de romper o poder dos sindicatos e no controle do dinheiro, mas parco em todos os gastos sociais nas intervenções econômicas (Anderson, 1995: 10).

Coincidência ou não, a dilapidação do Estado toma corpo na América Latina quando os países capitalistas vivenciavam novas praticas sociais democratizadoras. Esse foi o caso do Brasil.

Não demorou muito e o cenário internacional volta-se para a defesa das grandes potências mundiais, adotando o neoliberalismo como alternativa de poder das grandes potências do mundo capitalista. A Inglaterra, com o governo Thatcher, é o primeiro regime de um país capitalista avançado a empenhar-se publicamente em pôr em prática o programa neoliberal. Vêm a seguir os Estados Unidos, no governo Reagan, em 1980; o governo de Helmut Khol, da Alemanha, em 1982; o da Dinamarca, com Schluter, em 1983, e mais tantos outros que se viraram à direita, empenhados em várias versões do neoliberalismo. Consideradas as especificidades das políticas empreendidas por cada um dos novos adeptos, eles cuidaram de preservar o que na verdade os une: a defesa, a propagação e a implementação do neoliberalismo como alternativa à manutenção do poder.

No Brasil, o advento do neoliberalismo deu-se, como no resto do mundo, em um contexto marcado pelo processo de mundialização da economia, centrado por um duplo movimento: a exaltação do "mercado como modelo" e da satanização do Estado, causador de todas as mazelas que afetam as sociedades capitalistas. O Estado brasileiro, sujeito aos ajustes macroeconômicos impostos pelo FMI — Fundo Monetário Internacional, na cobrança e rolagem da dívida externa, associada à forte onda de corrupção que assolava o país, vê-se debilitado em sua capacidade de investir em setores estratégicos para o desenvolvimento da indústria brasileira, canalizando o capital nacional para as aplicações financeiras, seduzido pelas altas taxas de juros. Esse atraso produtivo que caracterizava o país já nos anos 1980 agrava-se ainda mais no início dos anos 1990, quando o acirramento da recessão econômica torna o mercado interno ainda menos atrelado à política de abertura da economia brasileira ao comércio internacional. Instalava-se, assim, um terreno propício à implementação da nova política imperante.

A partir da década de 1990, no governo Collor, primeiro presidente eleito pelo voto direto no país, em 30 anos, o Brasil passa a verificar e vivenciar com mais intensidade essa discussão. Em que pese a propagação no país de um clima propício à instalação da ideologia neoliberal, os reclamos antiestatais da burguesia ganhavam adeptos da maioria da população descontente com as ações do Estado. Foi nesse clima de enfraquecimento do Estado que o candidato Collor montou sua plataforma de campanha, ancorada na crítica a um Estado desperdiçador, responsável pela má distribuição de renda, pelas péssimas condições da saúde, da educação, enfim, das políticas sociais. A "caça aos marajás" conquistou os votos da população insatisfeita, garantindo ao novo governo acelerar as condições favoráveis à instalação da ideologia neoliberal, submetendo a população brasileira às implicações da nova política econômica e de seus efeitos sobre as diferentes esferas sociais.

Embora tenha dado seus primeiros passos no governo Collor, a abertura do mercado brasileiro só veio a ser realmente efetivada no governo seguinte, o de Fernando Henrique Cardoso — 1994-1998, com a estabilidade da moeda via Plano Real, contando com o apoio da comunidade internacional. Essa foi a chave para a credibilidade do projeto neoliberal do governo FHC e da inserção da economia brasileira no processo de globalização. Para Celso Furtado,

> com o Plano Real, o governo brasileiro mais uma vez fundou a política de estabilização (de preços e de câmbio) num crescente endividamento externo. Ora, todas as grandes crises brasileiras se iniciaram por problemas cambiais. Resta, portanto, saber se o terreno perdido nessa área es-

sencial ainda poderá ser recuperado. Ou se já é algo impróprio falar de sistema econômico com respeito ao Brasil (Furtado, 1998: 45).

O certo é que o controle da inflação foi assegurado, porém o custo social desse controle foi (e continua sendo) profundamente elevado e desumano. Todas as práticas e políticas sociais são implementadas em nome da globalização e da eficiência dos mercados. Como conseqüência, o país vivencia, pela ausência de políticas públicas comprometidas com o social, acelerados processos de privatização, de reordenação do mercado de trabalho, da crescente onda de desemprego maciço, da perda de proteção e das garantias dos direitos trabalhistas (para os trabalhadores que ainda resistem no mercado de trabalho). Esses fatores, entre outros, são elementos constitutivos de um mundo ancorado no que Ramonet chama de "pensamento único", imposto pelo ideário neoliberal. Ou seja, "a tradução, em termos ideológicos com pretensão universal, dos interesses de um conjunto de forças econômicas, especialmente as do capitalismo internacional" (Ramonet, 1998: 57).

Caberá, assim, à globalização — enquanto pensamento preponderante nesse final de século —, homogeneizar as culturas, os valores, os ideais; ou, em outras palavras, "uniformizar" os referenciais que respaldam os homens enquanto cidadãos, dotados de identidade, de subjetividade, de consciência própria. É a tentativa de *alienação política e cultural da sociedade* no sentido de uma falsa consciência do real.

Em que pese o reconhecimento e a importância das recentes críticas feitas à globalização enquanto mito ou realidade, lançadas pelo professor Paul Hirst (1998), a verdade é que a globalização tende a paralisar as iniciativas nacionais, impondo-lhe uma nova lógica de atuação, de estratégia e de política governamental, favorecendo a constituição de uma "nova questão social" sobre a qual nos fala Castel (1998), caracterizada por um conjunto acumulado de perdas. Reforçando essa análise, entende Ramonet que "a globalização matou o mercado nacional, que é um dos fundamentos do poder do Estado-nação. Anulando-o, ela modificou o capitalismo nacional e diminuiu o papel dos poderes públicos" (Ramonet, 1998: 60). Ao destruir velhas relações, a globalização avança criando novas dependências econômicas, políticas e culturais, respaldadas em "novas regras" impostas à sociedade.

No *plano político*, o ideário neoliberal, em nome do êxito do mercado, postula o Estado mínimo. Assim, voltado essencialmente para a reprodução do capital, detém ele o condão de minimizar (quando não anular) conquistas sociais, como o direito à estabilidade de emprego, o direito à saúde, à educação, a transportes públicos, habitação, saneamento básico, entre outros direitos básicos.

As *políticas públicas* passam a ser norteadas pelo pressuposto da eficiência, eficácia e produtividade, visando o controle da qualidade total — critério empresarial produtivista marcadamente normatizado, aferível e observável. Como se não bastasse, associam-se a esse pressuposto o utilitarismo e o consumismo, atrelados aos valores da competitividade e do individualismo, prioridades do neoliberalismo. Ao desconhecer os valores de cooperação, solidariedade, justiça e eqüidade, as políticas empreendidas pelo Estado desestabilizam o sistema de proteção e de garantias sociais decorrentes das políticas do bem-estar social (duramente conquistadas pela sociedade enquanto corpo estruturado), dando lugar à implementação de políticas compensatórias (piedosamente doadas, posto que não conquistadas), emergenciais, centradas nos pobres, nos excluídos (ou seja, voltadas para indivíduos em conflito, já despojados de sua condição social). Entre nós, é fácil comprovar que a perda dos direitos sociais vem acompanhada da exclusão social e da barbárie. Exclusão social aqui considerada não como uma causa natural e passageira na atual conjuntura, mas como resultado de políticas de ajustes estruturais, de contenção do déficit público e de reforma do Estado. O trato com as questões sociais, ou, mais especificamente, com a exclusão social, deve conciliar o "gasto social" com as políticas implementadas. Nessa linha de raciocínio, são elaborados os programas sociais de combate à pobreza e à exclusão social.

Considerada *a ausência no país de políticas sociais amplas* que previnam o agravamento da profunda crise social com que hoje convivemos, é fácil entender que, por trás do "novo modo de enfrentar a pobreza e a exclusão social", esconde-se a intenção de amenizar as condições de pobreza e de miséria absoluta da maioria da população brasileira, preservando, no entanto, as verdadeiras causas que lhes deram origem. Na verdade, os referidos programas, por suas características, reforçam nossas inquietações. O professor Willington Germano define-os muito bem:

> Em primeiro, lugar trata-se de programas que restringem as suas práticas a grupos marginalizados e pauperizados, o que os diferencia, portanto, da dimensão universalista. Em segundo lugar, esses programas resultam de uma renúncia no sentido de intervir de modo preventivo para enfren-

tar as causas que produzem a "exclusão" e a vulnerabilidade e não simplesmente de se deter nos seus efeitos. [...] Em terceiro lugar, os resultados apresentados são extremamente insatisfatórios, porquanto não são acompanhados de políticas macroeconômicas capazes de gerar empregos e aumentar o nível de renda da população (Germano, 1998: 13).

O fato é que o quadro social no Brasil registra um elevado número de desfiliados no sentido assinalado por Salm (1998: 74), ou seja, os dissociados das redes de integração social. Essa dissociação diz respeito, portanto, a todos aqueles e aquelas que perderam os estados de equilíbrio anterior, que perderam, na maioria dos casos, a própria referência e, como conseqüência, a cidadania social. No momento, os desempregados constituem um dos segmentos mais representativos dessa descidadanização. O desemprego é hoje, no Brasil, a maior preocupação da população. A ausência de um mercado de trabalho capaz de absorver a mão-de-obra disponível no interior da sociedade traduz-se não apenas no desemprego maciço, mas, sobretudo, na extrema pobreza, na desintegração social, no aumento do consumo das drogas, no elevado índice de marginalidade e de criminalidade.

Ao ultrapassar os limites do chamado mundo do trabalho, desagregando o tecido social, o "horror econômico" provoca a desestabilização da chamada "sociedade salarial". Para Castel, "uma sociedade na qual a maioria dos sujeitos sociais recebe não somente sua renda, mas também seu estatuto, seu reconhecimento, sua proteção social" (Castel, 1998: 150). Sem emprego, sem proteção social, sem dignidade, sem prestígio e sem perspectiva de programar o futuro, o desempregado hoje parece sintetizar a interpretação de que a crise atual é uma crise da relação salarial que conseguiu desassociar trabalho e segurança. Para além do domínio estrito de trabalho, "ela é a base da integração social e está na origem das proteções que se difundem no conjunto da sociedade" (Castel, 1998: 151).

Do exposto, podemos inferir que a transformação da "nova questão social" que se configura nos tempos atuais, está centrada na combinação do crescimento do *desemprego maciço* e da instalação da *precariedade do trabalho*. A grande transformação que ocorreu nas duas últimas décadas, no campo do trabalho, foi a significativa presença de outras formas de contrato de prestação de serviços, dessa feita por tempo determinado, tempo parcial, ou até mesmo os chamados contratos de zero hora — trabalho executado por um só dia, ou até mesmo por apenas uma hora.

Decorre dessa realidade a constatação de uma sociedade profundamente marcada pela heterogeneidade e pelo agravamento das desigualdades sociais. Embora essa realidade esteja presente no Brasil, a partir de nossas raízes formativas, não se pode negar que as políticas neoliberais encarregaram-se de exacerbá-las ao limite máximo de desumanidade e selvajaria. Prova disso é a visível constatação das principais situações de "esfacelamento" da condição salarial, presentes nas análise de Castel (1998), quais sejam a desestabilização dos estáveis, a instalação da precariedade e a existência dos excedentes. Para Castel, a desestabilização dos estáveis diz respeito àqueles trabalhadores que ocupavam uma posição sólida na divisão clássica do trabalho e que se encontram hoje expulsos dos circuitos produtivos. Já a "instalação da precariedade" diz respeito às alternâncias de períodos de desempregos, de trabalho temporário, de pequenos trabalhos. Nessa situação de incertezas, de instabilidade e de falta de perspectiva para o futuro, situam-se principalmente os jovens. Finalmente, os excedentes, os inúteis do mundo, os indivíduos que não encontram seu lugar na sociedade, não estão integrados, mas talvez não sejam integráveis (Castel, 1998: 152). Entendendo que ser integrado é estar inserido no processo de produção de utilidades, os "inúteis do mundo", diferentemente dos operários que, embora explorados, eram úteis ao processo de produção, *os excedentes sequer são explorados*, seja pela questão da ausência de mercado de trabalho, seja porque

> sequer reúnem, no final do século XX, as condições mínimas para se converter em uma força de trabalho explorável. A opressão ou exploração classista não é seu problema imediato: este é, paradoxalmente, sua inaptidão para ser explorado (Borón, 1995: 106).

Contudo, é justamente a constatação de um quadro social profundamente marcado pela pobreza e pela miséria absoluta que garante ao dogma neoliberal a certeza de que se está caminhando na direção correta. A vitória da supremacia "das forças dos mercados" caminha na justa medida da pobreza, dos sofrimentos, das desintegrações sociais, de esfacelamento da sociedade, e, por conseguinte, da fragilidade mesmo dos espaços democráticos.

Diante da complexidade de aspectos que envolvem a análise sobre o neoliberalismo nos tempos atuais, associada ao já mencionado reconhecimento dos "limites" do recorte de análise imposto pelos propósitos do nosso estudo, ao enfocar os efeitos do neoliberalismo sobre as questões sociais, relevo, em uma tentativa de síntese, *três grandes eixos de mudanças* que atingem a sociedade nesse final de século; tais eixos, que se relacionam entre si, terminam por alimentar o paradigma produtivo contemporâneo.

O primeiro diz respeito ao *acelerado progresso tecnológico*. Revolucionando todas as áreas do campo social, esse movimento transformador tem reflexos imediatos e revolucionários na informática, nas telecomunicações, na biotecnologia, bem como nas novas formas de energia — em especial, o laser. O ritmo das revoluções tecnológicas caminha a passos largos. No que se refere ao campo específico do trabalho, os efeitos das mutações tecnológicas são visíveis e devastadores. Cada vez mais fica patente no nosso cotidiano a substituição do trabalho vivo por máquinas eficientes, informatizadas, computadorizadas, capazes de concorrer, com garantia de sucesso, em um mercado de trabalho até então ocupado por um grande número de trabalhadores. A substituição do cérebro humano pelo computador traz, como conseqüência, o desaparecimento de profissões, a precarização do emprego e o próprio desemprego, dessa feita estrutural, todas situações responsáveis pelo já referido "esfacelamento" da condição salarial.

O segundo é o fenômeno principal — *o da globalização*. O setor financeiro das grandes potências domina e garante, à distância, a interdependência das economias de inúmeros países. Com efeito, o sucesso da globalização do espaço econômico mundial é fruto, em grande parte, dos avanços tecnológicos. Daí por que não podemos falar de globalização da economia apenas, mas das comunicações, das culturas, das telecomunicações etc. São redes que, ao se inter-relacionarem, preservam o que é mais importante no mundo dos mercados, ou seja, o lucro.

Por fim, no campo sociológico, resultante das duas grandes revoluções mencionadas, *o agravamento das questões sociais* (pela miséria absoluta, pelo desemprego em massa ou, ainda, pela desintegração social) põe em xeque conceitos básicos, como os da cidadania, da identidade política e social, da soberania popular e da própria democracia. A propósito, convém lembrar Ianni:

> O capitalismo se apresenta como um modo de produção e um processo civilizatório. Além de desenvolver e mundializar as suas forças produtivas e as suas relações de produção, desenvolve e mundializa instituições, padrões, e valores socioculturais, formas de agir, sentir, pensar e imaginar (Ianni, 1997: 223).

Contudo, uma sociedade marcada por todas essas particularidades, na qual o nível de integração social debilitou-se ao extremo, e os laços de solidariedade e o espírito de coletividade dão lugar à competitividade, à individualidade, é também uma sociedade cujas tradicionais estruturas de representação coletiva dos interesses populares acham-se igualmente ameaçadas, em crise, embora não anuladas. Afinal, a "trama da história não se desenvolve apenas em continuidades, seqüências, recorrências. A mesma história adquire movimentos insuspeitados, surpreendentes. Toda duração se deixa atravessar por rupturas" (Ianni; 1997: 7). Nesses termos, a dinâmica da sociedade global, no que diz respeito aos aspectos econômicos, sociais, políticos e culturais, gera e multiplica as diversidades, as desigualdades e os antagonismos presentes na vida real, por entre as classes. O processo histórico da globalização é um fato; não há como negá-lo. Contudo, a questão que se apresenta entre nós é a necessidade de compreendê-lo no rol das referidas diversidades, fragmentações, heterogeneidades e das inúmeras correntes de pensamentos ideológicos presentes na realidade social de onde sobressai *o globalismo*, na expressão utilizada por Octavio Ianni. Para ele,

> O globalismo é uma configuração histórico-social abrangente, convivendo com as mais diversas formas sociais de vida e de trabalho, mas também assinalando condições e possibilidades, impasses e perspectivas, dilemas e horizontes. Tanto é que no âmbito do globalismo emergem ou ressurgem localismos, provincianismos, nacionalismos, regionalismos, colonialismos, imperialismos, etnicismos, racismos e fundamentalismos; assim como reavivam-se os debates, as pesquisas e as aflições sobre a identidade e a diversidade, a integração e a fragmentação (Ianni, 1997: 217).

Apesar de longa, recorro a essa citação para reafimar que a predominância do globalismo não anula as revoltas, as tensões e os conflitos da sociedade global; ao contrário, imprime aos velhos movimentos contestatórios renovadas formas de organização e de lutas sociais, considerado o contexto de uma sociedade global. *O caráter contraditório e problemático dessa nova sociedade* dá-se na medida em que, na busca da homogeneização das nações e das nacionalidades, dos povos, das religiões, das línguas, dos costumes e dos valores, faz aflorar, reafirmando os espaços da nacionalidade, o regionalismo e o localismo, tornando possível afirmar que tudo o que é global é também local, regional, nacional. Em outras palavras, a transnacionalidade não anula as diversidades ideológicas presentes nas religiões, nos partidos políticos, nas correntes de pensamento, nos movimentos sociais organizados. Não anula, ainda, as iniciativas em todo o mundo, em defesa da população marginalizada da sociedade, a maioria ironicamente chamada de "minoria". Não anula os movimentos em defesa do meio ambiente, do desenvolvimento sustentável, da redescoberta do planeta Terra. Não anula, por fim, todos os esforços em prol do fortalecimento democrático da sociedade, como os movimentos em defesa do direito à saúde, à moradia, a uma educação digna, capaz de não apenas transmitir conhecimentos, mas, principalmente, de contribuir para a elevação da consciência crítica da população. Em outras palavras, não anula o direito de se lutar por uma vida digna, apesar da globalização, uma vez que, queiramos ou não, ela está posta. Entendê-la como fenômeno histórico, como processo, é imprescindível.

O que deve ser considerado nessa discussão (e é nesse sentido que considero importante este enfoque) é o caráter dialético que o momento histórico nos apresenta. Muito longe de preservar-se como hegemônica, a sociedade globalizada provoca e faz florescer novos movimentos, possibilita repensar práticas antigas, capazes de fazer frente às forças produtivas e às relações capitalistas de produção. Daí a profunda necessidade de se considerar a realidade global como uma realidade historicamente posta e imperante, porém, acima de tudo, vendo-a como um processo histórico, e, como tal, em mutação. Nesses termos, não basta conhecer e criticar os dilemas e conseqüências do novo cenário social global. É preciso entendê-lo a partir das suas contradições, pois é exatamente desse entendimento que podemos reconduzir o local, o regional e a nação como campo de atuação viável e possível nesse mundo globalizado.

> Mais do que isso, é no âmbito do globalismo que se movem os indivíduos e as coletividades, as nações e as nacionalidades, os grupos sociais e as classes sociais, da mesma forma que aí se movem as organizações multilaterais e as corporações transacionais (Ianni, 1997: 233).

Enfim, a organização das diferentes instâncias da sociedade civil, enquanto forma de resistência a toda uma imposição das tendências irracionais do capitalismo neoliberal persistem, apesar das fortes tensões a que se acham submetidas as democracias latino-americanas, e, em particular, o Brasil. Não podemos negar, tampouco desconhecer, que o tempo atual é perpassado por limitações severas a todo e qualquer processo de organização, manifestação e de luta por uma sociedade mais justa, mais humana, menos brutal. Da mesma forma, não podemos deixar de perceber que as organizações da sociedade civil reconhecem o "novo" quadro imposto pelo mundo globalizado e não apenas isso, sentem na pele suas conseqüências, algumas aqui sinalizadas. Contudo, é exatamente dessa vivência que se *modificam as formas de organização, renovam-se as lutas, travam-se outras relações*. É o caso, por exemplo, das organizações sindicais e, nelas, da *organização sindical docente*. É sobre essas questões que importa tratar a seguir.

Capítulo 3

SINDICALISMO DOCENTE NAS DÉCADAS DE 1980 E 1990: novas e renovadas formas de participação política

Todo o esforço despendido anteriormente, ao enfocar a reordenação do cenário político-econômico da sociedade brasileira nos anos 1980 e 1990, teve o propósito claro de tentar oferecer subsídios históricos e conjunturais capazes de oportunizar uma melhor leitura e compreensão das significativas transformações sociais ocorridas nesse período, com destaque para a organização política dos educadores brasileiros.

Antes mesmo de iniciar a discussão sobre a organização do movimento sindical docente, faz-se necessário um esclarecimento de ordem metodológica. A opção por abordar separadamente aspectos conjunturais dos anos 1980 e 1990 e, em seguida, a questão que ora me proponho discutir, ou seja, a organização política dos educadores brasileiros, mais especificamente a sua organização sindical, não significa que estou considerando essas questões como estanques, sem qualquer relação entre elas. Ao contrário, o fato de *estruturar o trabalho dentro de uma perspectiva histórica* já sinaliza para o reconhecimento da relação intrínseca entre a organização e a atuação dos diferentes segmentos sociais e o processo de desenvolvimento histórico da sociedade da qual faz parte.

Isso porque parto do entendimento de que a discussão sobre o contexto socioeconômico e político do país justifica-se não como ato puramente contemplativo, mas como um ato que encerra em si um caráter transformador. Nessa ótica, não há um determinismo da realidade expresso nas diferentes conjunturas históricas sobre as diversas esferas sociais, assim como não há uma determinação dos movimentos sociais sobre as questões econômicas e políticas do país. A realidade, em sendo social, é historicamente criada pela relação dialética entre o sujeito e o objeto. E é essa relação que permite a apropriação do mundo pelo homem por meio da sua ingerência sobre o real, capaz de, "estando no mundo, modificá-lo", para usarmos uma expressão de Paulo Freire.

Desse entendimento decorre que não apenas a realidade encerra em si um caráter transformador, como também o conhecimento só ganha sentido se igualmente encerrar um caráter prático, ou seja, fornecer os elementos necessários à compreensão e intervenção na realidade. Essa compreensão vem a ser a mola impulsionadora e desafiadora que norteia e que instiga o presente estudo. Como já afirmavam Marx e Engels, nas teses sobre Feuerbach (II),

> a questão de saber se ao pensamento humano pertence a verdade objetiva — não é uma questão da teoria, mas uma questão prática. É na práxis que o homem tem de comprovar a verdade, isto é, a realidade e o poder, o caráter terreno, do seu pensamento (Marx & Engels, 1984: 107).

Assim, ao tentar resgatar no interior da sociedade brasileira a organização do movimento sindical docente e, a partir dela, sua relação com o Estado, o farei com o intuito de enfocar os reflexos das influências contraditórias deixadas pelas relações sociais frente ao caráter de determinação imposto pelas diferentes e "oportunas" políticas implementadas pelo Estado brasileiro. Da mesma forma, é importante não perder de vista que o processo de organização política dos movimentos sociais, manifestos nas formas de reivindicações, pressões e resistências em relação à posição do Estado quanto às políticas públicas sociais, é perpassado por ingerências dos segmentos dominantes da sociedade, que igualmente se articulam para desmobilizar as lutas e os avanços desses segmentos e dos que com eles resistem. Captar as relações estabelecidas implica a real necessidade de conceber a realidade como um todo em processo dinâmico de estruturação e de autocriação, cujos fatos só podem ser compreendidos a partir do lugar que ocupam na totalidade do próprio real e das relações que estabelecem com os outros fatos e com o todo. A realidade, enquanto construção social, apresenta-se como um todo indivisível de entidades e significados.

Dessa forma, e sendo o meu interesse estudar parte dessa realidade indivisível, faz-se necessário, para efeito de delimitação e análise do campo de pesquisa, isolar os fatos a serem pesquisados, sem, contudo, perder de vista a mediação entre o meu objeto de investigação e o conjunto das relações que estabelece com os demais fenômenos e com a totalidade. Trata-se de considerar os nexos constatados entre o específico e o global ou, mais precisamente, de apreender as relações existentes entre o Estado brasileiro e o sindicalismo docente. Ademais, o amplo envolvimento do Estado na oferta educacional no nosso país (embora ainda esteja muito longe de atender às reais necessidades da população brasileira), implica, de pronto, que atinemos para os vínculos entre o sindicalismo docente e o sistema político e entre as organizações desse sistema e o Estado. Essas vinculações constituem o marco por onde passa a análise das relações entre sindicalismo docente e Estado. Essa teia de complexidades e de relações obriga-nos, em determinados momentos, a enfocar aspectos já amplamente conhecidos por todos nós, sem, contudo, ficarmos restritos apenas a eles. Não considerá-los significaria comprometer a importância do resgate histórico para a construção dessa pesquisa, impossibilitando novas e renovadas contribuições.

3.1. A organização política dos educadores brasileiros

Fazendo uma rápida inspeção na história da organização política dos educadores no Brasil, verificamos que não se trata de um movimento novo. Muitos foram os caminhos percorridos pelos educadores, até chegar à instância sindical. A história registra que as *Conferências de Educação* constituem o marco inicial de sua organização. É certo que as primeiras conferências surgiram não por iniciativa dos educadores, mas por iniciativa do Estado, na tentativa de captar novos ideais, testar a aceitação de novas medidas, cooptar quadros dirigentes e, finalmente, desmobilizar possíveis organizações, principalmente de professores de escolas públicas. Essas medidas controladoras e repressivas foram registradas desde o Brasil Império, em 1873. Não é o caso de refazer toda a caminhada dos educadores a partir dessa data — o que, de resto, já o fiz em outro trabalho.[1] No entanto, vale registrar

---

1. No referido trabalho resgato a organização política dos educadores no Brasil e sua luta em defesa da escola pública, nos diferentes momentos conjunturais da sociedade brasileira (Vale, 1992).

que, embora as primeiras iniciativas tenham sido antecipadas pelo Estado, já na década de 1920, dadas as novas condições sociais e políticas do país, as iniciativas de reuniões dos educadores deslocam-se do Estado para a sociedade civil.

Em 1927, a Associação Brasileira de Educação — ABE foi criada, constituindo-se, desde então, num fórum educacional capaz de congregar não apenas professores, mas também todos aqueles interessados em educação. A atuação das conferências no interior da ABE dava-se por meio de cursos, pesquisas e congressos, constituindo-se em um instrumento de luta e de embate ideológico. Desde o ano de sua criação, em 1927 até 1967, a ABE organizou 13 conferências, em diferentes estados brasileiros, com preocupações temáticas diversificadas.[2] Em geral, os temas discutidos no decorrer dessas quatro décadas acompanhavam as mudanças ocorridas no campo educacional, o que certamente justifica a diversidade das preocupações pertinentes, constantes, todas elas, em conferências/congressos nacionais de Educação, no período em foco. É importante lembrar que essas conferências não acabaram de uma vez por todas; renascem em um outro momento da nossa história, na década de 1980, registrando novas séries em novos tempos.

Voltando ao período em questão, é de se recordar que o país vivia um clima de manifestações e de resistências da sociedade civil às políticas implementadas pelo Estado. É nesse período que despontam as primeiras greves do operariado brasileiro e que surge o PCB — Partido Comunista Brasileiro, bem como as manifestações das artes, levantando a bandeira da modernidade.

No entanto, como era de se esperar, a esse processo de organização e de amadurecimento político dos educadores sobrepõem-se forças ideologicamente contrárias. Refiro-me aos acordos restabelecidos entre o Estado e a Igreja Católica, agora unidos em defesa da descentralização do aparelho escolar e da subvenção estatal às escolas particulares. Em que pese o reconhecimento da importância para a educação brasileira do movimento contrário a essa defesa, ou seja, o movimento em defesa da Escola Nova, da década de 1930, importa reconhecer que,

---

2. Quanto à organização política dos educadores nesse período e aos temas das conferências e congressos nacionais de Educação, nos anos de 1927-1967 ver, entre outros, Luís Antônio Cunha, *A organização do campo educacional: as conferências de educação*, 1981. Quanto às conferências brasileiras de Educação no período de 1980-1988 ver, do mesmo autor, *Educação, estado e democracia no Brasil*, 1991.

apesar das críticas realizadas a esse movimento, no que se refere aos princípios ideológicos que perpassaram as suas propostas, o movimento dos Pioneiros da Escola Nova registrou a presença dos educadores na definição dos rumos pedagógicos e políticos da educação no período. O que, convenhamos, vem a ser um fato importante.

O período que vai de 1945 a 1964 é marcado pelo amadurecimento da luta democrática no país. As marcas deixadas pelo Estado Novo, com suas medidas populistas, desarticuladoras e repressivas sob as instâncias organizacionais da sociedade, são gradativamente substituídas pelas lutas dos educadores, intelectuais, políticos e trabalhadores. Aqui, vale um parêntese de relevada importância no campo da educação. Embora seja esse o entendimento presente na extensa bibliografia sobre o período do "Estado Novo" — dadas as conseqüências da sua política para a sociedade brasileira, na esfera educacional —, essa afirmativa requer maior atenção, conforme alertado pelo professor Celso Beisiegel. Ao estudar especificamente a política de alfabetização de jovens e adultos analfabetos adotada pela União no período em foco, destaca o que, para ele, constitui "algumas lições do passado". Ao fazê-lo, põe em evidência a significativa contribuição de Lourenço Filho para a educação popular no país:

> Em seu persistente esforço de divulgação dos trabalhos da Campanha de fomento a um debate nacional sobre a necessidade da educação de jovens e adultos, Lourenço Filho defendeu posições avançadas, ainda hoje não inteiramente incorporadas por administradores e autoridades educacionais. Defendeu a necessidade da elevação dos níveis de instrução de toda a população como condição necessária ao desenvolvimento econômico da Nação. Insistiu em afirmar a necessária complementaridade da educação das crianças e da educação de jovens e adultos. E defendeu a necessidade da atuação do Estado na educação popular de jovens e adultos enquanto expressão dos direitos educacionais assegurados a todos na Constituição (Beisiegel, s.d.).

Em outro momento, esse mesmo educador, ao discutir o duplo lugar da alfabetização de adultos na Constituição brasileira e na atuação prática dos governos, reafirma sua concepção: "Há 50 anos atrás, com Lourenço Filho, o pensamento educacional já vinha equacionando a questão da educação básica de crianças e adultos em termos bem mais aceitáveis do que os atuais" (Beisiegel, 1996: 7).

Referia-se, mais uma vez, à Campanha de Educação de Adultos, de 1946, idealizada e coordenada por Lourenço Filho, confrontando-a, em 1996, com o enorme descomprometimento da União frente à alfabetização de jovens e adultos, o que de fato veio só mais tarde concretizar-se, mais explicitamente por meio da Nova LDB — Lei de Diretrizes e Base da Educação Brasileira. Ou seja, o que está em destaque é o fato de que, na esfera da educação, apesar de todos os "males" do Estado Novo, é possível constatar a presença concreta de intelectuais fundamentais na área da educação, cujo trabalho iniciado ainda no governo do Estado Novo continua no governo Dutra, sinalizando para um movimento de avanços e recuos na esfera educacional no período em questão. Nesse sentido, a atuação de Lourenço Filho merece ser destacada.

De qualquer forma, é importante salientar que no *período de 1945-1964* outras categorias, dessa feita já estruturadas enquanto categorias específicas, vão dando corpo a um período de grande efervescência política e de grandes manifestações populares, vivenciadas pelos diversos segmentos sociais. Foi em meio a esse clima, e a partir dele, que surgiram, dentre outros, os *movimentos de educação de adultos e de educação popular no país*. Favorecidos pelas características específicas da sociedade brasileira no período que antecede 1964, surgem o MEB — Movimento de Educação de Base, o MCP — Movimento de Cultura Popular e os CPCs — Centros Populares de Cultura. O primeiro, criado por meio de convênio com a CNBB — Confederação Nacional dos Bispos do Brasil e o governo federal em 1961, tinha como objetivo trabalhar a educação de base junto a camponeses do Norte, Nordeste e Centro-Oeste, enquanto o MCP e os CPCs surgiram a partir de iniciativas de intelectuais, artistas, universitários, cujo objetivo era, por meio do teatro, do cinema, da organização das praças das culturas e da própria escola, trabalhar a educação escolarizada e extra-escolarizada como instrumento da transformação social.

Inspirada nos princípios de uma educação transformadora, a escolarização é sentida como necessária, enquanto oportunizadora das condições intelectuais que iriam proporcionar maior esclarecimento dos trabalhadores-cidadãos, em função de um engajamento no processo de transformação social. O acesso aos mecanismos da leitura e da escrita oportunizaria a ampliação dos horizontes políticos das classes populares e contribuiria para que eles conquistassem um poder que os fizesse livres. Daí por que o combate ao analfabetismo e a extensão das oportunidades de instrução eram urgentes e necessários. Nas palavras de Paulo Freire, a proposta educacional inspirada nos princípios acima deveria "ser corajosa, propondo ao povo a reflexão sobre si mesmo, sobre o seu tempo, sobre suas responsabilidades, sobre seu papel no novo clima cultural da época de transição" (Freire, 1976: 59).

O "método" adotado pelo educador Paulo Freire para alfabetizar adultos seria uma alternativa viável, capaz de possibilitar a passagem do homem de objeto da história para sujeito ativo dela. Essa experiência de alfabetização, iniciada em Pernambuco, ultrapassou os limites desse Estado, atingindo outros estados e regiões do país, tamanha a repercussão que teve.

Um bom exemplo disso deu-se no *Rio Grande do Norte*. Esse estado foi palco da experiência de práticas educacionais como expressão da cultura popular, no governo municipal de Djalma Maranhão, tendo à frente da Secretaria Municipal de Educação de Natal o professor Moacir de Góes. Como os demais movimentos de educação e cultura popular do início da década de 1960, a campanha "De pé no chão também se aprende a ler" desenvolveu-se em um contexto de crise da classe dominante e de ascensão política dos trabalhadores. Segundo o próprio Moacir de Góes,

> "De pé no chão" é o resultado do cumprimento de um compromisso político assumido na campanha eleitoral de 1960, quando a tendência popular de uma frente política, organizada nos chamados Comitês Nacionalistas ou Comitês de Rua, elaborou, junto com a comunidade, um programa de governo municipal que assegurava escola para todos (Góes, 1985: 55).

Contudo, a repressão desencadeada no país, fruto de uma coalizão civil e militar, fez calar, naquele período, os movimentos populares em defesa da democracia, da liberdade e do direito à educação. Entretanto, esse processo de desarticulação não consegue aniquilar a força dos educadores, que renascem contraditoriamente: "[...] nos espaços que restam (entre)abertos e, ainda nos novos, gerados pelas contradições da própria política do Estado autoritário" (Cunha, 1981: 40).

Assim é que, na década de 1970, quando os ânimos da violência política amenizam-se, presenciamos a reorganização da sociedade civil nos mais diferentes setores e por meio de novas e renovadas associações. Os diferentes movimentos irrompem no cenário político, buscando e construindo novas formas de fazer política, marcadas por tendências autonomistas e comprometidas com os ideais democráticos. É o caso, por exemplo, da SBPC — Sociedade Brasileira para o Progresso da Ciência. Criada em 1948, a partir de 1970 enraíza-se por entre os diversos segmentos da sociedade e, enquanto espaço livre de discussão da sociedade civil, expressa as demandas políticas advindas da sociedade. Para Pécaut,

> protegidos por uma instituição científica, os intelectuais reconstituíram as tribunas de onde se dirigem a seus pares e, para além deles, à opinião pública. Em nome da ciência e da profissionalização, erguem-se diante do Estado como uma verdadeira comunidade eminente para falar dos direitos dos cidadãos (Pécaut, 1990: 227).

Novas entidades educacionais despontam no país. Entre outras, a Anped — Associação Nacional de Pós-Graduação e Pesquisa em Educação, criada em 1978, é hoje aberta a professores, alunos e pesquisadores em educação; e o Cedes — Centro de Estudos Educação & Sociedade, criado por iniciativa de alguns educadores, cuja preocupação motivadora centrou-se na relação entre educação e sociedade. As referidas entidades passam a ser responsáveis pela realização das conferências brasileiras de Educação, agora reclassificadas (reiniciando nova série), evento de maior importância para a educação brasileira.

Da mesma forma, no final da década de 1970, início de 1980, vamos encontrar uma forte manifestação dos professores brasileiros, em seus três níveis de ensino. Os professores universitários começam a organizar-se em associações, dentro das universidades públicas e privadas, que se multiplicam. Nasce, conforme seu estatuto, a ANDES — Associação Nacional dos Docentes do Ensino Superior resultante

> de uma firme organização na base, a partir das ADs — Associações de Docentes — que surgiram em várias universidades brasileiras já em 1976, na perspectiva de defesa dessas instituições, seriamente abaladas pelas constantes intervenções do regime militar e na defesa dos interesses dos seus docentes (Moraes, 1989: 200).

Surge, portanto, como uma entidade de defesa das instituições de ensino superior e dos docentes, em virtude das condições estruturais da época, marcada por um período de crise econômica, expressa numa política autoritária.

Merece ainda destaque nesse período, final da década de 1970 e início dos anos 1980, a ampliação dos espaços de debates sobre as questões educacionais, propiciado não apenas pela divulgação de teses acadêmicas, livros e artigos, mas também, principalmente, pela criação de revistas especializadas e pela realização de conferências e debates sobre temas e problemas educacionais do Brasil. Situam-se nesse caso, a revista *Educação & Sociedade*, e a *Revista da Andes*.

No campo específico dos chamados "especialistas educacionais", as três categorias de educadores — orientadores, supervisores e administradores educacionais — organizam-se e tornam-se, nessas últimas décadas, instâncias de formação política e técnica dos educadores, ao mesmo tempo que utilizam seus espaços organizacionais para reorientarem suas práticas político-pedagógicas.

Os professores de 1º e 2º graus, por sua vez, também rearticulam-se em seus estados. Assim é que, com relativa velocidade, no período compreendido entre 1977 e 1979, foram criadas entidades de docentes, como o Centro Estadual de Professores — CEP, no Rio de Janeiro, a Associação dos Professores do Estado de São Paulo — Apeoesp, e a União dos Trabalhadores do Ensino — UTE, em Minas Gerais, entre outras. Podemos dizer que as greves da rede pública de ensino de 1º e 2º graus receberam influências dessas entidades organizacionais, generalizando-se pelo restante do país. Essas greves representaram um marco na história do movimento docente no período em foco. As manifestações da categoria expressavam-se por meio das suas entidades, constituindo um amplo movimento político crescente e contagiante, ultrapassando até mesmo os espaços específicos da categoria. Nesse sentido e a título de exemplo, lembramos a Apeoesp e a APRN — Associação dos Professores do Rio Grande do Norte. Situadas geograficamente em pontos extremos do país, as manifestações dessas entidades podem sintetizar a afirmativa de que, no Brasil, não havia fronteiras para a expansão do movimento de contestação política dos docentes. A primeira greve da Apeoesp, decretada em 19 de maio de 1978, durou 24 dias, efetivando-se em meio à represália dos governos estadual e federal, além da contestação de grande parte dos diretores de escolas. Dada a repercussão do movimento, o governo federal proibiu a sua divulgação por televisão e rádio, em todo o território nacional. Contudo, apesar de todas as resistências impostas ao movimento, ele tomou vulto, incluindo, além dos professores da rede estadual, os da rede municipal da capital. O certo é que "o conflito concretizou-se. Governo, diretores de escolas, Apeoesp, imprensa, professores, população e instituições da sociedade civil revelaram seu papel no tabuleiro da história" (Cedi, 1993: 33). Nesses termos, a greve abriu espaço para a manifestação de setores da população que, ao se solidarizarem com os professores, expressavam publicamente sua insatisfação com o serviço público.

Foram muitos os avanços nesse período. Segundo o *Jornal da Apeoesp*, no "caderno especial" comemorativo dos 15 anos da entidade, a partir de 1979, aquela associação

> deixou de ser uma entidade que não apenas encaminhava as lutas da categoria, para se transformar numa das mais combativas e representativas entidades sindicais deste país, chegando a ser exemplo de organização para outras categorias, o que acontece até hoje (*Jornal da Apeoesp*, 1994).

Para o estado do Rio Grande do Norte, isso também se aplica. A APRN deflagrou sua primeira greve mesmo nesse período, mais precisamente em 1979. Como afirma o prof. Edmilson Lopes Jr., ao estudar o movimento dos docentes potiguares:

> Essa greve tem, de fato, um significado especial na história das lutas sociais do estado do Rio Grande do Norte. Foi a primeira greve de uma categoria profissional no pós-64 e provocou posicionamentos dos mais diversos setores da sociedade norte-rio-grandense da época (Lopes Jr., 1992: 78).

Em síntese, diria que a greve da APRN, respaldada em manifestações de adesão ao movimento advindas das diferentes instâncias sociais, pode ser analisada por meio de múltiplos significados. Do ponto de vista da luta sindical, representou um momento inaugural de uma prática que se encaminhava na direção de um sentido sindical, cuja marca democrática faz-se presente nas organizações da categoria e nas suas formas de encaminhamento. Do ponto de vista político, os professores passam a reconhecer-se como sujeitos coletivos, capazes de se fazerem ouvir e de reivindicar seus direitos como educadores-cidadãos.

O fato é que, no final dos anos 1970 e nos anos 1980, o movimento dos professores, em todo o país, foi responsável pela maior parte das greves que despontaram na sociedade. Segundo Arroyo, na área da educação, "o acontecimento central não foi qualquer nova reforma pedagógica do governo; o acontecimento central foi o movimento organizado dos professores" (Arroyo, 1991: 155).

3.2. A organização docente enquanto entidade nacional

O acelerado processo de organização política dos educadores e, em especial, dos educadores de 1º e 2º graus, expresso no fortalecimento das entidades estaduais, refletia-se naturalmente na sua entidade nacional.

Embora a história registre a presença da organização dos educadores brasileiros bem antes da década de 1960, *a criação de uma entidade nacional* somente ocorreria no início dessa década. Originalmente criada como CPPB — Confederação dos Professores Primários do Brasil, essa entidade foi a responsável pela organização e consolidação da entidade na esfera nacional. Incentivando a formação de entidades estaduais, a CPPB ampliou seu quadro de filiados, recebendo filiações de professores de outro nível de ensino, fato que deu origem, em 1973, à CPB — Confederação dos Professores do Brasil.

O caráter pouco combativo da CPPB deu lugar a uma atuação mais contestadora e de pressão política frente às questões educacionais do país, cujos espaços de congregação e de organização dos seus filiados passavam a ser os grandes congressos realizados sob a responsabilidade da nova entidade, a CPB. Segundo Luiz Antônio Cunha, essa mudança de atuação e de direção política do movimento é favorecida pela reforma do ensino de 1º e 2º graus de 1971 (Lei nº 5.692/71), ao determinar que cada sistema de ensino estruturasse a carreira docente num estatuto do magistério. Com isso, "o governo fornecia a essa categoria, castigada por longo e intenso processo de redução de salários, uma base legal para contestar os padrões vigentes de remuneração, seleção e promoção" (Cunha, 1991: 74).

Dessa forma, as manifestações de contestação dos professores dos vários estados brasileiros eram abraçadas pela CPB ao se posicionarem contra a política educacional implementada pelo governo e pela política econômica por ele empreendida e seu desdobramento social. A preocupação da categoria deslocava-se das questões exclusivamente educacionais para outras, mais globais — porque sociais. As reivindicações e a defesa da valorização do ensino público e gratuito, mais verbas para a educação, a necessidade de uma educação pública que atendesse aos interesses da população, a luta pela eleição dos diretores de escolas, formação de conselhos escolares, dentre outros, eram temas defendidos pelos educadores, fato que denotava um crescente processo de politização.

Embora regidos por uma legislação trabalhista que proibia a filiação de funcionários públicos a sindicatos, a categoria dos professores caminhava no seu processo de organização política a passos largos, registrando, em 1986, a filiação de 29 entidades estaduais. Em face da proibição de sindicalização do funcionalismo público,[3] pela Constituição de 1988, a CPB aprova em congresso de 1989, mais uma vez, a mudança do nome da entidade, dessa feita para Confederação Nacional dos Trabalhadores em Educação — CNTE. No ano seguinte, ela incorpora três outras entidades nacionais de educadores: a Fenase — Federação Nacional de Supervisores de Ensino, a FENOE — Federação Nacional de Orientadores Educacionais e a CONEFAP — Confederação Nacional de Funcionários de Escolas Públicas. Hoje, a CNTE "representa uma base de mais de dois milhões de trabalhadores, seiscentos mil dos quais sindicalizados" (Monlevade, 1992: 183). As entidades estaduais e municipais, espalhadas por todas as unidades da federação e a ela filiadas, fazem dela a maior entidade organizacional dos educadores de 1° e 2° graus no país.

A CNTE significou não apenas uma mudança de nomenclatura da entidade, mas a mudança de percepção da categoria. Tratava-se, então, de entender e assumir que a luta dos professores não era diferente da dos demais trabalhadores. Sua filiação à CUT — Central Única dos Trabalhadores é um indicador forte da proximidade e da unidade entre o movimento dos professores e dos trabalhadores em geral.

Da mesma forma, a Andes configura-se como sindicato nacional em novembro de 1988, vindo a filiar-se à CUT no ano seguinte. As entidades nacionais representativas dos professores nos três níveis de ensino, ao se filiarem à CUT, ocupam um lugar de destaque naquela central sindical. Não sem razão, para Ricardo Antunes, fazem parte da CUT "quatro expressivas fatias da classe trabalhadora brasileira: o operariado industrial, os trabalhadores rurais; os fun-

---

3. Leôncio Martins Rodrigues (1990), ao analisar os ganhos sindicais dos trabalhadores, reconhecidos pela Constituição de 1988, informa que, embora parte das vantagens concedidas por essa Constituição tenham virado letra morta ou tenham sido, posteriormente, restringidas por leis, as principais alterações foram o fim do direito de intervenção do Ministério do Trabalho nos assuntos internos dos sindicatos; o direito de greve, inclusive nas atividades consideradas essenciais; o direito de sindicalização dos funcionários públicos e o direito de formação de comissões de local de trabalho em empresas com mais de 200 empregados.

cionários públicos e os trabalhadores vinculados ao setor de serviços" (Antunes, 1995: 30).

Pelo exposto, podemos concluir que a evolução do movimento dos professores nos últimos anos vem associando *mudanças de natureza quantitativa e qualitativa*. O elevado número de associações de professores de 1º, 2º e 3º graus que surgiram nos diversos estados no país veio acompanhado de mudanças extremamente significativas, não apenas para a categoria, mas também para a educação e para a própria sociedade. Registramos algumas delas.

A primeira é a *substituição do caráter localista das associações dos professores*. Ao se incorporarem a um movimento nacional, mais forte e estruturado, visavam a unificação da categoria aos movimentos reivindicatórios do país.

Uma outra mudança dá-se no campo de *atuação do movimento*. Deslocando-se de uma prática pouco combativa, cujas ações limitavam-se ao encaminhamento de propostas de mudanças educacionais às autoridades públicas, as ações tornaram-se mais contestadoras, marcando nítida pressão política, em relação às políticas públicas educacionais.

Um terceiro ponto, como conseqüência do processo de politização da categoria, diz respeito aos *temas discutidos nos congressos* e aos próprios documentos da entidade nacional, denotando uma mudança de mentalidade e de compromisso social da categoria, ao se discutir questões mais amplas da realidade político-social brasileira, a partir de temas específicos da educação.[4]

Por último, a opção pela denominação *"trabalhadores em educação"*, em detrimento de expressões como "educadores, professores, profissionais da educação", ao denotar uma mudança de percepção da categoria dos professores, trouxe para o movimento sindical docente polêmicas e controvérsias sobre a positividade ou não dessa tomada de posição, cuja especificidade do trabalho educacional consti-

---

4. Ao analisar a evolução do grau de politização dos docentes no período em foco, Luiz Antônio Cunha (1991) resgata a alteração dos temas debatidos nos congressos e registrados nos documentos produzidos pela Confederação. Tratava-se de temas mais abrangentes com maior poder de mobilização política. Estavam contidos: a discussão sobre educação e sociedade, aspectos da problemática educacional, valorização de ensino público e gratuito para todos, eleições diretas para diretores de escolas, além das reivindicações específicas da categoria, ou seja, a defesa do salário e da carga horária da categoria.

tui, por vezes, o pomo da discórdia. Mas essa é uma questão que abordaremos um pouco adiante, ainda neste trabalho.

3.3. O sindicato docente no cenário do "novo sindicalismo" no Brasil

A importância atribuída à organização sindical dos professores do sistema público de ensino, se, por um lado, insere as diferentes categorias docente no cenário do "novo sindicalismo" do país, por outro, o distingue do sindicalismo que os inspirou, ou seja, do operariado fabril do ABC paulista. Diferentemente dos sindicatos dos operários, os dos professores constituem-se enquanto não-operários, fato que vem acarretar conseqüências diferenciadas no modo de condução das ações e reivindicações expressas no seu relacionamento com o Estado. Refiro-me ao sindicalismo de classe média.[5]

O reconhecimento do avanço quantitativo e qualitativo dos professores, registrado a partir da década passada, não me impede de afirmar, mesmo correndo o risco de ser repetitiva, ser esse um processo permeado por conflitos, contradições e resistências. Afinal, as circunstâncias conjunturais resultam dos conflitos e dos embates dos diversos atores envolvidos. O fato é que as mudanças que levaram o professorado a um elevado nível de organização e politização têm a ver com um indubitável fortalecimento e ampliação do movimento sindical no Brasil.

Não é demais lembrar que os anos 1980, início dos anos 1990, reservam mudanças importantes para o movimento sindical no Brasil. Esse período registra grande expansão do sindicalismo, notadamente nos setores urbanos e rurais.[6] Diversificando-se, o sin-

---

5. A respeito da discussão teórica sobre a classe média, faço referência ao trabalho de Wright Mills, *A nova classe média*, 1979, considerado um clássico nessa discussão, e ao estudo de Angelina Teixeira Peralva, *A classe média rediscutida*, uma história de lutas sociais no Brasil, 1988. Este último, um estudo mais localizado sobre a classe média no Brasil, com destaque para o papel da educação como fundamental para a compreensão da história social do desenvolvimento brasileiro. Em ambos os textos, a questão da classe média é concebida não apenas como a formação de um novo tipo de trabalhador, mas como a constituição de um novo campo de relações de classes.

6. Pesquisa do IBGE, citada por Leôncio Martins Rodrigues, *A modernização das relações do trabalho, a questão do corporativismo*, 1996, registra o número de sindicatos existentes no período de 1989 a 1992: urbanos 6.695 distribuídos por entre empregadores, trabalhadores autônomos, profissionais liberais, trabalhadores avulsos, e rurais, 4.498 divididos entre empregadores e trabalhadores.

dicalismo incorpora amplos setores das classes médias urbanas, dentre elas: professores, médicos, funcionários públicos, jornalistas etc., responsáveis pelas já assinaladas greves no país. Esse período também viu nascer as centrais sindicais, com destaque para a CGT — Central Geral dos Trabalhadores e a CUT, esta última destacando-se por sua forte capacidade de incorporação e de mobilização dos diversos quadros sindicais.[7] Associado ao fortalecimento do sindicalismo e certamente pela sua ampliação, o sindicalismo no Brasil repercute no cenário político e eleitoral, de onde surge o PT — Partido dos Trabalhadores.

Importa, aqui, destacar alguns pontos dessa veloz recomposição organizatória do sindicalismo no Brasil, cujas especificidades explicitam, em muitos casos, o avanço da organização docente. Afinal, "a evolução da organização dos trabalhadores iniciada ao primeiro sinal do processo de liberalização não pode ser entendida exclusivamente como resultado do aumento da tolerância às greves" (Noronha, 1991: 99), mas sim pelas características das transições políticas vivenciadas pelo país.

Como aludimos no capítulo anterior, dentre os fatores responsáveis pela expansão do sindicalismo brasileiro,

> concorreu o desenvolvimento dos Estados de Bem-Estar com suas políticas sociais, notadamente nas áreas de saúde e educação, onde o sindicalismo avançou consideravelmente. O crescimento numérico e a concentração de empregados em locais e agências públicas criavam, assim, as condições essenciais para o surgimento de um movimento sindical poderoso, tal como acontecera no passado entre os operários fabris (Rodrigues, 1997: 4).

A partir da década de 1970, essa expansão, relacionada ao avanço dos Estados de Bem-Estar torna-se mais acentuada, incorporando-se à máquina dos Estados nacionais, responsáveis por atender as demandas crescentes da população, com medidas de proteção social. É nesse quadro que se dá o crescimento numérico do funcionalismo e serviços públicos, notadamente da educação e da saúde, responsáveis por atender as demandas crescentes da população, com medidas de proteção social.

---

7. Respalda essa afirmativa o fato de que a CUT, em 1993, registrava no seu quadro de sindicatos filiados o elevado número de 1.927; com o número de trabalhadores sindicalizados, por sindicato filiado, variando de 500 a 21.000 trabalhadores (Rodrigues, op. cit.).

Contudo, a *expansão do funcionalismo público*, favorecida pelo intervencionismo estatal, veio acompanhada do crescimento do serviço público gratuito, fato que significou aumento dos impostos.

Na medida em que esse aumento encontrou resistência de parte dos contribuintes e que não foi capaz de acompanhar o aumento das despesas, o resultado foi não apenas uma deterioração dos serviços, como também uma queda nos níveis salariais que estimulou as reivindicações, as movimentações sindicais e as greves (Rodrigues, 1997: 6).

Ora, o que se percebe é que o aumento do número de funcionários públicos, em decorrência da necessidade de ampliar-se a prestação de serviços à população, provocou um processo de declínio social e de perda de *status* do próprio funcionalismo, estimulando "os funcionários e empregados a adotar formas de comportamento e de pressão que eram características de camadas sociais de mais baixa qualificação, especificamente dos trabalhadores de macacão e de mãos calejadas" (Rodrigues, 1997: 6).

O sindicalismo, no Brasil, começava a ficar "de mãos mais finas", para usarmos uma expressão do mesmo autor.

O fato é que o sindicalismo expande-se, o que se observa no elevado número de greves e de jornadas de trabalho perdidas,[8] notadamente centrada no funcionalismo público, mais especificamente nos segmentos da saúde e da educação. Em termos percentuais, "em 1987, mais de 60% dos grevistas e 80% das jornadas perdidas correspondem ao setor público" (Noronha, 1991: 101). Acrescenta-se ainda o fato de que, em relação a outros grupos de trabalhadores, as greves do funcionalismo público nos anos 1980 e início dos anos 1990 destacam-se por sua duração e pelo maior número de grevistas envolvidos.

Certamente, toda greve reserva em si uma diversidade de significados. Quer seja acumulando demandas trabalhistas, descontentamento social e político, quer ainda buscando implementar estratégias de consolidação de novas lideranças sindicais, as greves expressam

---

8. De acordo com Antunes Boito Jr., *Reforma e persistência da estrutura sindical*, 1991, o indicador mais apropriado para medir o volume do movimento grevista é o montante de jornadas não trabalhadas por motivo de greve. No caso, o maior volume do movimento grevista de classe média é notório em relação ao operariado. Embora as greves dos assalariados de classe média sejam em número menor, a média dos dias parados e a média de grevistas por greve são superiores, especificamente, no funcionalismo público.

intencionalidades que extrapolam o conflito puramente trabalhista. Parece ter sido esse o caso do sindicalismo público, com destaque para o sindicalismo docente. Embora as greves tivessem como eixo central a luta contra a crescente degradação salarial, não se restringiam apenas ao aspecto econômico, sendo permeada por significativa e imediata dimensão política.

Vários fatores contribuem para a tipificação da greve desse tipo específico de sindicalismo. Notadamente vinculado ao serviço público, as greves longas e maciças são resultado da predominância de atividades de serviços na área pública, se consideradas as atividades industriais na área privada; o Estado, sendo o empregador, abriga categorias de trabalhadores cujo número de filiação a sindicatos é muito elevado e, finalmente, o número de associações sendo abrangentes aceleram e facilitam greves igualmente abrangentes. Esses fatores, ao se inter-relacionarem, imprimem um ritmo e um padrão ao sindicato do setor público manifesto por meio de mudanças de atitude retratadas no aumento do percentual de conflitos.

A peculiaridade da ação grevista dos funcionários públicos, incluindo-se aí as greves do movimento docente, pode ser ainda observada na natureza de suas ações, "na medida em que [elas] não ferem diretamente o processo de valorização do capital. Só as ações ampliadas, no tempo e no contigente envolvido, têm conseguido obter conquistas efetivas" (Antunes, 1995: 20). Embora essa colocação paute-se na concepção da improdutividade do trabalho docente, no sentido marxista do termo, o fato é que os professores passaram a assumir a condição de assalariados, algo que significou um fato novo na história de sua organização política. Prova disso é que se antes o professor sentia-se chocado ao receber, pela força de trabalho desprendida, salários, e não proventos, fato que o igualava aos demais trabalhadores, "hoje, não só quer ser assalariado, mas quer lutar como assalariado, até quer imitar operários na luta econômica e política" (Fernandes, 1986: 30).

Merecem destaque *dois aspectos evolutivos* do movimento docente nesse período. O primeiro (já referido), de *caráter quantitativo*, diz respeito ao crescente número de educadores associados aos sindicatos. Os professores buscam a entidade associativa como espaço de representatividade e legitimidade política de suas discussões e ações, conferindo-lhe "*status* de credibilidade", não apenas para a categoria, mas também para a sociedade. Prova disso é que hoje, na relação dos

25 maiores sindicatos do país vinculados à CUT, seis são ligados à educação, inclusive o primeiro da lista, a Apeoesp, com 105 mil membros (Rodrigues, 1996). Esse é um percentual extremamente significativo do ponto de vista numérico dos filiados à entidade sindical docente no país.

O segundo aspecto, o da *evolução qualitativa* do movimento docente, também merece atenção, uma vez que o avanço se dá no sentido da politização da categoria que se vai constituindo enquanto sujeito coletivo usando um novo discurso, expressão de uma nova percepção da entidade. É sobre esses aspectos que tratarei a seguir.

3.4. A identificação dos professores como sujeitos sociais

Respaldados originariamente na matriz discursiva do "novo sindicalismo" no Brasil, o movimento docente expressa-se e evolui a partir dos anos 1980, redefinindo sua identidade coletiva, fato que pode ser observado em suas formas de luta e de organização.

É amplo o conhecimento dos componentes do que aqui estamos caracterizando. Sem dúvida, as sutilezas e ambigüidades dos elementos não permitem que se fuja à discussão sobre conceitos como o de "sujeito coletivo".

Sem desconhecer toda uma tradição filosófica e sociológica dos estudos já realizados sobre a constituição dos sujeitos sociais, para a questão que se coloca no momento — da identificação dos professores como sujeitos sociais —, é indispensável elucidar, aqui, o meu entendimento sobre a questão.

Tomo como referência a noção de sujeito coletivo formulada por Sader, que concebe

> sujeito coletivo no sentido de uma coletividade onde se elabora uma identidade e se organizam práticas através das quais seus membros pretendem defender seus interesses e expressar suas vontades, constituindo-se nessas lutas (Sader, 1988: 55).

Embora, em diferentes momentos conjunturais, a prática dos professores enquanto sujeitos sociais venha a declinar, em outros ela desponta, encorajando os professores a construir uma identidade coletiva, com a criação de entidades organizativas por meio das quais defendam seus interesses e expressem suas vontades.

Até no interior do movimento, as ações propostas e implementadas pela categoria nem sempre são abraçadas na sua totalidade pelos docentes, tampouco as discussões político-ideológicas realizadas nos momentos de greve, nas assembléias, nas reuniões formativas dos sindicatos, enfim, nos espaços de organização política dos professores, resultam de discussões homogêneas e sem qualquer resistência interna à categoria. Ao contrário, quase sempre as divergências e os embates entre diferentes correntes políticas expressam-se nas luta pelo poder da direção sindical, ou na luta para vir a ser o sujeito organizacional hegemônico da categoria.

São questões justificáveis, na medida em que se entende ser a evolução qualitativa dos professores, melhor dizendo, a redefinição da identidade coletiva do magistério público, produto do embate e do relacionamento com outras identidades, com outros sujeitos. Isto porque os sujeitos sociais resultam "de uma pluralidade de sujeitos, cujas identidades são resultados de suas interações em processos de reconhecimentos recíprocos e cujas composições são mutáveis e intercambiáveis" (Sader, 1988: 55). Ora, o que está em questão é a necessidade de se considerar, nesse processo, a capacidade de o indivíduo distanciar-se de si mesmo, atuando no sentido de contestar a submissão a normas e valores sociais. E essa é uma questão profundamente delicada.

O despreendimento do "homem genérico", assim concebido por Marx nos *Manuscritos filosóficos*, especialmente no terceiro manuscrito, dá-nos a devida compreensão do que aqui estamos querendo salientar. Referindo-se ao indivíduo enquanto ser social, entende que

> a exteriorização da sua vida — ainda que não apareça na forma imediata de uma exteriorização de vida coletiva, cumprida em união e ao mesmo tempo com outros — é, pois, uma exteriorização e confirmação da vida social. A vida individual e a vida genérica do homem não são distintas, por mais que, necessariamente, o modo de existência da vida individual seja um modo mais particular ou mais geral da vida genérica, ou quanto mais a vida genérica seja uma vida individual mais particular ou geral (Marx, 1978: 10).

Trata-se, portanto, do entendimento do homem enquanto ser capaz de estabelecer uma relação estreita com o seu mundo, reconhecendo-se como sujeito social. Um mundo historicamente criado e reproduzido por meio das ações dos homens e dele próprio.

É evidente que esse homem ativo e produtivo, capaz de entender-se no mundo, com o mundo e para o mundo, para usarmos uma expressão freireana, é aquele cujo poder de apreensão da realidade social o torna um ser consciente. Diferentemente do indivíduo alienado, passivo e inerte ao mundo e às ações dos homens, a emergência de sujeitos e de práticas sociais dão corpo a um movimento que, sendo social, poderá apresentar-se com maior ou menor intensidade no que se refere à criação, autonomia e à luta coletiva para transformar os valores e as imposições da sociedade imperante. "O sujeito só existe como movimento social, como contestação da lógica da ordem, tome essa uma forma utilitarista ou seja simplesmente a busca da integração social" (Touraine, 1994: 249). Em uma palavra, a constituição do sujeito justifica-se em referência ao social.

Assim é que, nessa perspectiva, a "evolução qualitativa" do movimento docente vai se constituindo por meio de uma nova concepção de entidade manifesta na linguagem e nos discursos constitutivos da categoria. Essa questão é extremamente importante para nossa discussão, uma vez que a nova percepção da entidade vai se refletir e alterar significativamente sua relação com outros atores sociais e instituições, inclusive com o Estado. Não sem razão, as formas de embate com as instâncias públicas educacionais assumem outros significados.

O fato é que a concepção do magistério, enquanto sacerdócio, vai gradativamente dando lugar ao entendimento de que o professor é um trabalhador como outro qualquer. Se antes o professorado permitia-se obedecer às determinações sociais, desempenhando o nobre papel de ordeiramente formar "novas gerações", portanto sem direito a reivindicações ou greves, agora os professores evoluem, reconhecendo-se como profissional e como funcionário público. Se antes ainda o professorado não recebia salários, mas proventos (assim como não se aposentava, ficava inativo), hoje ele briga por salários e por todos os direitos, comuns aos demais trabalhadores. Nesses termos, o professorado se reconhece como trabalhador assalariado do setor público, tendo o Estado como patrão.[9]

---

9. E é precisamente desse entendimento que decorre toda uma relação dos sindicatos do setor público com o Estado, manifesta por meio das pressões e das reivindicações das entidades sindicais. Contudo, as greves como instrumento de pressão do sindicalismo do setor público, notadamente na Educação e na Saúde (para ficarmos apenas nelas), têm provocado fortes debates e dividido opiniões. Afinal, os segmentos sociais usuários da

Embora essa nova concepção de identidade da categoria tenha se explicitado no final da década de 1980, início dos anos 1990, hoje ainda é possível falar de sua atualidade, considerada, é lógico, uma série enorme de desafios novos que se apresentam para a categoria docente como imposição da "nova ordem social" e que, necessariamente, e como conseqüência, impõe ao sindicalismo docente formas renovadas de atuação. Contudo, em que pesem as críticas que lhes são feitas, por se identificarem os professores aos demais trabalhadores, acredito que desconhecer a organização dos movimentos sindicais e nele o sindicato dos professores como reflexo do processo constitutivo dos sujeitos coletivos, ou seja, "como sujeitos instituintes/ instituídos de coletividades, onde se constróem uma identidade e se organizam práticas que visam defender direitos, interesses e vontades" (Manfredi, 1996: 23) é, no mínimo, não ser fiel à nossa história e deixar escapar o que, para nós, é fundamental: a organização e a evolução política do sindicalismo docente.

De resto, como mencionei, é imprescindível reconhecer que todo o processo de evolução política do movimento sindical docente sofreu e vem sofrendo sérias mudanças, principalmente nos últimos anos. No capítulo anterior, quando enfoquei a complexa teia que envolve o ideário neoliberal e suas conseqüências sociais, notadamente no mundo do trabalho, tinha claro que o movimento sindical, e nele o sindicato docente, não poderia ficar alheio às conseqüências da nova ordem social. Ao contrário, o sindicato docente vem sofrendo profundas modificações na sua organização, na sua atuação e na forma como encaminha suas reivindicações. Essas modificações são responsáveis pelo entendimento de que o momento anterior, de otimismo e de avanço político da categoria, tende a ser substituído por um outro: o da "crise da entidade". A produção acadêmica brasileira sobre a organização do professorado no período de 1980 a 1997 aponta nesse sentido. Essa comprovação foi realizada recentemente por Cláudia Viana (1999). Para efeito da discussão que venho realizando sobre a organização política dos educadores no Brasil, é importante tecer algumas considerações sobre os *novos desafios colocados ao sindi-*

Saúde e da Educação pública são severamente punidos com as greves, quando esses serviços, já muito precários, são paralisados. Como conseqüência, o apoio da comunidade a essa forma de pressão sindical está cada vez mais comprometido. Sem dúvida, um fator importante a ser considerado pelos sindicatos em meio aos demais aspectos da atual conjuntura, forçando-os a pensar novas formas de pressão.

calismo docente nos anos 1990 — desafios esses responsáveis, para muitos, pela referida "crise da entidade".

3.5. O sindicalismo docente frente a novos desafios

Ao tratar dessa questão, tomo como referência a discussão anterior sobre o neoliberalismo e a "nova questão social" na década de 1990. Nesse cenário, o mundo do trabalho e a sociedade de um modo geral passam por profundas transformações; nelas, a relação entre capital e trabalho e, mais especificamente, entre trabalho e educação, apresenta-se igualmente complexa, principalmente ao considerar-se a incerteza do trabalho em um mundo onde a crescente onda de desemprego parece instalar-se de uma vez e para sempre. O desemprego é, certamente, o pior de todos os males desse processo. Para José Pastore, os sindicatos terão que considerar um mundo em que o mercado divide-se entre emprego e trabalho. "O primeiro, formal, com carteira assinada e garantia de benefícios sociais; o outro, independente, informal, autônomo. Os novos tempos trazem o encolhimento do emprego formal e a explosão do informal" (*Jornal da USP*, 2000).

Especificamente na *esfera pública*, as reformas administrativas conduzidas pela política do Estado mínimo, ao "enxugar" a máquina estatal, *reduzem os postos de trabalho do funcionalismo público* e das empresas estatais, em detrimento de uma política social que garanta o amplo atendimento das necessidades dos cidadãos. Esse quadro tem trazido, sem qualquer dúvida, seriíssimas conseqüências para os trabalhadores em geral, com profundos reflexos para sua organização sindical. Não é à toa que se discute sobre o destino do sindicalismo, o declínio do poder sindical, os fatores de dessindicalização e até mesmo o fim do sindicalismo. Em recente publicação, Leôncio Martins Rodrigues[10] não se cansa de apontar sua desconfiança quanto ao futuro do sindicalismo, chegando a afirmar que "o tipo de prognóstico sobre o futuro do sindicalismo tende a ser influenciado pelas convicções políticas e ideológicas e pelo país a partir do qual os autores focalizam o sindicalismo" (Rodrigues, 1999: 295).

---

10. Em recente publicação, Leôncio Martins Rodrigues, *Destino do sindicalismo*, 1999, analisa, dentre outros aspectos das questões sindicais, a redução dos índices de trabalhadores sindicalizados e suas causas nos países ocidentais desenvolvidos. Para ele há, como conseqüência, um movimento de "dessindicalização".

Embora concordando com essa afirmativa, reconheço ser essa uma forma de denunciar a elasticidade contida em qualquer conclusão sobre o destino do sindicalismo, ela mesma por demais obscura nos tempos atuais, até porque as incertezas que nos cercam obscurecem nossas utopias de pensar e projetar com segurança nosso futuro. De resto, como não concebo nessa e em qualquer discussão dessa natureza a isenção de uma convicção política e ideológica, seja ela qual for, prefiro encarar a "crise" do sindicato docente a partir do entendimento, já apontado anteriormente, de que o quadro imposto à sociedade e ao sindicalismo docente implica vivências, a partir das quais se modificam as formas de organização, renovam-se as lutas, estabelecem-se novas relações. O que não podemos deixar escapar, como nos lembra Octávio Ianni, é que a sociedade global, enquanto totalidade histórica nova e ainda pouco conhecida, apresenta-se como um

> horizonte em que os indivíduos, grupos, classes, etnias, minorias, nacionalidades e outras categorias subalternas adquirem outras perspectivas. Na medida em que pensam em suas condições sociais de existência, em sua individualidade, nacionalidade e globalidade, podem desenvolver outro modo de ser, diferente imaginação, nova autoconsciência (Ianni, 1999: 179).

Diante desse novo cenário nacional e mundial, a educação ocupa lugar de destaque. No Brasil, as reformas políticas e educacionais implementadas pelo Ministério da Educação, subsidiadas pelo Banco Mundial, são um bom indicador do peso que se atribui à educação nesse processo. Isso porque a política educacional implementada pelo governo neoliberal confere à educação a função de promover a empregabilidade por meio da "adaptação" do indivíduo às demandas do mercado de trabalho. Essa seria a função social da educação, esgotando-se na exata medida em que lança o indivíduo para competir no mercado de trabalho por emprego, sem que isso signifique, em absoluto, a garantia de obtê-lo. Essa seria uma forma de elevar a "qualidade da educação", perdida pela expansão do ensino e pela ausência de um bom gerenciamento; ou seja, uma qualidade que há muito se distancia dos interesses da maioria da população, na medida em que é ditada pela força do mercado. Tal como nas empresas, a qualidade total é a meta a ser atingida. Nessa direção, em virtude da elevação da qualidade dos serviços educacionais, toda ênfase é dada à eficiência, à eficácia, à produtividade e à competitividade, razão pela qual se justificam as novas medidas de gerenciamento administrativos da educação.

No entanto, esse apelo à educação não passa despercebido; ao contrário, ele é profundamente questionado no meio educacional, principalmente pelo sindicalismo, por meio das centrais sindicais: por exigências do mercado de trabalho, o aumento da escolaridade e da qualificação profissional constitui condição obrigatória.

Ora, numa sociedade como o Brasil (para ficarmos apenas nele), onde o índice de desemprego é perverso, essa exigência mostra-se, no mínimo, instigante. E os sindicatos sabem disso. Não que, em uma sociedade como a nossa, a educação não deva ser considerada importante canal de formação e impulsionadora de avanços sociais mais amplos. Aliás, essa tem sido a luta de muitos neste país, pela ampliação das oportunidades educacionais e pela melhoria da qualidade do ensino público brasileiro. Porém o que está posto, e que merece ser considerado, é esse tipo de educação assumido pelo governo e a quem essa educação serve. Mas essa é uma discussão bem mais complexa e exige um aprofundamento que foge ao nosso enfoque no momento, até mesmo porque a "educação para o (des)emprego" constitui tema freqüente nos estudos, debates, conferências educacionais, na literatura crítica educacional[11] e, nos últimos anos, nas centrais sindicais.

A propósito dessa discussão, as *centrais sindicais* têm incluído em suas agendas de trabalho estudos acerca do processo de reestruturação produtiva em curso e suas conseqüências para os trabalhadores, da mesma forma como discutem formas novas de atuação sindical, considerado o novo cenário conjuntural. No entanto, as centrais sindicais não compartilham de uma posição homogênea sobre essas mesmas questões. Ao contrário, há divergências político-ideológicas presentes nas visões de cada corrente sindical. Contudo, elas tendem a concordar no ponto de partida, ou seja: as centrais sindicais têm se empenhado não só em compreender o processo em curso, mas, a partir dele, em tentar empreender formas de ação que as coloquem em posição favorável à defesa dos interesses dos trabalhadores frente às transformações no mundo do trabalho.

---

11. Essa temática é preocupação constante, dentre outros educadores, de Pablo Gentili, Tomas Tadeu da Silva, Gaudêncio Frigotto, Luiz Antônio Cunha.

Neste sentido, a distinção entre as Centrais diz respeito ao fato de que enquanto FS e CGT, aquela mais que esta, tomam como dados os marcos da mudança corrente, buscando uma maior adequação à mesma, a CUT tenta reverter os fundamentos do processo impondo-lhe outra trajetória. Assim, as duas primeiras acabam por colocar mais fortemente sobre os trabalhadores a responsabilidade da adaptação aos novos tempos e sobre os riscos que daí decorrem (Souza et alii, 1999: 159).[12]

Ou seja, para a CGT e a FS cabe aos trabalhadores buscar a "adaptação" almejada pelo mercado, enquanto a CUT, fundada em uma perspectiva crítica sobre a relação trabalho/educação, combate a adequação dos trabalhadores às novas exigências do mercado.

> Coesa à visão de uma educação voltada para a transformação da realidade, a CUT defende que os trabalhadores devem ser preparados técnica e politicamente para a intervenção nos rumos da reestruturação produtiva; para a luta contra o desemprego e a favor da abertura de novos postos de trabalho; para a afirmação do direito do jovem ao conhecimento, à profissionalização e ao trabalho entre outros (Souza et alii, 1999: 162).

Segundo, uma vez mais, a pesquisa acima mencionada, constatou-se que, apesar das divergências de concepção e de posições tomadas pelas centrais sindicais, todas elas entendem não ser a educação uma função específica do Estado, mas também dos trabalhadores; todavia, ao incorporar nas agendas de trabalho as discussões e as propostas de ações em torno das questões educacionais, diferenciam-se. *A CUT, à qual estão vinculados os sindicatos docentes*, refuta o ajuste da educação aos interesses empresariais, relacionando à educação do trabalhador a questão da cidadania. Nesse sentido, explicita o entendimento de que a cidadania não está vinculada apenas

> às condições de acesso do trabalhador à educação, seja ela geral ou específica, mas a um tipo de educação de caráter crítico que, ao invés de oferecer respostas às exigências do mundo produtivo, subsidie a luta daquela classe pelo controle do processo e do mercado de trabalho (Souza et alii, 1999: 163).

---

12. Maior aprofundamento a cerca das concepções das centrais sindicais sobre o processo de reestruturação produtiva em curso e as diferentes formas de ação sindical, ver Souza et alii (1999).

Por sua vez, a CGT e a FS associam a cidadania ao acesso à educação, não registrando preocupação com o caráter político que essa relação encerra, ou seja, no sentido de conceber a educação como canal de elevação da cidadania ativa da população.

Enfim, é importante atinar para o fato de que a distinção clara da concepção de educação adotada pelas centrais responde pela forma como elas entendem a relação da educação com o mundo do trabalho, marcando, como conseqüência, as diferentes posturas e encaminhamentos das ações político-sindicais adotadas nessa direção. Contudo, apesar das divergências que possam apresentar, no que diz respeito às propostas de ação encaminhadas pelos sindicatos, a negociação como alternativa apresenta-se como sendo um caminho viável nos tempos atuais, até porque, como sabemos, a realidade está exigindo mudanças dos sindicatos. No que diz respeito especificamente à CUT, a prática da negociação como estratégia sindical associa-se à necessidade de ampliação dos seus espaços, reconhecendo e incorporando nessa busca novos interlocutores da sociedade. Sem dúvida, busca-se uma nova forma de organização em um mundo onde não mais é possível falar em sindicato corporativo, mas em *sindicatos cidadãos* ou *sindicatos orgânicos*, como nos dizem alguns líderes sindicais.

O reconhecimento da necessidade de mudar, em face da nova realidade que se apresenta, está posta para significativa parcela dos sindicatos e sindicalistas. Recentemente, nas conturbadas "comemorações" do dia do trabalho, o líder sindical petista, Luiz Inácio Lula da Silva, afirmou para 20 mil pessoas em São Bernardo do Campo: "Em 1980, éramos só emoção e nos enfraquecemos desde então. Precisamos nos transformar num sindicato cidadão, e não sermos apenas um sindicato corporativo" (*Folha de S.Paulo*, 2000). Posição endossada pelo educador e sindicalista Antônio Felício, um dos nossos entrevistados, eleito recentemente para a presidência nacional da CUT. Para ele, sem mudar, perdemos espaço.

> Não podemos pensar mais que vamos continuar fazendo movimento sindical nos moldes que fazíamos na década de 80. Se nós continuarmos fazendo a disputa usando dos mesmos métodos, vamos continuar perdendo espaço na sociedade" e completa: "o enfrentamento se dá muito mais com ações concretas do que com palavras de ordem" (*Folha de S.Paulo*, 1999).

O certo é que todo o quadro de diversidades, tentativas e incertezas que caracterizam o novo cenário social vem repercutindo severamente na organização dos sindicatos. Os sindicatos docentes não constituem exceção nesse caso, mesmo que as chamadas crises sindicais venham ganhando interpretações diferenciadas. Para muitos, os sindicatos docentes, assim como todas as instâncias sindicais, de um modo geral, passam por um momento de crise; para outros, trata-se de um momento de mutação, de mudanças nas formas de ação sindical, não constituindo, necessariamente, um momento de crise. Para outros, ainda, trata-se de um período de declínio do sindicalismo.

Leôncio Martins Rodrigues, por exemplo, acredita que "o emprego, assim como o sindicalismo, não está em crise, mas em declínio. É a diferença entre um percalço temporário e uma decadência irreversível. Teremos de nos acostumar com isso. E, no Brasil, de abdicar do emprego para pensar em trabalho" (*O Estado de S. Paulo*, 1999: 8). Como ele próprio sinalizou, a influência do fator ideológico nas análises e prognósticos sobre o sindicalismo interfere diretamente nos enfoques realizados pelos estudiosos da questão, inclusive os dele próprio. É do autor o seguinte depoimento: "Os mais favoráveis aos sindicatos inclinam-se a vislumbrar saídas para o movimento sindical, enquanto os mais hostis acreditam que os sindicatos terão muitas dificuldades para sobreviverem no tipo de hábitat que se delineia para o século XXI" (Rodrigues, 1999: 296). Não é o caso de polemizar com o autor. Contudo, tomando de empréstimo seu raciocínio, opto, ao concordar com Cláudia Viana, por entender a chamada crise do sindicalismo como momento de revisão e de redefinição das ações sindicais, das suas formas de atuação, enfim, como momento de mutação, e, nesse sentido, a crise é bem-vinda.

Viana (1999) ao tomar como parâmetro para discutir a "crise" da categoria docente a questão do declínio do engajamento do professorado no sindicato, percebe ser possível detectar que o que está em questão é um *novo modelo de engajamento coletivo*, em detrimento de outro entendimento que associa o declínio do agir coletivo docente à frágil identidade da categoria. Nesse caso, a categoria uniria suas diversas posições apenas em momentos de oposição ao Estado por meio das greves e mobilizações. Embora seja possível perceber na categoria docente resíduos dessa última posição, ela não responde pelo todo. Essa foi a significativa contribuição da pesquisa de Cláudia Viana ao estudar a "crise, identidade e organização docente paulista". Mesmo sendo o estudo particular de determinada realidade e sindicato docente, no caso a Apeoesp, dele é possível retirar algumas reflexões importantes. A conclusão a que chega a autora é a de que a ação docente sofre determinações externas, mas também insere-se em um campo de relações sociais no qual o ator coletivo se constrói. Nesse caminhar, a atuação do sindicato continua a ser de extrema importância para a categoria, sobretudo na defesa das questões salariais, das condições de trabalho, no enfrentamento com o Estado. "A crítica aparece quando se discute a constituição da identidade coletiva, processo no qual o engajamento sindical aparece como elemento desagregador, enquanto a escola é apontada como *locus* possível de sua construção" (Viana, 1999: 198). A insatisfação com determinado modo pelo qual as divergências são tratadas no interior do sindicato, bem como com uma forma específica de atuação sindical que restringe a liberdade e as escolhas da vida pessoal respondem pela mudança da concepção de militância sindical. Dessa insatisfação decorre a diminuição do tempo dedicado à militância, o investimento em outras áreas de ação coletiva, assim como registra-se certo retorno do professorado ao convívio da vida privada e a atividades fora do magistério. Em outras palavras: o engajamento militante transcende o espaço do sindicato, refazendo-se em novas formas de ação, de engajamento e de identidade coletiva. Nesse sentido, a "crise" de identidade da categoria docente ganha um novo significado, o de mutação.

Enfim, o que se percebe é que o *sindicalismo docente* hoje, ao lidar com fatores externos e internos à categoria docente, é forçado a *repensar sua prática político-formativa*, e não apenas isso, é forçado a responder com formas renovadas *de atuação* aos novos desafios que lhe são apresentados. Nessa busca e dentre os conflitos da contemporaneidade, as alternativas estão sendo testadas e, por vezes, contestadas, mas, acima de tudo, estão sendo buscadas. Não podemos negar que o momento é delicado para toda e qualquer organização social, da mesma forma que não podemos desconhecer a significativa presença de movimentos organizados da sociedade que resistem ao atuar em novos e renovados espaços sociais.

3.6. Matrizes discursivas da formação sindical docente

Toda a trajetória do movimento sindical docente, nas últimas décadas, respalda-se certamente em uma base político-formativa. Essa base constitui a essência a partir da qual os sindicatos se formam e se movem, a identidade coletiva se constrói, os instrumentos de ação se definem. Esse movimento, intrinsecamente ligado às condições estruturais da sociedade, é responsável por determinada forma de ser do sindicato que, ao expressar-se, permite-nos falar da sua evolução política, preservando, é certo, os percalços nessa caminhada. O resgate das matrizes discursivas presentes na formação sindical docente é fundamental à hipótese que tento demonstrar, uma vez que elas elucidam determinada interpretação da realidade, bem como formas específicas de atuação e de interpretação das situações postas, das temáticas apresentadas e dos atores envolvidos. O conjunto desses fatores é que nos possibilita falar em determinados *tipos de sindicalismo* no Brasil nos últimos anos, tomando como referência as orientações das centrais sindicais às quais estão vinculadas. Esse vem a ser especificamente o caso do sindicalismo docente e é sobre esse aspecto que tentarei me deter a seguir.

a) Caminhos de construção de um projeto sindical político-formativo autônomo

Nos últimos anos, o processo de evolução do movimento sindical no país respaldou-se certamente em *bases político-formativas* anteriores a ele. Em trabalho recente, Sílvia Manfredi,[13] ao analisar a formação das três centrais sindicais, contribuiu de forma brilhante para o resgate do modelo de formação sindical no Brasil, do período populista à formação sindical do novo sindicalismo, que se consolida no país a partir da década de 1980. Para ela, a institucionalização do sindicalismo brasileiro do período populista "foi o principal fator de ruptura na construção de um projeto autônomo de sindicalismo e, conseqüentemente, de um projeto de educação mais globalizante de caráter classista" (Manfredi, 1996: 185). Isto porque os mecanismos de controle político ideológico sobre os movimentos sindicais eram tão eficientes e fortes que mesmo as correntes de esquerda não conseguiram desenvolver propostas autônomas, definidas pelos próprios trabalhadores. Ainda segundo a autora, soma-se a esse aspecto outro, de natureza ideológica, presente no interior das correntes hegemônicas de

---

13. No seu livro, *Formação sindical no Brasil: história de uma prática sindical*, Manfredi (1996) parte da existência de outras instâncias de formação dos trabalhadores, como os espaços paraescolares. Para ela, a educação acontece em outros lugares sociais, que não apenas a escola. Dentre os espaços existentes, a organização sindical constitui um local privilegiado, visão com a qual concordamos plenamente.

esquerda, qual seja, a concepção de que os dirigentes constituem-se "agentes depositários do 'saber' e da 'consciência' e, portanto, porta-vozes das massas incultas e desorganizadas" (Manfredi, 1996: 196).

Ora, nada mais natural que, com esse entendimento decorrente de toda uma visão profundamente elitista, cuja base de sustentação ideológica centrava-se no "Iluminismo", presencie-se um enorme distanciamento dos "dirigentes iluminados" capazes de pensar e de produzir saberes para as massas incultas e despreparadas. A concepção de educação encerra-se na utilidade que ela poderia exercer, enquanto instrumento, para subsidiar (e por isso mesmo facilitar) a conquista do poder e da direção do comando.

Nessa ótica, a concepção da educação estando limitada, hierarquizada, não só impedia a inter-relação entre direção sindical e bases representativas, como também distanciava-se, como conseqüência, da construção e da ampliação dos espaços democráticos, tantos os internos à categoria como os externos a ela, ou seja, os espaços sociais.

Nos anos 1960, notadamente com a expansão dos movimentos de educação e cultura popular, imprime-se uma nova dimensão à compreensão da educação. A educação, a arte e a cultura popular passam a ser vistas como agentes de participação, conscientização e libertação popular. Nesse sentido, amplia-se a concepção de educação, ao mesmo tempo que se questiona o sistema escolar como *locus* privilegiado da educação dos segmentos populares. Em outras palavras, incorpora-se o entendimento de que tanto a *educação* escolarizada como a extra-escolarizada podem ser vistas como *instrumentos de transformação social*, por exigência dos próprios trabalhadores. A efetivação da educação como uma das expressões da cultura popular, abrindo espaços para a organização e a conscientização dos trabalhadores enquanto classe social, constitui a meta maior a ser atingida.

Empenhavam-se nessa causa diferentes segmentos sociais, entre eles intelectuais, estudantes, artistas, instâncias organizacionais de diferentes entidades e instituições públicas comprometidas com propostas alternativas à sociedade e à educação.[14] Importa registrar que a iniciativa e a forte presença dos segmentos populares nos locais de trabalho, de moradia e nas organizações comunitárias, confere a esses

---

14. Referimo-nos especificamente, ao MCP — Movimento de Cultura Popular em Recife-PE, no governo de Miguel Arraes, e à campanha "De pé no chão também se aprende a ler", em Natal-RN, no governo de Djalma Maranhão.

segmentos a direção e a conquista de um novo papel — o de sujeitos ativos da história.

Certamente, tendo sido esse período da nossa história marcado por uma grande efervescência das organizações sociais, a defesa da educação não se deu apenas por meio dos movimentos de educação e cultura popular. Paralelamente a esse movimento, a defesa da escola pública mostrava-se com mobilizações em prol da expansão do ensino primário e secundário. Isto porque, para a classe média e a classe trabalhadora, a escola era vista não apenas como um espaço onde seria possível adquirir o domínio dos mecanismos da leitura e da escrita, mas, paradoxalmente, como um canal capaz de contribuir para a compreensão da realidade histórica da classe trabalhadora.

Os resultados dessa luta não se fizeram esperar. No Estado de São Paulo, por exemplo, o acesso à escola nesse período deveu-se, em grande parte, às pressões desses segmentos. A propósito, afirma o professor Celso Beisiegel:

> Aqui no Estado de São Paulo, por volta de 1950, a escola secundária pública que antes praticamente inexistia, agora em 1960, já havia sido espalhada por todo território do Estado e já era perfeitamente possível a um jovem das áreas urbanas, qualquer que fosse sua extração social, tomar como perspectiva, como projeto de futuro, o ingresso na escola secundária e depois tentar passar para outros degraus da escolaridade (Beisiegel, 1980: 129).

E não só isso: esse processo de expansão do ensino teve conseqüências mais amplas. Tanto é que a Lei nº 5.692/71 só veio realizar, em âmbito nacional, o que já estava refletindo-se, na prática, no Estado de São Paulo. Daí por que, para Beisiegel, a expansão do ensino público secundário foi uma verdadeira revolução na estrutura educacional.

Assim sendo, os movimentos organizacionais atuantes na sociedade civil em defesa da escola pública podem ser vistos como aliados aos movimentos de educação popular.

Contudo, apesar do clima favorável às manifestações sociais no que diz respeito ao modo de conceber e de fazer educação, para Manfredi,

> os setores de esquerda mais combativos do movimento sindical, no período de 1945-1964, notadamente nos anos 60, não vislumbraram a necessidade de elaborar um projeto educativo, autônomo do ponto de vis-

ta político-cultural, que se configurasse como um instrumento na construção de uma contra-ideologia e fornecesse bases para a construção de um projeto alternativo de sindicalismo, mais independente, democrático e representativo (Manfredi, 1996: 197).

Nesses termos, a capacidade de criar projetos político-ideológicos voltados para a formação das bases não se deu por iniciativa das entidades sindicais, mas, sim, de setores organizacionais da sociedade, igualmente comprometidos com as questões sociais — embora não fossem de natureza sindical. Daí por que

> as experiências de educação mais relevantes no período articularam-se ora a partir das necessidades dos grupos conservadores, ora a partir dos vários setores intelectuais e políticos, cuja atuação expressou-se através do movimento estudantil e dos movimentos de educação de base (Manfredi, 1996: 90).

O movimento de rearticulação e renovação do movimento sindical ocorrerá a partir dos *anos 1980* com as greves, algumas aqui referidas. A partir desse período, as entidades sindicais tomam para si a responsabilidade de construção de um modelo de capacitação dos dirigentes e trabalhadores. Aos poucos, constroem seus próprios projetos de formação sindical, autônomos, autogerenciados, alicerçados em propostas político-formativas voltadas para as bases. Incorporadas às centrais sindicais, as propostas e projetos de formação sindical irradiam-se entre as entidades a elas vinculadas por meio da constituição de departamentos de Educação e Cultura, fato que confere ao sindicalismo uma marca distintiva considerando os períodos anteriores.

É o caso, por exemplo, da CUT, à qual está filiada a CNTE, fato inclusive que lhe confere, segundo informes da própria CNTE, lugar de destaque nessa entidade sindical — a segunda maior confederação brasileira a ela vinculada.[15] Quanto às entidades sindicais docentes assumirem para si projetos de formação sindical, a Apeoesp pode ser um bom exemplo. Em documento de 1994 (Apeoesp, 1994), essa entidade registra a síntese da sua posição frente à questão educacional nos seus encontros e congressos. Nele, a trajetória da formação profissional, política e sindical do professor é delineada em detalhes. No que interessa destacar, apenas em 1990 a entidade assumiu a forma-

---

15. História da CNTE, site da CNTE: http://www.brnet.com.br/cnte/9.htm.

ção política, sindical e educacional da categoria, transferindo-a da esfera pública (antes concentrada nas cobranças feitas às universidades ou ao próprio Estado) para sua sede.

Da mesma forma, no âmbito específico da *evolução política da organização dos docentes*, a preocupação com a formação sindical dessa categoria esteve presente desde cedo no interior do movimento, embora marcada por três grandes momentos, conforme avalia João Monlevade:

> O primeiro, de 1965 a 1868, em que éramos predominantemente *caixa de ressonância*; o segundo, de 1980 a 1987, em que éramos agitado *palco de debates*; o terceiro, de 1987 para cá, em que temos sido *produtores e defensores de propostas* (Monlevade, 1992: 183).

Para o autor, enquanto caixa de ressonância, a entidade sofria diretamente a ação da política educacional do Estado e da produção acadêmica dos pedagogos. Se, por um lado, os secretários de Educação usavam a entidade para passar suas propostas curriculares, suas reformas de ensino e solicitar a colaboração dos educadores, por outro, os eventos educacionais promovidos pela entidade serviam de palco para exposições de teses acadêmicas renovadoras ou revolucionárias, que angariavam palmas, mas não se envolviam nas lutas concretas; enquanto palco de debates (de 1980 a 1987), dada a conjuntura da época, a entidade delineava uma fase de independência do seu pensamento educacional resultante dos embates das idéias que se processavam nas diferentes esferas sociais e, em especial, no espaço sindical. No entanto, essa independência veio marcada por uma tendência de negação do *status quo* pedagógico, e não pela contraposição de projetos alternativos. Por meio da crítica, polemizava-se com os governos, com a Lei nº 5.692/71, com as ideologias dominantes, com a própria escola. Tratava-se de uma forma de luta pela recuperação do direito do exercício da cidadania na perspectiva da sua ampliação e consolidação.

A participação dos educadores sindicalizados no processo constituinte, na organização do Fórum Nacional em Defesa da Escola Pública, no pacto pela Valorização do Magistério e Qualidade da Educação, assinado em 19 de outubro de 1994, imprime ao movimento uma mudança de comportamento político. Esses fatos, certamente, sustentam-se em referenciais teóricos que passam a nortear as discussões e as propostas defendidas pelo movimento a partir de então. Assim é que o envolvimento e a contribuição da CNTE nesses diferentes momentos deu-se não apenas pela sua capacidade de criticar, mas principalmente pela capacidade de, ao criticar e ser criticado, propor alternativas concretas e viáveis para os problemas educacionais vividos pela sociedade. O amadurecimento político do movimento certamente estava associado ao fato de que já no início dessa década podia-se analisar que

> ao ativismo e à luta pela luta está sucedendo uma prática menos imediatista, que investe em fundamentação teórica, que "perde tempo" em leitura e reflexão, que ensaia até a formação de quadros especificamente sindicais em questões educacionais (Monlevade, 1992: 190).

O envolvimento da CNTE, por exemplo, como parte da comissão executiva do pacto pela Valorização do Magistério e Qualidade da Educação de 1994, parece confirmar essa evolução comportamental sobre a qual me refiro. Atuando juntamente com representantes do próprio Ministério da Educação, do Consede — Conselho Nacional de Secretários de Educação de Estado, Undime — União Nacional dos Dirigentes Municipais de Educação, CFE — Conselho Federal de Educação, CRUB — Conselho de Reitores, CNBB — Conferência Nacional dos Bispos do Brasil, Unesco — Organização das Nações Unidas para a Educação, a Ciência e a Cultura, e Unicef — Fundo das Nações Unidas para a Infância, a CNTE, assim como as entidades acima enunciadas, promoveu um grande movimento de mobilização nacional, com o objetivo de detectar os problemas educacionais de maior relevância para a população brasileira e apontar alternativas estratégicas para enfrentá-los.

Em que pese as lacunas presentes nessas e em outras formas de expressão do movimento docente, no período assinalado, não posso deixar de registrar que a entidade sindical delineou uma face de independência do seu pensamento educacional por meio dos embates das suas idéias manifestas nos diferentes fóruns de discussões internos e externos à categoria docente. O longo período de 1989-1995, de debates na elaboração da Lei de Diretrizes e Base da Educação Nacional, testemunhou a presença e a luta sindical dos educadores na defesa da escola pública laica e unitária. Embora o peso dos parlamentares ligados a interesses oligárquicos da nossa sociedade tenha freado as propostas progressistas, defendidas no referido Fórum, isso não esconde o fato de que a categoria, naquele momento, estava exigindo propostas concretas, que deveriam expressar-se em forma de artigos na nova lei educacional, fato que, como sabemos, enfrentou sérios obstáculos.

> As mutilações e subterfúgios que foram se introduzindo no projeto de LDB colocam o campo educacional como um dos espaços onde claramente — como analisam alguns cientistas sociais — o Estado, enquanto sociedade política (Executivo, Parlamento e Judiciário), não reflete o avanço político-organizativo da sociedade civil. Um único representante das forças ultraconservadoras, deputado A. Tinôco, ligado ao grupo de Antônio Carlos Magalhães, apresentou mais de mil e duzentos destaques. O enfrentamento da escola pública e o reforço às teses privatistas e mercantilista, em boa medida, se constituem numa falsa vitória e, portanto, um limite aos próprios interesses de frações da moderna burguesia (Frigotto, 1999: 159).

Importa registrar que, apesar dos limites das conquistas, nem sempre condizentes com o esforço desprendido pelos segmentos sociais envolvidos, passava a categoria docente de uma fase crítica a outra, dessa feita "mais orgânica e propositiva", como bem afirma o professor Moacir Gadotti (Gadotti et alii, 2000).

O *sindicalismo autônomo ou crítico*, identificado nesse período, preserva certa imagem de independência, tanto dos partidos políticos quanto do Estado. A criticidade desse sindicalismo, associada à sua independência, permite-lhe confrontar-se com o Estado, sem, contudo, impossibilitar o diálogo, quando necessário, e a divisão de responsabilidade, no que se refere ao enfrentamento dos desafios educacionais. Ao mesmo tempo que mantém sua autonomia no diálogo e no conflito de interesses com o Estado, desenvolve a capacidade de negociação, possibilitando somar esforços, e não dividi-los. Não seria esse um exercício prático de lidar com o diferente?

Na verdade, essa nova forma de atuação da entidade representativa dos trabalhadores da educação no nosso país denotava um profundo avanço em seu amadurecimento político e em seu envolvimento na elaboração das políticas públicas. Afinal,

> la forma cómo se realiza esa participación y el caráter de la misma no sólo dependen de los espacios o posibilidades que entregue el Estado y la relación estructural de éste con la sociedad civil. Dependen de la natureza de las organizaciones y de su inserción en el sistema político (Nuñes, 1990: 56).

A postura e a atuação da organização docente parece apontar na direção desse entendimento.

b) Concepção freireana da educação: uma matriz político-pedagógica

Reconhecendo-se enquanto sujeitos sociais, enquanto trabalhadores, os educadores redefinem sua função social no âmbito da esfera pública educacional, imprimindo ao magistério um novo perfil de identidade. Sua filiação à CUT significa, portanto, incorporação dos trabalhadores da educação ao conjunto das lutas da classe trabalhadora.

Como conseqüência, a mudança de concepção da categoria vai refletir-se diretamente nas diferentes esferas sociais em que atuam, alterando significativamente as relações estabelecidas na escola, nos espaços da sala de aula, nas relações com os educandos, com a comunidade e com o próprio Estado.

Contudo, não basta reforçar aqui o que de certa forma estamos hoje presenciando. Importa reconhecer que essas alterações representaram uma mudança eminentemente política, expressando-se na concepção mesma da educação e do próprio ato educativo.

A fim de apreender o que de certa maneira alimenta e sustenta essa nova forma de ser, qual seja a de assumir-se enquanto sujeito trabalhador da educação, recorro à noção de "matriz discursiva" adotada por Sader. Para ele,

> as matrizes discursivas devem ser entendidas como modos de abordagem da realidade, que implicam diversas atribuições de significado. Implicam também, em decorrência, o uso de determinadas categorias de nomeação e interpretação (das situações, dos temas, dos atores) como na referência a determinados valores e objetivos. Mas não são simples idéias: sua produção e reprodução dependem de lugares e práticas materiais de onde são emitidas as falas (Sader, 1988: 143).

Desse conceito, pode-se abstrair a compreensão de que a leitura da realidade passa por diferentes concepções, análises e atribuições de significados a ela referidos. A clareza no modo de conceber a realidade direciona a opção por determinadas categorias de nomeação e interpretação do que está posto, dos atores envolvidos e dos temas propostos. E mais, por não se deter ao campo específico das idéias, a produção ou reprodução dessa realidade depende ainda dos lugares e das práticas concretas de atuação dos sujeitos ali envolvidos, de onde elaboram-se os discursos, as falas.

Ora, o que está posto é a possibilidade de apreender-se a realidade a partir de determinados valores e opções que assumimos diante do real, fato que implica uma tomada de posição teórico-político-ideológica, associada a uma ação prática. Em uma palavra, implica o exercício da práxis. As "matrizes discursivas", portanto, balizam a interpretação da realidade manifesta a partir de determinadas atribuições de significados assumidos.[16]

Nessa ótica e em relação ao movimento sindical docente, tentarei destacar, a partir da constatação da influência de matrizes discursivas de orientação marxista, da educação popular e da matriz freireana na formação sindical dos trabalhadores filiados às centrais sindicais,[17] a presença da *matriz freireana* nas reflexões e nas ações práticas do movimento docente. Isso porque, dentre outros aspectos que oportunamente destacarei, estando a categoria docente filiada à CUT, uma das centrais estudada, é possível abstrair o raciocínio de que as orientações político-formativo-ideológicas dessa central sindical perpassam certamente a CNTE e, nela, os sindicatos docentes a ela vinculados.

Especificamente, no que se refere à discussão da *matriz freireana e o marxismo*, é conveniente registrar que essa questão sempre esteve presente entre alguns estudiosos da educação. Não raramente, rotula-se o pensamento de Freire como sendo ingênuo, idealista ou, em outra ordem, não-marxista. Embora essa questão mereça uma discussão à parte, é conveniente enfocar que, ao deparar-se com esse tipo de crítica, o próprio Freire respondia, por vezes *paciente impacientemente*, por vezes ainda com ternura e indignação, sem contudo descuidar-se do diálogo, exercitando o que ele mesmo apregoava,

> que não se pode estar nem além nem aquém do tom com que nos fazem a pergunta. A intensidade e o vigor da resposta devem corresponder aos da pergunta [...] A minha mansidão também foi aprendida e está em função da mansidão ou da violência do outro (Freire et alii, 1986: 38).

---

16. Esse é o entendimento adotado no texto ao referir-se às matrizes discursivas presentes na formação do sindicalismo docente, em especial à freireana.

17. Constatação profundamente fundamentada e explicitada no estudo de Manfredi, obra referida anteriormente.

Assim é que, em diferentes passagens das suas obras, em seminários, cursos ou palestras, quando provocado a falar sobre essa questão, Freire não se isentava de responder ao refletir

> com quem, preso ao dogmatismo igualmente de origem marxista, mais do que minimizava a consciência, a reduzia a pura sombra da materialidade. Para quem pensava assim, mecanicistamente, a *pedagogia do oprimido* era um livro idealista-burguês. Possivelmente, ao contrário, uma das razões que continuam a fazer esse livro tão procurado hoje quanto há 22 anos é exatamente o que nele então levava certos críticos a considerá-lo idealista e burguês. [...] a compreensão da história em cujas tramas o livro procura entender o de que fala, é a recusa a posições dogmáticas sectárias, é o gosto da luta permanente, gerando esperanças, sem a qual a luta fenece. É a oposição já nele embutida contra os neoliberalismos que temem o *sonho*, não o impossível, pois que esse não deve sequer ser sonhado, mas o sonho que se faz possível, em nome das adaptações fáceis às ruindades do mundo capitalista (Freire, 1992: 179).

Mas essa visão não se limitava apenas à posição do autor. A obra pedagógica de Freire, tida como uma manifestação particular do pensamento dialético, o aproxima do pensamento marxista. É o caso, dentre outros, do estudo de Schmied-Kowarzik. Nesse trabalho, que traz o título *Pedagogia dialética: de Aristóteles a Paulo Freire*, o autor enfatiza que o caráter problematizador do diálogo e a relação do trabalho educativo com a transformação da sociedade constitui a essência da obra de Freire. Nas palavras de Schmied-Kowarzik:

> A sua *Pedagogia do oprimido*, referida originalmente à alfabetização no plano da linguagem e da política da América Latina, será considerada aqui não enquanto modelo da educação de adultos no Terceiro Mundo, mas sob o aspecto da sua determinação dialética da experiência educacional, pois como tal ultrapassa a sua motivação concreta, apontando uma direção para a autocompreensão dialética de toda teoria da educação (Schmied-Kowarzik, 1883: 69).

A *concepção dialética da educação* pensada por Freire reside no caráter eminentemente revolucionário da pedagogia e no caráter eminentemente pedagógico da revolução. A propósito, Paulo Freire, ao dialogar com Gadotti e Sérgio Guimarães, enfocou assumidamente essa concepção ao dizer:

Quando estou discutindo com estudantes a significação mais profunda da educação à luz dessa compreensão realista, crítica e materialista da história, a minha preocupação não é convencê-los da verdade do que Marx disse, mas contribuir com esse convencimento para que eles engrossem amanhã a *luta pelo vencer*, no sentido de mudar a história. Sou também político, portanto, e *sou político na própria especificidade da pedagogia*. É isso que eu gostaria de deixar claro. É óbvio que nem todos pensam como eu, e no Brasil há muita gente que não pensa igual a mim. Eu penso assim, e me sinto profundamente político mesmo quando me encontro no *espaço da pedagogia* (Freire et alii, 1986: 31).

A *relação teoria e prática* no pensar de Freire "o insere no contexto da práxis política como momento de uma teoria das ações culturais revolucionárias" (Schmied-Kowarzik, 1983: 71), por meio *da dialética do diálogo libertador*, uma das diretrizes postas para as reflexões e as ações práticas educativas. De resto, é como nos fala Gadotti,

Marx apenas esboçou a sua teoria da educação. A concepção dialética da educação teve, depois dele, a contribuição de numerosos filósofos e educadores. Esses teóricos da educação puderam mostrar, sobretudo no século XX, os desdobramentos das primeiras teses de Marx a respeito da educação. De um lado, demonstraram o caráter de classe da educação burguesa e a mistificação de sua pedagogia. De outro, apontaram para as possibilidades de associar as lutas sociais e pedagógicas, abrindo caminho para uma educação emancipadora, isto é, uma educação voltada para um futuro com eqüidade e justiça para todos (Gadotti, 1995: 201).

Paulo Freire foi um desses educadores.

Diante do exposto e para o que interessa discutir, resta saber se a matriz freireana da educação, uma das diretrizes postas às experiências educacionais, serviu de parâmetro para a construção de propostas teórico-metodológicas do movimento sindical. Para isso, recorro às principais teses que serviram de sustentação à concepção freireana de educação, com o intuito de, à luz dessas idéias, interpretar algumas das propostas político-pedagógicas da formação sindical docente. Ou seja, se a tentativa é encontrar pontos comuns entre o pensamento freireano e a forma de expressão política do movimento, elucidar algumas das principais teses do educador Paulo Freire parece ser imprescindível, uma vez que parto da hipótese de que a categoria sindical docente recebeu influência da pedagogia freireana no processo de sua organização política. Ressalto, todavia, que, ao demonstrar a hipótese que defendo, não sustento que haja uma exclusividade do pensamento de Paulo Freire na formação do sindicalismo docente: defendo a hipótese de que esse educador exerceu forte influência nessa categoria sindical.

Embora alguns autores tenham identificado, na década de 1980, além da matriz freireana, as matrizes marxistas e da educação popular, como responsáveis pela formação sindical no país,[18] prefiro enfocar a matriz da pedagogia freireana, sem, contudo, desconhecer a inter-relação estabelecida entre essa última e as demais. Não apenas por tudo que já foi exposto, mas principalmente por considerar extremamente delicada a análise em separado dessas matrizes, sobretudo a separação entre a matriz discursiva da pedagogia freireana e a matriz da educação popular, a menos que isso se justifique por alguma razão metodológica. Entendo que ambas estão de tal forma *intrinsecamente relacionadas* que seria improdutivo desconsiderar o diálogo que elas mantêm. Isso por um lado.

Por outro lado, penso que é exatamente a recriação, a reformulação, a ampliação do conhecimento a partir da concepção freireana de educação que justifica o próprio pensar do educador Paulo Freire, tornando-o vivo, original e atual entre nós. Em outras palavras, não será a tentativa de "depuração" do seu pensamento ao isolá-lo dos demais (aqui referidos) que o tornará mais legítimo e, portanto, apto a ser analisado. Ao contrário, é o avanço do conhecimento a partir do saber instituído que o tornará autêntico, porque mutável. Daí por que, ao respeitar a trajetória teórico-metodológica de cada um, opto por percorrer um outro caminho, na tentativa de contribuir minimamente para essa discussão.

Apontar as *principais teses que sintetizam o pensamento de Paulo Freire* sobre a educação não é tarefa das mais fáceis. A tentativa de extrair de sua obra as principais teses que a constituem justificaria certamente uma nova pesquisa, dada a sua abrangência e a riqueza de sua produção intelectual. De resto, de certa forma, essa tarefa já foi realizada por meio dos inúmeros trabalhos intelectuais produzidos a partir e sobre o seu pensamento. Somando-se a esses aspectos o fato de não ser essa

---

18. Refiro-me especificamente ao recente trabalho de Sílvia Maria Manfredi, *Formação sindical no Brasil: história de uma prática cultural*, 1996 e ao trabalho de Eder Sader, *Quando novos personagens entram em cena; experiências, falas e lutas dos trabalhadores da Grande São Paulo 1970-1980*, 1988.

a minha preocupação específica, interessa-me destacar algumas teses que constituem o legado de Paulo Freire, por entender ser essa uma condição essencial à compreensão da minha abordagem.

Embora a referência ao pensamento de Paulo Freire sobre a educação reporte-se normalmente à obra *Pedagogia do oprimido*, de 1970, a origem de suas idéias remonta a 1959, em *Educação e atualidade brasileira*".[19] Essa não é uma descoberta minha; a ela cheguei como que para comprovar as afirmações do professor Celso Beisiegel, em uma de suas valiosas preleções sobre o pensamento do educador Paulo Freire.[20] Verdadeiramente, o referido texto já continha, naquela época, as teses que foram desenvolvidas depois pelo educador. Destaco algumas delas:

Sobre educação

> Parece-nos que uma das fundamentais tarefa da educação brasileira, vista sob o ângulo de nossas condições faseológicas atuais, será, na verdade, a de criar disposições mentais no homem brasileiro, críticas e permeáveis, com que ele possa superar a força de sua "inexperiência democrática". Superar esta força e, perdendo o quase assombro em que se acha hoje, inserir-se à vontade no clima da participação e da ingerência. E isto em todos os graus: no da educação primária, no da média, no da universidade, e em qualquer tipo de ensino (Freire, 1959: 87).

Sobre a concepção de homem

> A possibilidade humana de existir — forma acrescida de ser — mais do que viver, faz do homem um ser eminentemente relacional. Estando nele, pode também sair dele. Projetar-se. Discernir. Conhecer. É um ser aberto. Distinguir o ontem do hoje. O aqui do ali. Essa transitividade do homem faz dele um ser diferente. Um ser histórico. Faz dele um criador de cultura (Freire, 1959: 8).

---

19. Tese de concurso público para a cadeira de História e Filosofia da Educação na Escola de Belas-Artes de Pernambuco, Recife, 1959.

20. Refiro-me ao curso por ele ministrado, "Sociologia da Educação V", na Faculdade de Educação da USP, em 1997.

A relação do homem com a sociedade

> Ao se estudar o comportamento do homem, a sua capacidade de aprender, a licitude do processo de sua educação, não é possível o esquecimento de suas relações com a sua ambiência. Disto ressalta a sua inserção participante nos dois mundos, sem, todavia, a sua redução a nenhum deles. A sua inserção no mundo da natureza, pelas suas características biológicas. A sua colocação no cultural, de que é criador, sem a sua redução a um objeto de cultura (Freire, 1959: 8).

Nessas posições iniciais, deve-se relevar que, já naquela época — 1959 —, Paulo Freire explicitava a sua concepção de homem, de sociedade, de educador, reafirmando-a, como vimos no seu último trabalho, 37 anos depois. A atualidade dessas e de outras teses por ele defendidas justifica talvez a sua insistência em mantê-las vivas entre nós, mesmo que por elas tenha recebido críticas — acusadas de repetitivas, ultrapassadas, enfadonhas. Embora não tendo a intenção de responder diretamente a essas críticas, no seu último livro *Pedagogia da autonomia*, Paulo Freire posiciona-se:

> Não creio, porém, que a retomada de problemas entre um livro e outro e no corpo de um mesmo livro enfade o leitor. Sobretudo quando a retomada do tema não é pura repetição do que já foi dito. No meu caso pessoal, retomar um assunto ou tema tem que ver principalmente com a marca oral da minha escrita. Mas tem que ver também com a relevância do tema de que falo e a que volto no conjunto de objetos a que direciono minha curiosidade. [...] É nesse sentido, por exemplo, que me aproximo de novo da questão da inconclusão do ser humano, de sua inserção num permanente movimento de procura, que rediscuto a curiosidade ingênua e a crítica, virando epistemológica (Freire, 1997: 14).

Decerto, somos levados a concordar com o professor Balduíno Andreola, quando afirma que há pensamentos que incomodam um certo tempo e depois se acomodam. O pensamento de Paulo Freire, contudo, continua incomodando, por isso mantém-se sempre atual (Andreola, 1996).

Embora o conceito de educação seja genérico, ele abrange processos educativos diversos, como bem lembra o professor Celso Beisiegel em seu trabalho *Cultura do povo e educação popular*. A educação defendida por Paulo Freire era eminentemente político-pedagógica. Rompendo com a educação elitista, com a educação "bancária", ele manifestava o seu comprometimento com as classes populares, por meio de uma educação "problematizadora". Uma educação que se fundamenta na relação dialética entre aquele que ensina, porque aprende, e aquele que, ao aprender, também ensina. A relação dialógico-dialética entre educador-educando encerra uma opção política, uma opção de classe.

Para Freire, o entendimento da *educação como um ato político* constitui um dos limites à prática do educador. É dele a advertência:

> A compreensão dos limites da prática educativa demanda indiscutivelmente a claridade política dos educadores com relação a seu projeto. Demanda que o educador assuma a política da sua prática. Não basta dizer que a educação é um ato político, assim como não basta dizer que o ato político é também educativo. É preciso assumir realmente a política da educação (Freire 1993: 46).

Residia aí a necessidade da politicidade do processo pedagógico, uma vez que a compreensão dos problemas educacionais alargava-se para as esferas sócio-político-econômica e culturais da sociedade.

A prática educativa, enquanto prática política, cria vivências, relações; não só transmite conteúdos. Lembro-me de quando, em entrevista que fiz com Paulo Freire, ele afirmava enfaticamente:

> Se você, como educadora popular, só se preocupar na escola pública em dicotomizar, ou seja, em separar o movimento de testemunhos ou rebeldia do momento de ensinar o conteúdo, você não faz nem uma coisa nem outra, ou melhor, você faz uma coisa inócua (Vale, 1992: 75).

A preocupação com a *leitura crítica do mundo* (mesmo que as pessoas não façam ainda a leitura da palavra) foi uma constante no seu pensamento. Daí por que, para ele, a educação popular, sem descuidar da preparação técnico-profissional dos grupos populares, não pode aceitar a posição de neutralidade política com que a ideologia modernizante entende a educação.

O papel dos educadores é *reinventar a educação, reinventando a política*. Essa tarefa implica entendermos que estaremos atuando na contramão da cultura dominante, não na contramão de história. Significa ainda reconhecermos que somos seres condicionados genética, cultural e socialmente, porém não determinados. A história é tempo de possibilidade, e não de determinismo.

Paulo Freire, ao assumir um modo de pensar e de fazer educação, constatou que refletir não é privilégio de determinada classe social, mas de todos os homens. Porém, não basta apenas refletir; é necessário que a reflexão do homem venha acompanhada de uma *ação consciente sobre o real*. O processo de conscientização, de que apenas o homem é merecedor, contribui de forma decisiva para o seu reconhecimento enquanto sujeito histórico. Em outras palavras,

> enquanto o ser que simplesmente vive não é capaz de refletir sobre si mesmo e saber-se vivendo no mundo, o sujeito existente reflete sobre sua vida, no domínio mesmo da existência e se pergunta em torno de suas relações com o mundo (Freire, 1997: 66).

Assim, o homem passa a ser um agente histórico capaz de, estando no mundo, estabelecer com ele uma relação, recriando-o. A relação dialética do homem com o mundo dá-se por meio de uma prática reflexiva na busca de uma transformação social, ou seja, dá-se por meio da consciência crítica, da conscientização.

Contudo, há *estágios de consciência*. Segundo Paulo Freire, a consciência humana passa por diferentes estágios: a consciência intransitiva e a consciência transitiva. Discutindo-os, já no seu primeiro trabalho *Educação e atualidade brasileira*, de 1959, explicita seu entendimento.

> A primeira postura se caracteriza pela quase centralização dos interesses do homem em torno de formas mais vegetativas de vida [...] Falta-lhe historicidade, ou, mais exatamente, teor de vida em plano mais histórico. [...] A segunda posição se caracteriza, ao contrário, por preocupações acima de interesses meramente vegetativos. Há uma forte dose de espiritualidade, de historicidade, nessas preocupações. Nestas circunstâncias, o homem alarga o horizonte de seus interesses. Vê mais longe (Freire, 1959: 29).

No entanto, apesar de a consciência nesse segundo estágio ser considerada transitiva, ela apresenta igualmente novos estágios. A transitividade ingênua, cuja característica encerra-se na simplicidade com a qual o homem interpreta os problemas históricos, e na transitividade crítica, que se caracteriza pela profundidade na interpretação, pela segurança nas argumentações, pelos debates, pela inquietude. Na passagem de um nível para outro é que se coloca o problema da educação. No caso, uma educação eminentemente crítica.[21]

À *ação educativa problematizadora* caberia contribuir para a passagem do nível de consciência intransitiva (mágico-ingênua) para um estágio de consciência transitiva (consciência crítica). Na prática da educação problematizada, Paulo Freire defendia "a importância fundamental da 'conscientização' e insistia em afirmar que o diálogo era o caminho para alcançá-la" (Beisiegel, 1992: 275).

> Na concepção de Paulo Freire, o diálogo é uma relação horizontal. Nutre-se de amor, humildade, esperanças, fé e confiança. Ele retoma essas características do diálogo com novas formulações ao longo de muitos trabalhos, contextualizando-as. Assim, por exemplo, ele se refere à experiência do diálogo, ao insistir na prática democrática na escola pública: "é preciso ter coragem de nos experimentarmos democraticamente". Lembra ainda que "as virtudes não vêm do céu nem se transmitem intelectualmente, porque as virtudes são encarnadas na práxis ou não", como disse em palestra realizada na abertura da primeira sessão pública do Fórum de Educação do Estado de São Paulo, em agosto de 1983 (Gadotti, 1996: 84).

Na verdade, não apenas o diálogo, mas também a participação, a democracia, a cidadania, a luta pela justiça social, pela libertação, pela emancipação dos oprimidos sempre estiveram presentes nas reflexões de Paulo Freire, como fundamentais à criação de uma contracultura.

Ainda em 1959, no trabalho a que fiz referência, afirmava:

> Interessou-nos sempre, e desde logo, a experiência democrática através da educação. Educação da criança e do adulto. Educação democrática que fosse, portanto, um trabalho do homem com o homem e nunca um trabalho verticalmente do homem sobre o homem ou assistencialmente do homem para o homem, sem ele (Freire, 1959: 12).

Transpondo essas preocupações de 1959 para o âmbito da relação dialógica entre o educador e o educando, o professor Paulo Freire,

---

21. Essa preocupação de Freire não ficou restrita ao seu primeiro trabalho. Ao contrário, é possível encontrá-la noutros momentos de sua obra, oportunizando novos estudos interpretativos a partir dele. É o caso, por exemplo, dos trabalhos de Admardo Serafim de Oliveira, *Educação; redes que capturam caminhos que se abrem...*, 1996 e de Celso de Rui Beisiegel (1989).

em 1981, logo depois do seu retorno ao Brasil, reforçou essa defesa ao falar aos educadores mineiros:

> E, numa perspectiva que eu costumo chamar de libertadora, mesmo que eu não pense que a educação é a alavanca da transformação da sociedade, a relação entre a educadora e o educando terá necessariamente que ser uma relação de desafio à criticidade dos educandos, e não uma relação de apassivamento dos educandos. [...] A criatividade dela e dos educandos, não apenas a criatividade dela ou dos educandos sem ela. Eu não defendo a tese da anulação completa da educadora diante dos educandos. O que eu defendo é uma espécie de ausentar-se para ficar, e não uma tentativa de ficar, saindo (Freire, 1981: 3).

Nesse modo de entender a relação educador-educando, ele reafirma a necessidade da *relação dialógica* entre ambos, sem, contudo, negar a autoridade do educador. O respeito ao educando, ao seu saber, convive com a autoridade do educador.

Em 1996 — 37 anos depois do seu primeiro posicionamento — reafirma, mais uma vez, o seu entendimento de que: "O sujeito que se abre ao mundo e aos outros inaugura com seu gesto a relação dialógica em que se confirma como inquietação e curiosidade, como inconclusão em permanente movimento na História" (Freire, 1997: 154).

Enfim, seria desnecessário continuarmos refletindo sobre as teses contidas na obra de Paulo Freire e seus desdobramentos, isso porque, como referimos, além de ser uma questão já amplamente trabalhada no meio educacional, foge aos propósitos deste trabalho. Não é o caso, portanto, de repeti-las aqui. Importa dizer que a hipótese que defendo (qual seja, a presença das idéias político-pedagógicas de Paulo Freire na formação do movimento sindical docente) exige esse esforço de análise, para clarificar os critérios adotados quando da leitura e análise das entrevistas realizadas com as lideranças sindicais do país.

Capítulo 4
A PRESENÇA DO PENSAMENTO FREIREANO NA FORMAÇÃO SINDICAL DOCENTE

4.1. O exercício de práticas democráticas numa sociedade em conflito

No caminhar político do sindicalismo docente, o *exercício do diálogo* parece ter sido indispensável para o estabelecimento de relações com outros setores sociais, tanto no que concerne à defesa dos interesses do magistério, especificamente, quanto no que concerne a acordos ou até mesmo à participação do sindicalismo docente na busca de interesses sociais mais amplos. No entanto, essa prática, por estar diretamente ligada a determinada concepção política do movimento, nem sempre foi uma constante na categoria. Ao contrário, a história registra períodos em que o sindicalismo docente, no seu relacionamento com o Estado, adotava uma prática de enfrentamento e de contestação, em detrimento de qualquer tentativa de diálogo mais tolerante.

Especificamente na relação do sindicalismo com o Estado, um dos seus principais opositores, esse exercício exige um fôlego que muitas vezes extrapola as condições reais da categoria. O *exercício do diálogo* em uma sociedade em *conflito* não é uma questão simples. Tratando-se de um Estado capitalista, está posto o desafio de compreender e considerar as ambigüidades, contradições, conflitos e especificidades da relação entre o Estado e as organizações sociais. Isso porque a dinâmica contraditória das classes sociais presente no Estado capitalista é responsável pelos conflitos de interesses advindos das alianças entre frações de classe, evoluindo a intensidade desses conflitos segundo os diferentes contextos em que se apresentam. A flexibilidade da relação entre Estado e sindicato docente provém das diferentes formas que assume o Estado para manter-se e da força de intervenção das ações sindicais. Vivemos em uma sociedade marcada por conflitos e por contradições. Nesse jogo de tensão permanente, pensar em alternativas às mazelas que assolam essa mesma sociedade significa, antes, entendê-la dentro da complexidade, contraditoriedade e ambivalências que perpassam o tecido social. Nesse campo, a relação dialética entre o diálogo e o conflito é imprescindível ao avanço sindical.

É nesse contexto que a *estratégia dialógica* deve considerar a suspeita, a desobediência, o conflito. Como afirma Moacir Gadotti,

> o diálogo não pode excluir o conflito, sob pena de ser um diálogo ingênuo. Eles atuam dialeticamente: o que dá força ao diálogo entre os oprimidos é a sua força de barganha frente ao opressor. É o desenvolvimento do conflito com o opressor que mantém coeso o oprimido com o oprimido (Gadotti, 1995: 18).

De fato,

> essa sociedade tão heterogênea quanto desigual nas formas de distribuição e acesso a bens e recursos, em que as diferenças são também ou sobretudo desenhadas pela ordem das carências acumuladas no correr dos anos, vem dando lugar a uma conflituosidade inédita que atravessa todas as dimensões da vida social. É nessa dinâmica de conflitos que se ancoram esperanças de cidadania e generalização de direitos. Mas é também nela que os problemas se situam em um contexto no qual se redefinem as relações entre Estado, economia e sociedade, por conta de transformações econômicas e sociais que escapam a mecanismos institucionais de regulação e ordenamento das relações sociais (Telles, 1994: 95).

Ou seja, o que está sendo posto é a possibilidade de *a cidadania* enraizar-se entre as práticas sociais em uma sociedade em conflito, por meio da construção de novos espaços, inclusive públicos. Esse vem a ser um dos desafios da dinâmica societária contemporânea.

Em razão disso, tomando como referência as condições históricas estruturais da sociedade brasileira hoje (fato já mencionado no Capítulo 2 deste livro), podemos perceber, como conseqüência, a projeção da crise política atual na dinâmica da sociedade brasileira. Contudo, contraditoriamente, essa crise reatualiza elementos capazes de possibilitar a *construção de espaços públicos*. Pensando assim, Telles enfatiza experiências e acontecimentos sociais que se renovam na prática da representação, interlocução e negociação de interesses, o que, de certa forma, é questionado e tido por vezes como "movimento de superfície".

Na *esfera do trabalho*, essa possibilidade se apresenta na medida em que os acordos setoriais, fundados em bases conflituosas de negociação, ao redefinirem a relação entre capital e trabalho, renovam a relação entre o público e o privado, entre economia e direitos, acumulação e eqüidade, sempre em nome de uma modernização necessária. As *lutas sindicais*, ao incorporarem a questão do meio ambiente e da qualidade de vida na agenda de reivindicação, além de reafirmarem o valor de bem comum, identificam-se com populações afetadas por empresas poluidoras e depredadoras do meio ambiente. Na definição de responsabilidades, negocia-se com setores públicos, empresas, sindicatos e organizações da sociedade.[1] Para fundamentar sua argumentação, Telles recorre, por fim, a duas outras questões: as *lutas populares* e as *reivindicações urbanas*. Nesses espaços, antes marcados pela predominância do jogo bruto da força, vivencia-se hoje uma nova contratualidade, construída nas formas negociadas de arbitragem de conflitos. Enuncia-se

> uma jurisprudência informal que opera com critérios de justiça substantiva, reinterpreta princípios da lei e cria novos direitos com o que o próprio sentido da lei se redefine com referência pública de legitimação de demandas diversas e generalizações de direitos (Telles, 1994: 99).

Daí por que, como já apontei, alteram-se as relações dos movimentos organizados com o Estado. Ao se abrirem à participação popular, imprimem novas formas de negociação, dessa feita mais descentralizadas e pluralizadas na busca da conquista de seus direitos.

---

1. A esse respeito, Fábio Konder Comparato, *Para viver a democracia*, 1989, ao defender direitos da humanidade (terceira geração dos direitos humanos), nos faz um alerta. Para ele, qualquer que seja o titular dos direitos à preservação do meio ambiente, parece óbvio que a pretensão deva dirigir-se contra o governo da nação, em cujo território ocorrem os atentados ao equilíbrio ecológico. Igualmente, parece claro que a eliminação do atentado a esse direito da humanidade só é possível a partir da aplicação de uma política pública capaz de englobar aspectos punitivos, educacionais, agrários e financeiros, o que passa por uma ação estatal.

Pelo exposto, podemos abstrair que, para além da possibilidade de construção de espaços públicos pela sociedade civil, notamos dentre as fragilidades, contradições e ambivalências dessas e de outras experiências que despontam na esfera social, a emergência de uma outra face da sociedade, qual seja aquela que concebe o *direito* como *prática construída* a partir da referência dos conflitos e das diversidades presentes entre os valores e os símbolos dos diversos grupos da sociedade. Nessa ótica, a visão que restringe a concepção do direito às leis e às instituições, ainda fortemente presente em nosso meio, vai dando lugar a uma nova visão conceitual: o entendimento do direito e da lei como mediação à construção da cidadania e da democracia política e social.

Contudo, é importante lembrar que nossa sociedade não registra, na sua formação, a utilização do direito e da lei em conformidade com esse entendimento. Se hoje é possível falar em alternativas a essa concepção, isto não significa que ela permeie a grande totalidade dos espaços sociais. Ao contrário, trata-se de um movimento novo e limitado, porque limitado é o país, em que grande parte da população nem ao menos se reconhece como cidadã. Uma sociedade em que ainda buscamos aquele que é o fundamento, o sustentáculo de todos os direitos — o direito à vida. O respeito à integridade física e psíquica do ser humano vem a ser um princípio basilar, sem o qual não tem sentido lutarmos pelos direitos às liberdades individuais, pelos direitos sociais e pelas exigências de ordem coletiva. Para usarmos uma expressão de Comparato (1989), uma sociedade em que a "estraneidade dos direitos humanos" ainda é uma realidade concreta. "Daí sobrelevar-se a importância da educação política como condição inarredável para a cidadania ativa — numa sociedade republicana e democrática" (Benevides, 1996: 194).

É importante não perder de vista também que os direitos humanos, enquanto direitos históricos, surgiram (e surgem) como fruto das lutas travadas pelos homens na busca da sua própria emancipação ou na busca de transformação das condições de vida. A evolução histórica dos direitos humanos, segundo Candau (1995), corrobora essa afirmação. Ao nos remeter às razões conceituais desses direitos, o autor acaba por justificar a busca incessante dos movimentos sociais, das organizações sindicais pela conquista de velhos e renovados direitos. Como a história, os direitos humanos são transitórios, mutáveis, sujeitos a transformações e ampliações. Sob essa ótica, a Declaração Universal representa a consciência histórica que a humanidade tem dos próprios valores fundamentais na segunda metade do século XX. É uma síntese do passado e uma inspiração para o futuro: mas suas tábuas não foram gravadas de uma vez para sempre (Bobbio, 1992: 34).

A consciência da historicidade da Declaração Universal é algo profundamente positivo para a humanidade, na medida em que possibilita incorporar novas necessidades das sociedades, novas demandas por liberdade, por poderes, por valores éticos, culturais e políticos — exigências do mundo atual. Em uma palavra, a historicidade dos direitos humanos é que assegura a sua própria temporalidade.

Falar em direito significa falar em democracia, cidadania; significa também assumir que não há cidadania sem garantia de direitos. Para Maria Vitória Benevides, a cidadania, entendida como princípio de valor democrático, "não é 'um favor' e, muito menos, uma imagem retórica" (Benevides, 1996: 19). Para ela, a *cidadania ativa* é a realização concreta da *soberania popular* e implica a *participação popular* como possibilidade de criação, transformação e controle sobre o poder ou os poderes. Esse vem a ser igualmente o caminho para a ampliação dos espaços democráticos. Como processo e criação, a ampliação dos espaços democráticos dá-se não apenas por meio da ocupação dos espaços já existentes, mas pela criação de outros, novos.

É bem verdade que a maioria dos cidadãos pouco se preocupa com a *ação política*, como nos lembra Canivez. "Mas isso não altera a definição que faz da participação na vida pública uma possibilidade e não uma obrigação" (Canivez, 1991: 31). É essa possibilidade, esse vir a ser, que me leva a conceber a educação como um canal, dentre outros, capaz de contribuir para a formação de uma cidadania ativa, condição fundamental e imprescindível à construção do processo democrático. Certamente, essa não é uma dedução original. Bobbio, ao analisar a discrepância entre os ideais democráticos e a democracia real, já cobrava, dos seus defensores e da própria democracia, *promessas não cumpridas*, entre elas, a da *educação para a cidadania*.

> Nos dois últimos séculos, nos discursos apologéticos sobre a democracia, jamais esteve ausente o argumento segundo o qual o único modo de fazer com que o súdito transforme-se em cidadão é o de lhe atribuir aqueles direitos que os escritores de direito público do século passado tinham chamado de *activae civitatis* [em latim, "cidadania ativa, direitos

do cidadão", segundo nota da tradutora da edição]; com isso, a educação para a democracia surgiria no próprio exercício da prática democrática (Bobbio, 1986:31).

Quanto à democracia, é dele a afirmação de que ela "não goza no mundo de ótima saúde, como de resto jamais gozou no passado, mas não está à beira do túmulo" (Bobbio, 1986: 9).

A importância atribuída à educação não nos permite afirmar que ela tudo pode. Mesmo reconhecendo os limites próprios da educação, estou convencida de que ela representa um enorme peso na ampliação dos espaços democráticos. Parece ser esse também o pensamento do movimento dos educadores em todo o país. Seja atuando nas esferas formais de ensino, nas organizações de bairros, nas instâncias sindicais, nos espaços das organizações não-governamentais e em outras esferas sociais, a verdade é que se presencia um significativo envolvimento dos segmentos sociais no campo educacional, o que confirma seu valor e potencial. A história da organização dos educadores no Brasil (principalmente nas últimas décadas) comprova esse fato, embora a atuação dos educadores venha acompanhada de períodos de maior ou menor interferência no tecido social. Mesmo assim, reconhecendo as enormes lacunas da educação brasileira e as fragilidades das organizações sociais na atual conjuntura, e, acima de tudo, considerando o cancro do analfabetismo em nosso país, não podemos desconhecer as iniciativas e as diferentes formas de atuação da sociedade civil nesse campo específico, apesar dos limites que ainda apresentam. Decerto, o fato de essas experiências se realizarem à margem da mídia, assegura, sem dúvida alguma, um enorme desconhecimento, pela população, das iniciativas existentes, o que não significa negá-las, nem muito menos justifica o nosso não-reconhecimento.

A propósito, quando Comparato afirma que "a política hoje se faz no espaço dos meios de comunicação de massa"[2] (Comparato, 1998: 126), ele corrobora essa preocupação, a qual, seguramente, não é só nossa. Para ele, no campo das prioridades de modificação do sistema

---

2. No Brasil, segundo Fabio Konder Comparato em *Para viver a democracia*, p. 127, "conseguiu-se sem maiores percalços colocar em prática o sistema democrático formal de realização periódica de eleições com a manutenção imutável do sistema de dominação oligárquico". Essa prática é possível graças ao pacto estabelecido entre os donos de órgãos de imprensa, rádio e televisão, e os governantes. Nessa "parceria", todos ganham. Além do *status* e o prestígio social os ganhos são também econômicos e políticos.

oligárquico brasileiro, a *democratização dos meios de comunicação* aparece em primeiro lugar. Fazendo uma cobrança às poucas experiências da esquerda no poder no Brasil, mais especificamente ao PT, o autor afirma a necessidade de fazer-se um outro tipo de *política pedagógica* — a educação cívica. É preciso o acesso ao

> direito de antena, ou seja, o direito efetivo, inarredável, de acesso regular a esses meios de comunicação por movimentos políticos, sindicatos, universidades, igrejas, ONGs, para que se estabeleça um verdadeiro espaço público e, portanto, se deixe de fazer a manipulação constante da opinião pública (Comparato, 1998: 128).

Infelizmente, essa é uma realidade que ainda está distante de ser vivida pela sociedade brasileira em sua totalidade. Mas, como afirma Chaui,

> os fatos falam mais alto que as idéias, sejamos marxistas. Os fatos começam a falar mais alto que o pensamento, e as pessoas começam a perceber que algo vai mal. O meu otimismo vem daí, da força dos fatos. As pessoas começam a se mexer. A sociedade começa a se mexer (Chaui, 1999: 28).

Não seriam esses momentos os de uma nova "travessia"?

Enfim, os diferentes enfoques aqui mencionados a respeito de democracia, cidadania, direitos, lei e educação estão de tal forma relacionados, que se torna impossível desconsiderá-los no complexo quadro de prioridades e desafios à constituição de uma sociedade democrática. Além do mais, quando o foco de discussão prioriza dois atores-chaves nesse processo — o Estado e o sindicalismo docente —, essa discussão torna-se extremamente necessária, mesmo que para isso tenha que eleger, ao discuti-las, apenas alguns aspectos pertinentes ao estudo em questão.

4.2. Paulo Freire e o sindicalismo docente

a) A relação dialética entre diálogo e conflito: uma reflexão teórica

Associada à discussão sobre a possibilidade de construção de novos e renovados espaços democráticos em uma sociedade em conflito, resta tecer algumas considerações acerca do que considero fundamental nessa questão: a *relação dialética entre diálogo e conflito*. O fato de me propor a refletir sobre a presença do pensamento freireano na formação sindical docente impõe, de pronto, que me detenha mais verticalmente nesse aspecto como forma de situar o possível leitor ou leitora na *matriz que substancia a teoria e a prática de Paulo Freire*. Ao fazê-lo, coloco-me diante do desafio de entender a concepção desse educador sobre a relação dialética entre o diálogo e o conflito. Tenho consciência de que essa não é uma abordagem fácil; na verdade, ela própria justificaria uma nova pesquisa. Contudo, nos limites desse trabalho, enfocarei elementos essenciais componedores dessa matriz, com o intuito de, ao clarificá-la, relevar-lhe aspectos que considero imprescindíveis à sua compreensão. Isso por um lado.

Por outro, priorizo essa discussão por entender que a relação entre o Estado e o sindicato docente não é uma relação estática, mas dinâmica. A evolução desse movimento faz-se consoante os diferentes momentos históricos, oscilando em torno de duas categorias básicas: *o diálogo e o conflito*. Daí meu interesse em discutir especificamente essa questão. Outra vez reafirmo o entendimento de que, na relação com o Estado, o sindicalismo possui sua dinâmica própria, não devendo sua formação e prática exclusivamente à influência do pensamento de Freire. Contudo, se defendo a hipótese da presença da matriz freireana na formação do sindicalismo docente, certamente a matriz que substancia o pensar desse educador merece uma atenção especial.

Em primeiro lugar, entendo que a teoria que embasa o discurso freireano transcende a esfera pedagógica, muito embora seja ela o êmulo motivador da dinâmica do seu pensamento. Para Freire, a *educação é um ato de intervenção política* e também um dos canais capazes de criar e desenvolver a participação dos segmentos marginalizados da sociedade, dos oprimidos, na construção e realização de uma sociedade mais justa, mais humana e democrática. A conquista desses ideais não se limita apenas ao espaço escolar, mas estende-se por toda a sociedade por meio da organização dos diferentes segmentos que a compõem, inclusive as *instâncias sindicais*. Nessa ótica, seu discurso é político, assim como político é o ato pedagógico. Daí por que, para ele, "a natureza do processo educativo sempre é diretiva, não importa se a educação é feita pela burguesia ou pela classe trabalhadora" (Freire et alii, 1986: 76). A questão que as distingue reside na "função social" que desempenham na sociedade. Assim sendo, não podemos falar em *educação* em uma sociedade profundamente marcada pelas desigualdades sociais; como propõe Brandão, devemos falar em *educações*. Para Carlos Rodrigues Brandão, *O que é educação*, 1981, "a educação existe em toda parte e faz parte dela existir entre opostos". E é precisamente desse entendimento que podemos falar na possibilidade de se reinventá-la — expressão tão cara a Paulo Freire. Nesse ponto, no que interessa, situo a pedagogia do conflito defendida por Gadotti. Para ele

> a *pedagogia do conflito* é essencialmente crítica e revolucionária. Isso significa que ela não esconde as relações existentes entre educação e sociedade, entre educação e poder, ou seja, ela não esconde o papel ideológico, político, da educação (Gadotti, 1984: 59).

Porém, ao fazer essa denúncia, ela não pode prescindir do *diálogo*, condição essencial à *comunicação*. Diálogo entre os iguais, entre os diferentes, até porque sozinho o homem pouco pode ou não pode nada. "No fundo, a pedagogia do conflito é dialógica, assim como o diálogo se insere no conflito" (Freire et alii, 1986: 123). Essa relação dialética entre diálogo e conflito constitui a essência do pensar freireano.

Inspirada em concepções marxistas, no método dialético, a teoria do conflito lida essencialmente com alguns temas específicos, dentre eles: alienação, exploração, poder, desigualdade social, contradição, transitoriedade e mudança. Com base nesses temas e a partir deles, os pedagogos do conflito defendem a possibilidade de repensar a educação em uma perspectiva dialética. "É precisamente o método dialético da pedagogia do conflito que permite explicar como a 'pedagogia do oprimido', defendida por Freire, leva a uma proposta emancipatória de educação" (Sander, 1984: 78). Nesse sentido, quando questionado sobre a possível oposição entre a pedagogia do conflito, defendida por Gadotti, e a pedagogia do oprimido, do diálogo, por ele proposta, Freire ensinava:

> Mas a Pedagogia do Conflito não pode prescindir do diálogo entre iguais e os diferentes que participam da luta, ou do grito, para botar abaixo o poder que nega a palavra. Ora, qual é o espírito fundamental da Pedagogia do Conflito, senão esse! E este é o espírito da concepção que tenho de diálogo também (Freire et alii, 1986: 123).

Ou seja, para ele, não existe diferença entre uma concepção e outra; no fundo, elas se relacionam dialeticamente, complementando-se.

O caráter político da concepção do diálogo em Freire fica claro a partir das suas primeiras obras: *Pedagogia do oprimido*, de 1975, e *Educação como prática da liberdade*, de 1976. Contudo, foi no seu livro *Extensão ou comunicação?*, de 1983, que ele dedicou um grande espaço à questão da comunicação, ao questionar especificamente o trabalho do agrônomo junto aos camponeses enquanto trabalho "extensionista". Para isso, fundamenta-se no princípio de que o *mundo de comunicabilidade* é o que transforma os homens em sujeitos, condição essencial à produção do conhecimento humano.

> A função gnosiológica não pode ficar reduzida à simples relação do sujeito cognoscente com o objeto cognoscível. Sem a relação comunicativa entre sujeitos cognoscentes em torno do objeto cognoscível desapareceria o ato cognoscitivo (Freire, 1983: 65).

Em outras palavras, o conhecimento resulta da interação entre sujeitos, da *intersubjetividade* entre os homens, mediatizado pelo objeto que se pretende conhecer. Enquanto processo de *co-participação* entre os sujeitos, o conhecimento novo só se da em uma relação de diálogo. É precisamente nesse aspecto que reside a questão política do ato de conhecer — ao lidar com o poder. Trata-se, portanto, de uma relação entre *sujeitos iguais*, abertos ao ato de conhecer, "um encontro de sujeitos interlocutores que buscam a significação dos significados" (Freire, 1983: 69).

Contudo, a importância do diálogo entre sujeitos iguais e em uma relação de igualdade, embora constitua a essência e o campo político-social da educação, só adquire significado para Freire na medida em que leva a *uma ação transformadora*. O caráter reflexivo, problematizador e de criticidade do diálogo em torno da realidade social deve vir acompanhado de uma ação transformadora. Ou seja, é a capacidade problematizadora do diálogo, seguida de uma ação transformadora, que assegura a *práxis educativa* defendida por Freire. A reflexão e a ação vêm a ser, para Freire, a essência da comunicação — estando ambas mediatizadas por signos lingüísticos. E acrescenta: "o que caracteriza a comunicação enquanto este comunicar comunicando-se, é que ela é diálogo, assim como o diálogo é comunicativo" (Freire, 1983: 66). O mundo humano é, para Freire, um mundo de comunicação.

Nesse aspecto, é possível identificar que o *diálogo comunicativo* de Freire aproxima-se do *agir comunicativo* da teoria de *Jurgen Habermas*. A teoria habermasiana baseia-se na crítica ao determinismo social da razão instrumental, cujo pressuposto fundante está centrado no processo de modernização e racionalização das sociedades capitalistas. A ciência e a técnica, em função dos imperativos da produção e do progresso técnico das forças produtivas, surge como exigência da produtividade, do mercado e do próprio consumo, de onde decorre e encontra sua justificativa enquanto razão instrumental. Transformando a natureza em um mero objeto, passível de dominação, a modernidade contrapõe o sujeito ao objeto. Assim, a natureza, destituída de qualquer valor e sentido, passa a ser determinada pela imposição e dominação do homem sobre o mundo por meio da sua consciência. A ciência, cujo valor encerra-se enquanto saber eminentemente instrumental, capaz de mediar a ação do homem sobre a natureza, adquire um valor técnico, na medida em que busca uma compreensão racional da realidade.

> De fato, a ciência moderna, associada à técnica, instaura-se como o único discurso competente sobre a existência objetivada, desconsiderando os demais aspectos de análise e interpretação da realidade como os aspectos prático-morais e prático-estéticos. Deste modo passa a se autolegitimar e substituir as questões valorativas próprias dos discursos práticos (moral e direito) por questões técnico-instrumentais, específicas das ciências empírico-analíticas, na lógica de um agir determinado pela racionalidade instrumental (Garcia, 1999: 62).

A ciência, concebida como ação instrumental, ao mediatizar a ação manipuladora do homem sobre a natureza, ilumina e determina sua práxis social. Uma práxis que se apóia no domínio técnico da ciência como determinante do processo de evolução social. Ou seja, a tecnocracia ou o controle tecnocrático da sociedade (fruto da conexão entre ciência e técnica) torna-se responsável tanto pela fundamentação e validação do conhecimento elaborado, quanto das normas que coordenam as relações sociais.

Com base nesses pressupostos, a contribuição do pensamento habermasiano, fundado em uma teoria social crítica, sustenta que a questão maior da relação entre teoria e práxis social não está centrada apenas na função da ciência enquanto poder técnico, mas no fato de que, assim procedendo, obscurece a distinção entre os poderes técnico e prático. Nesse sentido, o controle da sociedade não passaria pela relação e inter-relação entre os homens com respaldo em uma teoria vinculada a uma práxis social, o que implicaria certamente, um consenso racional dos cidadãos, mas pela nova função da ciência enquanto poder técnico capaz de atingir tecnicamente o controle da história. Ou seja, a crítica de Habermas, registrada em *Teoria e práxis*, diz respeito ao fato de que a redução positivista desvincula-se da razão

> a espontaneidade da esperança, dos posicionamentos e sobretudo a experiência da relevância ou da indiferença, da sensibilidade para o sofrimento e para a opressão, da paixão pela autonomia, da vontade de emancipação e da felicidade pela identidade encontrada (Habermas, *apud* Garcia, 1999: 69).

Em outras palavras, a redução positivista da razão tenta retirar do homem o que, para Freire, constitui uma *necessidade ontológica do ser, a esperança*. Explicita:

> [...] sem sequer poder negar a desesperança como algo concreto e sem desconhecer as razões históricas, econômicas e sociais que a explicam, não entendo a existência humana e a necessária luta para fazê-la melhor, sem esperança. [...] Como programa, a desesperança nos imobiliza e nos faz sucumbir no fatalismo onde não é possível juntar as forças indispensáveis ao embate recriador do mundo. Não sou esperançoso por pura teimosia, mas por imperativo existencial e histórico (Freire, 1992: 10).

À crítica à instrumentalização da razão enquanto uma razão desprovida do potencial de emancipação dos indivíduos, Habermas propõe:

> [...] por um lado, uma mudança de paradigma na teoria da ação: mudar da ação teleológica à *ação comunicativa*; e, por outro lado, uma mudança de estratégia na tentativa de reconstruir o conceito moderno de racionalidade que a descentração da compreensão do mundo torna possível. [...] O foco da investigação se desloca então da racionalidade *cognitivo-instrumental* à *racionalidade comunicativa*. Para esta o paradigmático não é a relação de um sujeito com algo no mundo objetivo, que se possa representar e manipular, mas a *relação intersubjetiva* que estabelecem os sujeitos capazes de linguagem e de ação quando se entendem entre si sobre algo. Neste processo de entendimento, os sujeitos, ao atuarem comunicativamente, se movem por meio da linguagem natural, se servem de interpretações transmitidas culturalmente e fazem referência simultaneamente a algo no mundo objetivo, no mundo social que compartilham e cada um a algo em seu próprio mundo subjetivo (Habermas *apud* Garcia: 1999: 77).

Com base nessa concepção, Habermas formula sua teoria da ação comunicativa. Uma teoria que se baseia no *mundo vivido*, no mundo das relações sociais, para o qual o

> agir comunicativo pode ser compreendido como um processo circular no qual o ator é as duas coisas ao mesmo tempo: ele é o *iniciador*, que domina as situações por meio de ações imputáveis; ao mesmo tempo, ele é também o produto das tradições nas quais se encontra, dos grupos solidários aos quais pertence e dos processos de socialização nos quais se cria (Habermas, 1989: 166).

Portanto, o agir comunicativo subtende a conexão entre a subjetividade e a intersubjetividade dos sujeitos por meio de um entendimento mútuo entre o mundo e o mundo da vida,[3] condição essencial que assumem os sujeitos sobre algo no mundo. À linguagem cabe a função de mediatizar essa interação. Para Habermas,

> os atos de fala não servem apenas para a representação (ou pressuposição) de estados e acontecimentos, quando o falante se refere a algo no *mundo objetivo*. Eles servem ao mesmo tempo para a produção (ou renovação) de relações interpessoais, quando o falante se refere a algo no *mundo social* das interações legitimamente reguladas, bem como para a manifestação de vivências, isto é, para a auto-representação, quando o falante se refere a algo no *mundo subjetivo* a que tem um acesso privilegiado (Habermas, 1989: 167).

Quando indagado sobre a transição do paradigma ligado à produção para o paradigma ligado à comunicação, expressão das suas obras, Habermas esclarece até que ponto a mudança de paradigma o afastava do Habermas materialista, por ele próprio enfatizado. A essa questão pondera:

> Desde as minhas primeiras publicações, entendi "materialismo" no sentido marxista como uma abordagem teórica que não simplesmente afir-

---

3. "O mundo da vida [para Habermas] constitui o contexto da situação de ação; ao mesmo tempo, ele fornece os recursos para os processos de interpretação com os quais os participantes da comunicação procuram suprir a carência de entendimento mútuo que surgiu em cada situação de ação. Porém, se os agentes comunicativos querem executar os seus planos de ação em bom acordo, com base numa situação de ação definida em comum, eles têm que se entender *acerca de algo no mundo*. Ao fazer isso, eles presumem um conceito formal do mundo (enquanto totalidade dos estados de coisas existentes) como aquele sistema de referência com a ajuda do qual podem decidir o que, em cada caso, é ou não é o caso" (Habermas, 1989: 167).

ma a dependência da superestrutura em relação à base, do mundo da vida em relação aos imperativos do processo de acumulação, como uma constante ontológica, mas ao mesmo tempo a explica e denuncia como função latente de uma formação social particular e historicamente transitória. [...] a mudança de paradigmas, de uma atividade voltada a um fim, a uma ação comunicativa, não significa, porém, que eu abandono a reprodução material do mundo da vida como referência privilegiada de análise. Continuo a explicar o modelo seletivo da modernização capitalista e as correspondentes patologias de um mundo da vida unilateralmente racionalizado nos termos de um processo de acumulação capitalista amplamente desvinculado de qualquer orientação por valores de uso (Habermas, 1987: 94-95).

Ainda nessa linha de compreensão e na busca de demonstrar a inter-relação entre o mundo da vida e o agir comunicativo, Habermas, em *O discurso filosófico da modernidade*, argumenta:

Naturalmente, um mundo de vida reproduz-se materialmente sobre os resultados e conseqüências das ações orientadas para objetivos, com as quais aqueles que pertencem a esse mundo da vida intervêm nesse mundo. Porém, essas ações instrumentais estão cruzadas com as ações comunicacionais, na medida em que representam a execução de planos que estão ligados aos planos de outros participantes em interações sobre definições comuns de situação e processos de comunicação. Por essa via também são associados ao meio do agir orientado para a comunicação problemas da esfera do trabalho social. Assim, também a teoria do agir comunicacional espera que a reprodução simbólica do mundo da vida esteja junto com a reprodução material daquele (Habermas, 1990: 296).

Assim é que,

sem negar a validade e a necessidade da ação instrumental para assegurar a reprodução material e institucional da vida (no interior do sistema econômico e político), Jurgen Habermas inverte a hierarquia dos tipos de ação, privilegiando a ação comunicativa em relação à instrumental, o que significa resgatar o potencial emancipatório da intersubjetividade e racionalidade comunicativa que podem desencadear dialeticamente as condições necessárias para o alcance de um entendimento não coagido dos indivíduos entre si, como para a identidade de um indivíduo que se entende de modo livre consigo mesmo, enquanto *ego*, e com o outro, enquanto *alter ego* (Garcia, 1999: 142).

Em outras palavras, significa o resgate de uma *práxis comunicativa* centrada no processo de inter-relação entre os sujeitos, por meio da intersubjetividade historicamente e socialmente gerada e na capacidade de interagirem, ao articularem valores e normas de comportamento e ao questionarem com argumentos sobre elas. A práxis comunicativa sobrepõe-se a uma práxis padronizada pela materialização das relações sociais, que entende o agir humano como algo controlado por mecanismos externos, burocratizados e, portanto, limitantes a uma racionalidade comunicativa. Contudo, a contribuição de Habermas a esse respeito sugere a existência de um potencial emancipatório e uma racionalidade, em estado prático, incrustados nas estruturas das interações lingüísticas desenvolvidas cotidianamente. Isto porque, para ele,

> o mundo da vida tanto constitui o contexto como fornece os *recursos* para o processo de compreensão. O mundo da vida forma um horizonte e ao mesmo tempo oferece uma quantidade de evidências culturais das quais os participantes no ato de comunicar, nos seus esforços de interpretação retiram padrões de interpretação consentidos. Também as solidariedades dos grupos integrados por valores e as competências de indivíduos socializados são, tal como os princípios culturalmente adquiridos, componentes do mundo de vida (Habermas, 1990: 278).

Ou seja, ao conhecer e compreender as agressões das estruturas do mundo da vida, os sujeitos exercitam uma práxis política centrada nas inter-relações, no entendimento mútuo regido pela razão comunicativa. As estruturas agressivas do mundo da vida não eliminam o potencial emancipatório da comunicação lingüística, porque o ser humano, em todas as suas dimensões, é transpassado pelo simbólico.

Enfim, embora tendo a clareza das implicações, desdobramentos e rigorosidade que a discussão sobre o agir comunicativo habermasiano exige, no que interessa destacar — qual seja a aproximação do pensamento de Freire no que se refere à sua concepção sobre a dialética do diálogo e a ação comunicativa de Habermas —, importa registrar que ambos vislumbram a necessidade da inter-relação do homem com o *mundo vivido*, a partir de uma relação intersubjetiva dos envolvidos. Mediatizado lingüisticamente, o exercício dialético do diálogo caminha na direção de uma práxis político-social comunicativa a partir das estruturas agressoras do mundo vivido, possibilitando um processo de conscientização e de descolonização dos homens e do próprio mundo. Nesse ponto, Freire e Habermas caminham juntos. Afinal, a relação dialógica torna-se viável na medida em que concebe a possibilidade de uma práxis política transformadora, libertadora. Para isso é fundamental que

> os homens, em seu processo, como sujeitos do conhecimento e não como recebedores de um "conhecimento" de que outro ou outros lhes fazem doação ou lhes prescrevem, vão ganhando "razão" da realidade. Esta, por sua vez, e por isso mesmo, se lhes vai revelando como um mundo de desafio e possibilidades; de determinismo e de liberdade; de negação e de afirmação de sua humanidade; de permanência e de transformação; de valor e desvalor; de espera, na esperança da busca, e de espera sem esperança, na inação fatalista (Freire, 1983: 84).

Adquirir *razão da realidade* significa, pois, reconhecer e saber lidar com a relação dialética entre o diálogo e o conflito. Esta vem a ser também a razão que fundamentou o pensar e a prática de Freire.

b) O diálogo e o conflito na prática sindical docente

Ao abordar essa questão, voltarei o olhar sobre a história do sindicalismo docente, no interior da qual se constroem o pensamento e as experiências de vida dos sujeitos que a constituem. Para isto, ao destacar algumas *ações práticas do sindicalismo docente* verificadas em diferentes momentos e conjunturas, tentarei estabelecer um *diálogo entre as práticas invocadas e as concepções teóricas que as embasam*. Isso porque o entendimento da estreita relação entre a teoria e a prática — condição essencial à interpretação e compreensão das práticas sociais (inclusive as sindicais) — leva-me a percorrer, além da trajetória até o momento aqui registrada, outro caminho: o do diálogo mais direto com o objeto da pesquisa: o sindicato docente. Ao fazê-lo (sem com isso dicotomizar os momentos adotados até então na trajetória da pesquisa), além de recorrer ao relato e à interpretação de algumas ações implementadas por iniciativa dos sindicatos, *estabelecerei um diálogo com lideranças sindicais docentes do país*. Acredito ser essa uma forma de trazer para o centro das nossas reflexões *o sindicato docente* e de estabelecer uma interlocução com seus *dirigentes*, em torno das questões educacionais e, principalmente, em torno da hipótese que move este estudo.

Antes, porém, de abordar algumas das experiências sindicais, é imprescindível reafirmar que, por se tratar de práticas ligadas aos interesses de determinada categoria sindical (a docente), esse sindicato apresenta, na dinâmica do seu próprio movimento e, especificamente, na sua relação com o Estado, oscilações constantes entre o diálogo e o conflito. Os sindicatos, mantendo suas lutas e reivindicações, tendem a lidar com as contradições internas e externas à categoria, de acordo com a evolução histórica, com os representantes do Estado e com suas próprias condições formativas. Daí ser impossível afirmar que as divergências e conflitos encontram no Estado seu único espaço de manifestação, embora seja nesse espaço onde os conflitos mais se explicitam. Na verdade, a categoria docente, em sua história organizacional, apresenta conflitos e contradições internas que, uma vez instauradas, imprimem aos sindicatos um ritmo próprio, responsável por determinado tipo de relação entre eles, sindicalistas, e o próprio Estado. Nesse sentido, a chamada "crise" do sindicalismo docente, já mencionada aqui, insere-se, também, no campo de *conflitos internos*. Esses, somados às questões sociais mais amplas, fazem emergir, nos tempos atuais, indicadores responsáveis pela "perda de fôlego" da referida categoria.

A propósito, vale reforçar que indicadores como o esgotamento das greves, a ausência de diálogo com a população usuária das escolas públicas, as divergências político-ideológicas nas entidades, a distância entre as lideranças das associações/sindicatos e o professorado, são tomados como parâmetros para falar-se em "crise" no sindicato docente. Entretanto, esse entendimento não se esgota em si mesmo; ele não é único. É preciso registrar que outros enfoques estão sendo realizados, inclusive ampliados, notadamente no que se refere às *conseqüências dessa "crise" para o sindicalismo docente*, fato que merece uma atenção especial na nossa discussão.

Hoje, a constatação dos indicadores responsáveis pela "crise" atribuída ao sindicalismo docente vem estimulando pesquisas por parte dos estudiosos da questão e, principalmente, pelo próprio sindicato. Isto porque o que está posto para os sindicatos é que não basta a constatação dos fatores responsáveis pela atual situação de "crise" e de conflitos internos e externos em que se encontra a categoria. É preciso avançar na análise de suas causas, mas, sobretudo, das conseqüências herdadas pela categoria. Afinal, esse vem a ser um caminho necessário à sua superação.

Nesse sentido, destaco a recente pesquisa realizada pela CNTE e a Universidade de Brasília. Objetivando analisar as condições de trabalho e a saúde mental dos trabalhadores em educação da rede pública brasileira, a pesquisa entrevistou 52.000 sujeitos em 1.440 escolas espalhadas por todo o país num referencial de aproximadamente 1.800.000 educadores brasileiros.[4] A referida pesquisa, a primeira no país a ser promovida e financiada por uma entidade sindical interessada em compreender a saúde mental e as condições de trabalho dos seus trabalhadores, destaca-se por dois motivos: o primeiro, de certa forma já exposto, pelo fato de a CNTE ter se permitido ampliar o campo de suas investigações para além dos aspectos político-econômico e social — expressão de políticas de orientação neoliberal, o que, certamente, em muito contribui para fortificar sua base de intervenção; o segundo motivo, decorrente do primeiro, por haver se voltado para o estudo e a compreensão (e não apenas a constatação) das conseqüências dessa política para os profissionais da educação, notadamente para sua organização sindical.

À luz de teoria de *Burnout*,[5] o estudo constatou, nos profissionais da educação, "a síndrome da desistência do educador, que pode levar à falência da educação". No meu entender, a pesquisa revelou-se importante na medida em que desnudou o campo de tensão psicológica em que estão imersos os sindicalistas, notadamente nos momentos de virulência das lutas políticas. O desgaste emocional, por si só elemento facilitador de conflitos internos e externos à categoria, pode, seguramente, levar ao acirramento de divergências político-ideológicas nas entidades, na escola, entre os colegas, e mesmo na família. As crises ou rupturas "dos laços de sustentação emocional" dos sindicalistas podem igualmente levá-los à exaustão emocional, por si mesma responsável pela apatia, pelo desânimo, pelo fraco envolvimento nos movimentos sindicais. E, convenhamos, esses sentimentos são também bons indicadores explicativos da chamada "crise" em que se encontra essa categoria sindical.

Enfim, como "a rosa, é o nome da rosa (Humberto Eco), ao nomear o que sentimos podemos lidar com o que sentimos, podemos entendê-lo, enfrentá-lo, saber dos seus limites" (Codo, 1999: 240). Essa foi a grande contribuição da referida pesquisa. Nesse sentido, o reco-

---

4. Resultou da referida pesquisa o livro coordenado por Wanderley Codo, *Educação: carinho e trabalho*, 1999. A pesquisa em foco é tida como um grande estudo nacional realizado sobre saúde mental e trabalho de uma categoria profissional.

5. Por Burnout entende-se "uma síndrome do trabalho, que se origina da discrepância da participação individual entre esforço e conseqüência, percepção esta influenciada por fatores individuais, organizacionais e sociais" (Codo, 1999: 241).

nhecimento do esgotamento das greves no sindicalismo público, um dos indicadores da "crise" sindical docente aqui apontado é avaliado como um mecanismo de pressão que precisa ser revisto em virtude dos fracos resultados obtidos e do seu desgaste diante da sociedade, mas também é avaliado sob a ótica psicossocial, pelo desgaste emocional que provoca junto aos sindicalistas, e a conseqüente onda de conflitos que dela decorre, notadamente em situações de luta. Quer seja no trabalho (ao ser agredido pelos colegas contrários a essa forma de pressão, muitas vezes até para justificar as omissões), quer seja na família (pela ausência constante, em função da dedicação exclusiva ao sindicato), quer ainda no interior do próprio sindicato (cujo espaço, em um contexto de paralisação, faz aflorar, com mais intensidade, as divergências político-ideológicas), os sindicalistas, pressionados por uma tensão permanente de conflitos, explodem em uma forte onda de exaustão emocional.

A "síndrome da desistência do educador"[6] revela a angústia do "fracasso" do professor, levando-o a defender-se de diferentes formas, inclusive, afastar-se do sindicato em busca de novos espaços de atuação. Conforme apontado anteriormente, *a "crise" reatualiza elementos*, possibilitando o engajamento dos sindicalistas em outros espaços da vida social para além dos espaços dos sindicatos e das associações, voltando-se, inclusive, para o convívio da vida privada. A mudança na forma de engajamento é, certamente, motivo de conflitos para a categoria docente. A propósito, antecipando a "visão" das lideranças sindicais docente, afirma uma das nossas entrevistadas:

> Eu aprendi, nesses doze anos de liderança sindical, que, apesar do movimento sindical tomar quase todo o tempo da nossa vida, é preciso que a gente pense também na gente. O grande desafio, hoje, para os dirigentes e militantes sindicais, é conviver com essa exigência de dedicação exclusiva à militância, e a necessidade da sua vida pessoal, do seu estudo, do cuidado com a sua mente, com o seu corpo com a sua família (Sandra Rodrigues Cabral — Sintego, entrevista concedida, 1997).

Se é verdade que o quadro de conflitos internos e externos à categoria apresenta conexões com a questão da interação, da organi-

---

6. A referida síndrome, entendida como um conceito multidimensional, envolve três componentes: 1) exaustão emocional — situação em que os trabalhadores sentem que não podem dar mais de si mesmo afetivamente; 2) despersonalização, endurecimento afetivo, "coisificação" da relação; 3) falta de envolvimento pessoal no trabalho. O conjunto dessas interfaces constitui a síndrome do final do século atacando os trabalhadores.

zação e da mobilização social, também é verdadeira a afirmação de que essa realidade vem provocando no sindicalismo docente o reconhecimento e a necessidade de *criar alternativas à sua organização*, por meio de novos mecanismos de atuação, de comportamento e de formas de pressão.

> Fazer propostas concretas perante os problemas que enfrentam os trabalhadores em educação parece ser um caminho mais recomendável que meramente reivindicar. É necessário assinalar as formas de alcançar as demandas, os caminhos prováveis e possíveis, bem como transformar a atuação dos trabalhadores no sindicato de forma que imaginem o futuro, através de propostas concretas e específicas, desenhando paulatinamente a educação e a sociedade que se deseja (Codo, 1999: 310).

Esta vem a ser, nesse enfoque, uma *alternativa propositiva* reveladora para a organização sindical docente que, uma vez partindo da CNTE, ganha um peso incomensurável.

De resto, é como nos fala o presidente da CNTE, Carlos Abicalil, na apresentação que faz do livro que encerra a pesquisa em referência:

> É exatamente a afirmação da história, do conflito e da superação necessária de relações injustas para relações humanizadas que fez a decisão da CNTE e de suas 29 entidades filiadas em todo o país e que pautou o convênio firmado com o Laboratório de Psicologia do Trabalho da Universidade de Brasília — encaminhar-se para a mais ambiciosa e cortante pesquisa já realizada nesse campo do conhecimento de que se tem notícia. [E acrescenta] [...] O resgate da amorosidade, da cumplicidade, do carinho e da sedução como componentes intrínsecos do processo ensino-aprendizagem ganha uma consistência extraordinária que premia, mais uma vez, a sabedoria de Paulo Freire e inaugura outros pontos de vista importantes (Abicalil, 1999: 14).

De fato, o ponto de vista de que a "crise" no sindicalismo docente pode ser considerada como *momento de revisão e de redefinição das ações sindicais* é aqui reforçado.

Enfim, é precisamente nesse jogo de conflitos e oscilações que o movimento docente justifica sua dinâmica e evolução e é justamente nesse caminhar que o sindicalismo docente constrói seu pensar e define suas ações. Nesse percurso, o pensamento de Paulo Freire é muitas vezes invocado, renovando-se, atualizando-se, o que significa reafirmá-lo ou, se preferirmos, premiá-lo, para usar a recente expressão de Carlos

Abicalil. E é precisamente sobre parte desse percurso que importa refletir neste instante, retomando meu propósito inicial: dialogar com o sindicato docente.

Segundo Lopes Jr. (1992), no *Rio Grande do Norte*, um professor filiado à Associação dos Professores do RN, à época instância representativa da categoria docente, ao falar sobre sua prática pedagógica, afirma:

> Terminei o pedagógico e comecei a ensinar. Eu não tinha a menor preocupação em ter uma prática diferente daquela que me foi passada pelo curso. Eu queria que o aluno soubesse contar, soubesse ler, soubesse escrever, eu não tinha uma preocupação maior com a sociedade. Eu não tinha uma *visão de conjuntura*, de *crítica em relação a essa realidade* que tá aí, e foi no movimento que eu comecei a ver que tinha o outro lado da moeda. Minha prática começou a mudar, inclusive, até o método de ensino (Lopes Jr., 1992: 229).

Ora, o que esse professor está nos apresentando, ao refletir sobre a sua prática, é, entre outros aspectos, a consciência e a necessidade da politização do conteúdo, ou seja, a necessidade de associar-se ao conteúdo transmitido a leitura crítica do mundo. Afinal, a articulação entre o conteúdo transmitido e os acontecimentos históricos confere o caráter político das ações pedagógicas ministradas. Esse é, de resto, o entendimento do educador Paulo Freire, e não apenas isso, é uma das características da pedagogia por ele defendida.

Em *Santa Catarina*, a professora Maria das Dores Daros (1994), ao analisar a luta dos professores públicos do estado pela democratização da educação, lembra o XV Congresso Nacional de Professores. Realizado em Goiana, em 1982, o evento tinha Paulo Freire como patrono, e o tema Educação e Liberdade como foco das discussões — expressão, naquele instante, do sentido político das ações dos professores sindicalizados. O pronunciamento do professor Hermes Zanetti (presidente da CPB naquele período) reforça, igualmente, esse entendimento. São suas essas palavras proferidas na abertura do evento:

> Quando homenageia Paulo Freire a Confederação dos Professores do Brasil quer dizer que não aceita a tortura, o exílio, [...] a usurpação do poder pela força e a manutenção do poder à força e à revelia da vontade do povo brasileiro. Que a CPB exige educação livre numa sociedade livre, democrática, onde haja paz e justiça social (Daros, 1994: 66).

E não é essa a esperança e a utopia presentes nos ensinamentos freireanos? Afinal, para Freire,

> sem sequer poder negar a desesperança como algo concreto e sem desconhecer as razões históricas, econômicas e sociais que a explicam, não entendo a existência humana e a necessária luta para fazê-la melhor, sem esperança e sem sonho. A esperança que, perdendo o endereço, se torna distorção da necessidade ontológica (Freire, 1992: 10).

Quando a *Apeoesp* decide assumir, em 1987, a proposta pedagógica da CENP — Cordenadoria de Estudos e Normas Pedagógicas, órgão da Secretaria de Educação do Estado de São Paulo, por considerar que ela contemplava princípios pedagógicos contidos nas resoluções dos congressos da Apeoesp, quais sejam, "a valorização do saber do aluno, a consideração da sua prática cotidiana sem desprezo à cultura elaborada historicamente e o reconhecimento do aluno como agente do conhecimento, para que a escola não reproduzisse o autoritarismo" (Cedi, 1993: 53), denotava, com essa atitude, amadurecimento político no que se refere a sua relação com o Estado, mas, acima de tudo, reafirmava valores, princípios pedagógicos da pedagogia freireana. Afinal, é de Freire o entendimento da necessidade de se *dialogar com o diferente*, fato que exige de todos aqueles que se propõem a tal ação o exercício da *tolerância, estratégia política* determinante de qualquer avanço. No que se refere aos princípios pedagógicos dessa entidade, não proviria parte deles da pedagogia do educador nordestino?

Quando mais de 3 mil educadores do Nordeste participam do Encontro Norte—Nordeste em *São Luís do Maranhão* e decidem homenagear "Paulo Freire: a Pedagogia da Esperança", eles não estariam, possivelmente, autorizando-nos a afirmar que concordam com a totalidade de suas idéias sobre a educação, mas, seguramente, estão dizendo-nos que concordam, pelo menos, com parte delas. Caso contrário não teríamos, nesse encontro, nem o palestrante nem tampouco a pedagogia da esperança, tema de um dos seus últimos livros. Ressalte-se ainda que, naquele encontro, suas idéias foram expostas, trabalhadas e, na maioria das vezes, questionadas, em busca de alternativas para as situações novas, surgidas das especificidades regionais e educacionais. E não existe nada mais freireano do que a negação da possibilidade do transplante de suas idéias.

Natal (RN) também registra manifestações dos educadores da rede pública de ensino. Ali, terra que vivenciou, na década de 1960, "a experiência de um 'método' de alfabetização rápida, que descontentou alguns e assustou a muitos" (Puiggrós, 1996: 284), Paulo Freire, atendendo ao convite das secretarias de Educação do Estado e do município, em 27 de agosto de 1993, foi recepcionado por cerca de 3 mil educadores e educadoras potiguares, além dos segmentos da Igreja Católica, movimentos de bairros, representante da Câmara dos Vereadores, da imprensa e do Sindicato dos Trabalhadores em Educação — SINTE. Na verdade, a significativa presença desses segmentos de pouco valeria se não tivesse vindo acompanhada de uma expressiva manifestação de carinho e de respeito às idéias ali reafirmadas.[7] O calor dos debates e dos depoimentos e o clima de greve no qual se encontravam os educadores reforçaram a indignação e a ternura esperançosa da ação educativa. Os depoimentos e as denúncias compartilhadas naquele momento associavam ao debate educativo o seu caráter político, confirmando a indissociabilidade entre o ato educativo e a ação política-pedagógica. Ali se exercitava determinado tipo de educação, ao lutarem por certa escola, pela valorização dos educadores, por melhores condições de trabalho, por uma política de valorização da escola pública.

O clima de insatisfação que viviam os educadores da rede estadual de ensino daquele Estado[8] reforçava os ânimos de contestação dos sindicalistas presentes ao evento, sem, contudo, desrespeitar a iniciativa das secretarias de Educação, promotoras do encontro. Na verdade, a categoria exercitava, no exercício da greve, a prática do diálogo e do conflito ao se relacionar com a esfera pública. Mais uma vez, podemos atribuir a essa atitude expressão de um amadurecimento político, ao mesmo tempo que venciam o bairrismo próprio de algumas mentalidades sindicais. A presença do educador Paulo Freire, viabilizada por iniciativa das secretarias de Educação do Estado e do município, não impediu que verdadeira multidão enchesse o auditó-

---

7. Na ocasião, em agosto de 1993, o educador Paulo Freire retornava, trinta anos depois, a Angicos, cidade que vivenciou sua experiência de alfabetização e que o tornou conhecido em grande parte do mundo.

8. No Estado do Rio Grande do Norte, os professores vinculados à rede estadual de ensino encontravam-se em greve. Mas esse não era um movimento isolado. "De acordo com levantamento feito pelo Departamento de Políticas Educacionais da SEF-MEC, só em 1993 ocorreram paralisações em 13 unidades federais, com adesão que variou de 70% a 100%" (Cunha, 1998: 55). De fato, naquele ano, quando assumi a Secretaria Municipal de Educação de Natal/RN, os professores encontravam-se em greve.

rio naquele dia, para ouvir e discutir com ele os caminhos alternativos para a escola pública de hoje.

Citaria ainda outro momento em que a participação dos educadores, por meio da CNTE, se fez presente pelo *Fórum de Valorização do Magistério*. Esse Fórum fazia parte de uma estratégia metodológica do governo Itamar Franco, tendo à frente do Ministério da Educação Murílio Hingel. Com o objetivo de viabilizar a discussão em todo o país do compromisso assumido pelo Brasil na *Declaração da Tailândia em 1990*, esse governo abriu uma ampla discussão com os segmentos da sociedade civil, consoante previam acordos estabelecidos desde 1990, em Jomtien. Governos estaduais, municipais, secretarias de Educação, escolas, sindicatos foram convidados a discutir e a elaborar o *Plano Decenal de Educação para Todos*, estratégia metodológica utilizada pelo governo para implementar as discussões e assegurar um compromisso assumido pelo país, tanto na Constituição de 1988, quanto na *Declaração Mundial de Educação para Todos*. Segundo Célio da Cunha, assessor do Ministério da Educação, nesse período,

> o núcleo central dessa metodologia de debates e de mobilização, ao contrário de algumas críticas veiculadas, não era o debate pelo debate, mas, sim, o debate como estratégia de formalização e ampliação de compromissos, tanto do poder público quanto da sociedade civil, com vistas ao rearranjo das bases operacionais de implementação do Plano. [...] A metodologia tinha mão dupla, com o intuito de explicar as diferenças e os atritos decorrentes e buscar um mínimo de entendimento e de consenso, condição necessária para a legitimação coletiva de uma estratégia (Cunha, 1998: 58).

O Pacto pela Valorização do Magistério, resultante da Conferência Nacional de Educação para Todos, realizada em Brasília, em 1994, é mais uma prova do que pretendo realçar, ou seja, a participação do sindicalismo docente em ações provenientes de iniciativas governamentais. A CNTE, juntamente com o Consed — Conselho Nacional dos Secretários Estaduais de Educação; com a Undime — União Nacional dos Dirigentes Municipais de Educação e demais instâncias organizacionais da sociedade civil ali representadas, não apenas assina o acordo nacional, como também, e principalmente, passa a fazer parte do fórum de negociações, cuja presidência caberia ao ministro da Educação. Embora esse fórum tenha durado pouco mais de um ano, dadas as divergências de orientação política do governo que se sucedeu,⁹ significou, sem dúvida alguma, um enorme e representativo exercício de práticas democráticas. A partir desses conflitos, a CNTE retirou-se do fórum, que não mais se reuniu. Contudo, o que importa ressaltar é que, quando poder público e sociedade civil encontram-se frente a frente, verifica-se, mais uma vez, a importância da parceria ao se lidar com o diferente, e do diálogo enquanto canal mediador das decisões e do consenso.¹⁰ Parece ter sido essa a posição da CNTE naquele momento.

Pelo exposto e, acima de tudo, considerando os percalços na caminhada de organização do movimento sindical docente, torna-se impossível desconsiderar a estreita relação entre sindicato docente, problemas educacionais e políticas públicas. Embora a discussão sobre a organização e a atuação do sindicalismo docente no nosso meio ainda seja incipiente, isto não elimina o entendimento de que, explícita ou implicitamente, os referidos sindicatos mostram-se como instâncias fundamentais em relação a problemas educacionais.

Na sua relação com os problemas da educação, os sindicatos, evidentemente marcados pelos diferentes momentos conjunturais da sociedade brasileira, imprimem *formas diferenciadas de relação com o Estado* — formas essas expressas em diferentes estratégias de ações, segundo a demanda dos governos em atuação. Considerada a história política do nosso país e de acordo com a evolução política do movimento, percebemos níveis diferenciados de atuação. Nessa relação com o Estado, está em jogo tanto a forma de governo que se apresenta como o nível de amadurecimento político da categoria docente. E é precisamente nesse ponto que essa relação ganha sentidos diversos. A capacidade crítica construtiva de propor alternativas às questões educacionais, associada à capacidade de *dialogar em meio a conflitos*, parece ser um caminho sábio, favorável à educação pública nesse país. De resto, sou levada a acreditar que a educação não é problema de governos, mas de Estado, e é com ele que se deve

---

9. Os principais pontos de discordância incidiram no piso salarial (aprovado no governo Itamar, como parte do Acordo Nacional, tendo sido essa, inclusive, uma bandeira de luta da CNTE, durante décadas) e na limitação de um fundo estadual destinado apenas ao ensino fundamental, assim como a não-inclusão da educação de jovens e adultos e da educação infantil.

10. Digo isso não apenas por acreditar na possibilidade de se avançar por entre os conflitos e as divergências que se apresentam no nosso cotidiano, mas, nesse caso específico, por ter tido a oportunidade de participar dessa experiência, como Secretária Municipal de Educação e membro participante da Undime.

lidar, negociar e propor alternativas para o enfrentamento dos problemas que se apresentam, sem contudo descuidar de preservar a autonomia historicamente conquistada.

Enfim, o que estou tentando ressaltar no momento é que esses fatos, associados a tantos outros, reforçam o entendimento da evolução política do sindicalismo docente e que, nessa caminhada de diálogo e de conflitos, denunciam, de uma forma ou de outra, a presença do pensamento de Paulo Freire. O que tentei mostrar, ao pinçar algumas experiências vividas pelos sindicatos docentes em diferentes épocas e espaços regionais do país, foi essa presença, advinda de suas obras, palestras, cursos, conferências ou aulas por ele proferidas (ou até mesmo da propagação de toda uma vasta publicação de textos, livros e teses a partir do seu pensar). Certamente, essas experiências denotavam, se não uma afinidade com o corpo de suas idéias, ao menos respeito ou concordância com parte delas. É um quadro assim configurado que me faz pensar e avançar no sentido de aprofundar fundamentos para a hipótese da presença do pensamento freireano de educação na formação do sindicalismo docente. O fato de grande parte dos educadores estar filiada a seus sindicatos, conferindo-lhes legitimidade, leva-me a continuar nessa investigação, dessa feita optando por dialogar com dirigentes sindicais na tentativa de obter a *"visão" das lideranças* a propósito das inquietações que continuam a desafiar a pesquisa. Acredito ser essa uma forma de ampliar as fontes de pesquisa, dada a impossibilidade de resgatar, no momento, toda a trajetória política do sindicalismo docente no país. É o que farei ainda nesta obra.

Antes, porém, uma ressalva. Reconheço ser impossível, no momento, resgatar todos os caminhos que levariam à comprovação da hipótese que defendo, bem como toda a vida intelectual de Paulo Freire, vida de compromisso com a educação e a sociedade. Esse desafio foge certamente aos limites do próprio estudo. Contudo, a título de sugestão, citaria o livro *Paulo Freire: uma biobibliografia* (Gadotti, 1996) como uma grande obra sobre Paulo Freire, capaz de subsidiar, com profundidade, muitas das argumentações aqui expressas, inspiradas no/pelo pensar freireano.

Reafirmo que não se trata de enaltecer o pensar de Freire como único suporte teórico-político a influenciar a categoria dos docentes. Na verdade, não poderia desconhecer outras matrizes que influenciaram a formação política dos educadores, assim como não posso reduzir essa influência apenas à categoria docente. Além do mais, é desnecessário lembrar, não fosse imperativo dizer, que o próprio Paulo Freire recebeu influências de diferentes autores e correntes de pensamento.[11] Para ele,

> histórico como nós, o nosso conhecimento do mundo tem historicidade. Ao ser produzido, o conhecimento novo supera outro que antes foi novo e se fez velho e se "dispõe" a ser ultrapassado por outro amanhã. Daí que seja tão fundamental conhecer o conhecimento existente quanto saber que estamos abertos e aptos à produção do conhecimento ainda não existente (Freire, 1997: 31).

O desprendimento do poder do saber, atribuindo a capacidade do saber não apenas a alguns homens privilegiados, mas a todos os homens, vem a ser um dos aspectos fundamentais do seu pensar político-pedagógico.

Em que pese o reconhecimento das divergências quanto à concepção freireana de educação, não podemos negar que a difusão do seu pensamento pelo mundo influenciou gerações, autorizando a afirmativa de que "a sua vida e a sua obra estão inscritas no imaginário pedagógico do século XX, constituindo uma referência obrigatória para várias gerações de educadores" (Nóvoa, 1998: 169). A questão que se coloca é que as ambigüidades, equívocos e mal-entendidos sobre a sua obra não anulam a vasta projeção, no mundo, da sua teoria. É a diversidade de interpretações de sua obra que a torna certamente mais viva e atual. A apropriação da pedagogia do educador Paulo Freire, por diferentes grupos, em diferentes contextos sociais e políticos, é a forma mais coerente de afirmá-la, inovando-a.

A verdade é que o caráter político das obras de Paulo Freire possibilita uma diversidade de práticas educativas (porque políticas), permitindo aos diferentes segmentos incorporarem aspectos da sua pedagogia, associando-os aos projetos e propostas político-ideológicas que lhes dizem respeito. Daí a amplitude da aceitação da sua obra.

---

11. A propósito, Moacir Gadotti, em *Convite à leitura de Paulo Freire*, 1989, relaciona o pensamento desse educador com o de muitos outros educadores contemporâneos, entre eles: Pichon-Rivière, Theodore Brameld, Enrique Dussel, Janusz Korczak, Karl Marx, Edouard Claparède, Pierre Bovet, Célestin Freinet, Antonio Gramsci, J. J. Rousseau, Carl Rogers, Ivan Illich, Jonh Dewey, Lev Vygotsky, dentre outros.

Nesse sentido, é possível entender Sader (1988) ao reconstituir, na década de 1980, atividades de grupos de militantes na busca de novas formas de ligação com o povo.

> O fato é que, nessa "ida ao povo", buscando ajudar num processo de fazer despertar a "consciência crítica", o método Paulo Freire esteve mais presente que os escritos de Gramsci, *Que fazer?*, de Lenin, os livrinhos de Mao ou o *Revolução na revolução*, de Debray, em sua meteórica carreira. De um lado, porque um meio dominante de "ligar-se ao povo" foi através dos processos educativos, a começar pela alfabetização. A demanda era grande e a atividade — legal e aparentemente inocente — poderia ser desempenhada por estudantes avulsos ou militantes organizados. Os novos educadores se debruçaram sobre os livros de Paulo Freire — torceram o nariz para seu idealismo filosófico e seu humanismo cristão — e procuraram absorver suas orientações metodológicas para a alfabetização popular. De outro, porque através do método Paulo Freire abria-se um lugar para a elaboração crítica e coletiva das experiências de vida individual e social dos educandos. Afinal, deixando-se de lado as polêmicas filosóficas, os militantes encontravam orientações educacionais que não estavam muito distantes das formulações de Gramsci (Sader, 1988: 167).

Não sem razão, como já foi mencionado, Manfredi (1996), ao analisar as três matrizes discursivas que influenciaram a formação das centrais sindicais no Brasil, na década de 1980, destaca a influência freireana associada à matriz marxista e da educação popular, atribuindo a essas matrizes a responsabilidade pelas formulações pedagógicas e práticas formativas das centrais sindicais, em especial a CUT e a Força Sindical. Para ela, os eixos teóricos metodológicos presentes na proposta pedagógica de Paulo Freire "foram eleitos como parâmetros para a construção de propostas metodológicas de formação sindical da atualidade" (Manfredi, 1996: 183). É o que tento demonstrar, também, em relação ao sindicalismo docente. Para isso, avançar nas investigações, buscando ampliar as fontes que fundamentem essa hipótese, é condição imprescindível.

Nesse sentido, reafirmo: reconheço que as experiências aqui registradas reservam um enorme valor, na medida em que possibilitam a análise de categorias teóricas explicativas às ações empreendidas pelos sindicalistas docentes por meio dos sindicatos aos quais estão filiados. E essas categorias em muito convergem para o pensar freireano. Contudo, apesar da relevância que encerram, considero-as parte de um campo de investigação por mim priorizado que, uma vez percorrido, certamente subsidiará a hipótese que tento demonstrar. Com esse propósito, imponho-me o dever de recorrer a outras fontes informativas, desta feita, como já foi indicado, estabelecendo um diálogo, por meio de entrevistas, com líderes sindicais docentes.

4.3. A visão das lideranças sindicais docentes

No instante em que tento restabelecer o diálogo com os líderes sindicais docentes entrevistados, tenho o propósito de ouvi-los a respeito da presença do pensamento de Paulo Freire no interior da categoria sindical. Para além dessa questão específica, nosso diálogo percorreu outros caminhos, enveredou por muitas das infinitas questões que perpassam a questão educacional, os sindicatos, os sindicalistas, a conjuntura político-econômica, a política governamental do país e suas conseqüências para o movimento sindical, dentre outros aspectos. A *capacidade criativa do diálogo* trouxe à tona fatos da vida real, fundamentando e ampliando os enfoques abordados, recriando-os, por assim dizer. Assim sendo, no sentido de objetivar o registro do propósito almejado, é conveniente sistematizar aspectos desse diálogo/entrevista — aqueles mais pertinentes à hipótese em discussão, o que certamente será feito sem desconhecer as *inter-relações* existentes entre as partes destacadas e o todo do diálogo estabelecido.

Questões sobre a repercussão das políticas governamentais no sindicalismo docente, os principais problemas que atingem diretamente a educação pública brasileira hoje, as condições salariais e de trabalho da categoria docente constituíram, nas entrevistas, o pano de fundo sobre o qual novas questões surgiram relacionadas à formação do líder sindical docente, às matrizes discursivas presentes na formação da consciência político-pedagógica do sindicalismo docente, às teses que fundamentaram e orientaram o líder sindical na sua relação com a categoria e com a esfera pública. A evolução do diálogo apontou, na sua quase totalidade, para o registro, pelos sindicalistas entrevistados, de *algumas teses defendidas por Freire*, justificando novas indagações, dessa feita no sentido de sinalizar com *as mais pertinentes ao movimento* bem como de verificar a viabilidade de se falar da *atualidade* do pensamento de Freire no sindicalismo docente.

O conjunto dessas e de outras questões agrupadas em três aspectos inter-relacionais — o *conjuntural*, da *formação sindical* e as *teses de*

Freire frente ao sindicalismo docente — constituem o fio condutor que tomarei, a partir de então, ao dialogar com os sujeitos priorizados pela pesquisa, o que não significa percorrer, isoladamente, cada tópico aqui destacado ou mesmo abordá-los na ordem aqui apresentada, dado que o esforço é no sentido de possibilitar que outros sujeitos juntem-se à voz dos entrevistados, à minha voz, para que o diálogo realmente ganhe vida — *comunicando-se*. O estudo e a análise das entrevistas/ diálogo pretende, pois, estabelecer uma *interação* entre os sujeitos envolvidos na busca do conhecimento acerca do objeto da pesquisa, considerando, nessa busca, o pensar de outros sujeitos Ou seja, em função da comunicação abjetivada em torno do objeto de conhecimento, a pretensão é que, ao comunicar-se, o texto possa interagir com novos sujeitos, os possíveis leitores.

No mais, resta afirmar que a manifestação da *visão dos líderes sindicais* é aqui considerada *expressão do sindicalismo docente*, notadamente daqueles vinculados aos sindicatos aqui representados. Portanto, a visão emitida não é aqui tida como uma posição individual do líder sindical, por mais que seja ele a enunciá-la. Além do que, ao ouvir as lideranças sindicais, é preciso considerar a contextualidade de suas falas, ou seja, como parte integrante do contexto sócio-histórico, relacionadas às pressões sociais e às forças socioculturais imperantes. Isso porque querer isolar o sujeito que "fala" das variantes presentes no mundo social do qual faz parte é querer dicotomizar, desconhecer ou negar a relação existente entre esse sujeito e o social. Nesse sentido, a unicidade do sujeito que fala é sempre relativizada, quer seja pela contextualização da sua fala enquanto produto cultural empírico, quer seja pela influência teórica recebida em sua formação, ou seja, pela intertextualidade do seu discurso, ou, ainda, como resultante da inter-relação estabelecida entre os sujeitos do diálogo no processo comunicativo. Assim sendo, as "vozes" dos sujeitos entrevistados não pode ser considerada como nascida em si, mas como resultante de uma teia de "vozes" produzidas nas relações estabelecidas, ou seja, a partir da heterogeneidade que encerra. E é sobre essa ótica que a "visão" das lideranças será considerada.

a) Formação política do líder sindical

Iniciemos, pois, pela *formação política dos líderes sindicais* entrevistados. É possível constatar a presença de diversas fontes de contribuição, porém, em seu conjunto, comuns no que se refere aos ideais, princípios e valores político-sociais por elas empreendidas. Atribuindo sua formação à própria militância,[12] os líderes sindicais destacam alguns espaços organizacionais responsáveis por sua formação política: a Igreja, notadamente no envolvimento com os Movimentos de Jovens, nas Comunidades Eclesiais de Base — CEBS, no Movimento Pastoral; nas Greves dos Metalúrgicos de 1978-79, no Partido dos Trabalhadores — PT, nos Centros Cívicos, no Movimento Estudantil. Atribuem também sua formação aos cursos de formação sindical, oferecidos pelos Sindicatos dos Trabalhadores em Educação, pela CUT ou pelo Partido dos Trabalhadores.

Nesse sentido, e de um modo geral, atribuem sua formação à militância, à participação nas lutas, à experiência, ou seja, "totalmente em serviço", para usarmos a expressão de João Monlevade (do SINTEP/MT e ex-presidente da CNTE). Contudo, no resgate desse percurso, as lideranças sindicais enfatizaram, também, a importância da teoria considerada um sustentáculo às ações sindicais, embora a ênfase maior, nesse primeiro momento, tenha se limitado a enaltecer a militância como campo formativo. A propósito, posicionou-se o ex-presidente da Apeoesp (durante doze anos — 1981 a 1993), hoje presidente nacional da CUT:

> O conjunto da minha formação sindical se deu durante o movimento. Ali, fui aprendendo, entendendo como se diferenciam as diversas correntes que existem no movimento. Tentei adquirir informação teórica, tentando combinar a formação teórica com a prática, que são questões fundamentais para quem pretende ser dirigente sindical. É preciso entender na teoria o que você está fazendo na prática. Saber combinar a ação com o que você aprendeu na discussão teórica (João Felício, entrevista concedida em 1997).

Da mesma forma, a atual presidente da referida entidade sindical, embora destacando a atuação sindical, a participação nas greves, como o percurso que melhor contribuiu para a sua formação sindical, destaca as atividades organizadas pelo sindicato da Apeoesp como marcantes para sua formação sindical. "Eu participava dos cursos de

---

12. É importante considerar, neste particular, que os entrevistados têm de 10 a 30 anos de militância e ocupam cargos na direção sindical em períodos que variam de 3 a 20 anos.

formação, das conferências de Educação, dos eventos organizados pelo sindicato" (Maria Izabel Noronha, entrevista concedida em 1997).

Ao refletirem sobre as *matrizes discursivas* presentes em sua formação e na formação da consciência político-pedagógica do magistério, os líderes sindicais atrelaram as matrizes destacadas *aos espaços organizacionais* sinalizados anteriormente. Enfocando-os, relacionaram-nos às teorias a eles subjacentes, ou seja, não se limitaram a falar da pura teoria, mas associaram-na a todo movimento presente em determinada época histórica, cujos espaços sociais por eles freqüentados e formados foram de importância crucial para a militância política que hoje exercem. A relevância atribuída aos referidos espaços deve-se também ao fato de que, como sabemos, as características históricas que marcaram os referidos movimentos (ligados à Igreja, partidos políticos, entidades estudantis, sindicais, entre outros), nos termos destacados anteriormente, favoreceram, em grande parte, a efervescência social dos anos 1980 no Brasil, dos quais emergiu, com destaque no quadro social, o sindicalismo docente. Os sujeitos do nosso diálogo foram formados nesses espaços organizacionais, daí por que o conhecimento adquirido e aqui resgatado deve ser considerado nesse contexto histórico.

Mas, afinal, de que *matrizes discursivas* nos falam os sindicalistas? É o próprio presidente da CNTE quem afirma:

> O movimento sindical docente possui matrizes formativas diversas, quase todas, porém, voltadas ao movimento popular, à educação de base, à consolidação de direitos. Muitos militantes das últimas décadas passaram por organizações clandestinas, pela Igreja das comunidades de base, pelo movimento estudantil, entre outros. Em quase todos esses ambientes, as referências a Paulo Freire eram obrigatórias (Carlos Augusto Abicalil, entrevista concedida em agosto de 2000).

Como pode ser observado, mais uma vez a busca de uma resposta objetiva a essa questão nos foi dada por meio da associação, da inter-relação entre as matrizes discursivas formativas do sindicalismo docente e dos espaços organizacionais, ambientes sociais que abrigavam determinadas teorias formativas. Sua estreita relação com o social reafirma, conforme já exposto, que o conhecimento adquirido pelos sindicalistas constitui o cimento a partir do qual os sindicatos se formam e se movem em suas ações e nas diferentes formas de atuação. As matrizes teóricas não estão, portanto, restritas à natureza específica das idéias. São elas reconhecidas e citadas pelos líderes sindicais, mas referidas ao tempo histórico e aos espaços sociais que as recortavam e definiam — o que aponta para a contextualidade do processo do conhecimento. Afinal, não são as matrizes teóricas assumidas responsáveis pelo "tom" da interpretação da realidade e das ações empreendidas pelos sindicatos? Para o que interessa destacar, resta saber quais as discussões teóricas presentes nesses espaços, e, dentre elas, quais as mais pertinentes para a formação da consciência político-pedagógica do sindicalismo docente?

b) Teorias formativas do sindicalismo docente

Em torno dessa questão, a "voz" dos líderes sindicais enfocou, na sua quase totalidade, as teorias formativas do *marxismo*, a teoria marxista *gramsciana*, da *educação popular*, e a *teoria freireana*. Seriam essas as matrizes responsáveis pela formação político-pedagógica do sindicalismo docente, notadamente adquirida no contexto da transição democrática no Brasil. A exceção, se é que o termo é esse, ficou a cargo das teorias leninistas e trotskista, também mencionadas, porém mais raramente.[13] Vale afirmar que, no campo das teorias críticas educacionais, também foi citada a influência de Bourdieu e Passeron, ao lado da dos educadores brasileiros Moacir Gadotti, Dermeval Saviani, Bárbara Freitag. Como que justificando as referidas opções, afirma Jussara Mª D. Vieira, presidente do CPERS/RS: "Nesse período, as teorias da resistência passam a expressar as possibilidades de *mudança por dentro* do modelo dominante" (entrevista concedida no ano 2000). É importante destacar ainda que essas teorias, apontadas como responsáveis pela formação política do sindicalismo docente, embora citadas separadamente, foram tratadas como um "corpo teórico" pelos pontos de convergência que mantêm. Um bom exemplo foi dado pela líder sindical do SINTEP/PE:

> A matriz freireana fundamentou fortemente as teses e a metodologia da educação popular, que por sua vez buscou muito do seu fundamento no marxismo. Para o movimento do magistério, acredito que ocorreu uma

---

13. Centradas no marxismo, essas correntes de pensamento defendiam a função da educação como essencial para a formação das vanguardas operárias, cuja discussão teórica passava pela análise da constituição da sociedade capitalista, seu funcionamento, a história das lutas de classe e o papel preponderante da classe operária, do operariado enquanto classe revolucionária.

contextualização/adaptação da matriz discursiva marxista, porém, sem trair os seus princípios, considerando a conjuntura de então, na qual o discurso freireano e o da educação popular tanto respondiam pelos princípios marxistas, como forneciam elementos mais próximos da realidade, contribuindo para a leitura crítica da mesma, na formação da consciência político-pedagógica do magistério (Mª Teresa Leitão de Melo, entrevista concedida em 2000).

Considero que essa afirmativa sintetiza outras falas dos sujeitos entrevistados, permitindo-me concluir que a "voz" das lideranças sindicais quanto às matrizes teóricas formativas para o sindicalismo docente, no qual eles se incluem, muito têm em comum com as apontadas por Sílvia Manfredi em sua pesquisa. E isso não deveria ser diferente, considerando que os sindicalistas docentes são filiados à CNTE, Confederação ligada à CUT, uma das centrais sindicais pesquisada pela autora. Agora, a questão que interessa para a pesquisa é saber exatamente em que sentido, como e com que intensidade essas matrizes são realmente *reconhecidas* como formadoras da consciência político-pedagógica do *sindicalismo docente*, em especial *a matriz freireana*. Nessa busca, nada melhor do que ouvir os líderes desse segmento sindical. Ouvir essas lideranças é uma forma também de enxergar que a conclusão acima referida, embora correta, deve ser ponderada no que se refere ao sindicalismo docente, na medida em que vem sendo acrescida de outras informações, de particularidades próprias da organização sindical em estudo. É o que venho tentando demonstrar até então e é o que instiga a pesquisa a avançar.

No que se refere ao sindicalismo docente, o freqüente destaque, durante as entrevistas, da *influência do pensamento de Gramsci* e da *concepção teórica de Freire*, constitui, ao meu ver, uma particularidade da categoria sindical em estudo, o que não significa uma exclusividade dela. A visão dos líderes sindicais permite-me essa dedução. Atribuindo aos espaços das universidades brasileiras como um dos campos específicos responsáveis por essa influência, os sindicalistas afirmam o quanto as teorias críticas ali trabalhadas com ingresso em nosso meio, a partir da década de 1970, contribuíram para sua formação, "muito mais do que o próprio Marx", no dizer da deputada estadual pelo PT/RN e ex-dirigente do SINTE/RN, Fátima Bezerra, em entrevista concedida em 2000.

A importância atribuída pelas lideranças à influência do contributo teórico marxista gramsciano em sua formação leva-me a relembrar, sinteticamente, a contribuição desse pensador italiano — uma forma talvez de penetrar nos "porquês" da opção da maioria dos entrevistados. Em um enorme esforço de síntese, diria que o grande destaque atribuído ao pensamento de Gramsci (além do já destacado em relação à sua concepção de Estado) foi haver ampliado a teoria marxista, introduzindo a discussão sobre a importância estratégica das *instituições culturais* no processo de transformação social. A natureza da ordem social assegurada por meio da hegemonia cultural impõe aos *sujeitos históricos* uma ação social fundada na *dialética sujeito-objeto*, condição inerente à *teoria da práxis*, tão cara ao pensar gramsciano. Para ele, a *hegemonia social* funda-se na dominação e na direção de determinada classe sobre outra classe, no caso da sociedade capitalista, sobre a classe subalterna, dominada. Ou seja, instaura-se na sociedade determinado poder que se faz hegemônico, não apenas por meio da força bruta da coerção, mas também pelo consentimento "voluntário" da classe dominada. Nesse particular, e na perspectiva de uma *transformação social*, faz-se necessária, como estratégia revolucionária educacional, a criação de uma *contra-hegemonia*, por meio dos agentes e instituições educacionais comuns a todas as classes. Quanto à educação, ela é tida como um processo para a concretização de determinada concepção de mundo, cuja importância encerra-se tanto na manutenção ou conservação do poder, como na sua renovação. Essa é a *dimensão política da educação*. Assim, a luta pela transformação social passa pela educação, uma *educação conscientizadora*, diria Freire, sendo essa a função de todos os homens verdadeiramente empenhados na ampliação da democracia e dos espaços sociais. Em Gramsci, a ampliação desses espaços insere o partido, a Igreja, a escola, *os sindicatos*, a imprensa — enfim, as instituições ditas privadas, como importantes espaços de formação e de educação política em função da transformação social. O forte apelo à educação, como responsável pelo surgimento de uma nova ordem intelectual e moral, justifica a função social e política a ela atribuída na formação político-pedagógica da classe trabalhadora, capaz de elevá-la do senso comum ao bom senso. Essa vem a ser a função do intelectual orgânico. Educar é, portanto, construir "o bom senso do senso comum", sendo a escola o principal instrumento de organização da cultura e do saber, estando ela inserida na sociedade civil. Aí se instaura o caráter político-pedagógico do saber, da educação. Enfim, se não houvesse outros motivos, esse já seria suficiente como uma das razões da identidade dos sindicalistas com o pensar gramsciano. Além do que, na linha de raciocínio gramsciano, não seria essa uma possibilidade de "mudança por dentro do modelo dominante" sobre a qual, em entrevistas recente, nos falou Jussara Vieira, líder do CPERS? A propósito, a construção da *escola pública popular*, proposta da administração de Paulo Freire na Secretaria Municipal de Educação de São Paulo, não vem a ser, também, uma possibilidade de "mudança por dentro" de uma estrutura burocrática própria de determinado tipo de Estado, visivelmente contrário a uma proposta de educação dessa ordem?

Enfim, retomando o diálogo com os sujeitos da pesquisa, destaco ainda que, embora a referência à teoria gramsciana tenha sido feita em relação à formação sindical, todas as vezes em que se fizeram referências a Gramsci, o pensar freireano foi lembrado e enaltecido. É como se houvesse a necessidade de "ancorar" o pensamento de Freire à teoria marxista gramsciana, atualizando-a no que se refere à contemporaneidade da teoria crítica educacional,[14] o que, convenhamos, por si só é uma feliz forma de nos chamar a atenção para o aprofundamento desse campo de análise específica. Um convite, talvez, a novas pesquisas.

Em face de todo o exposto até o momento, acredito já ser possível afirmar que a presença do pensamento freireano na formação da categoria docente é uma constatação que se vai ampliando e aprofundando, na medida em que a pesquisa avança. O resgate histórico da organização e evolução sindical dessa categoria, a referência aos espaços formativos, às teses teóricas que balizaram esses espaços, marcando fortemente a formação das lideranças sindicais docentes, os espaços acadêmicos, a criação do PT (partido que Paulo Freire ajudou a construir), da CUT, central sindical a que estão filiados os sindicatos ligados à CNTE; enfim, todos esses espaços, reconhecidos como de formação política para os líderes sindicais entrevistados, não apenas

---

14. De fato, se considerarmos as teses que compõem o contributo freireano para a educação, ou seja, o seu legado (já amplamente trabalhado neste estudo), bem como a teoria crítica gramsciana, certamente encontraremos respostas aos "porquês" da aproximação desses dois pensadores referidas pelos sindicalistas. Penso ser essa uma fonte rica de pesquisa, ainda pouco explorada, embora tenhamos, a propósito, as reflexões de Peter Leonard, *Pedagogia crítica e a previdência: encontros intelectuais com Freire e Gramsci,* 1974-86, 1998, as reflexões de Carlos A. Torres, *Os dois Gramsci e a educação: competência técnica versus consciência política,* 1997 e o recente estudo de Aparecida de Fátima Tiradentes dos Santos, *Desigualdade social e dualidade escolar: conhecimento e poder em Paulo Freire e Gramsci,* 2000.

subsidiam a hipótese que defendo, como também reafirmam aspectos dessa formação tratados anteriormente neste livro.[15]

c) Teses freireanas presentes no sindicalismo docente

Mas se realmente Freire influenciou a formação político-pedagógica do sindicalismo docente, em que direção deu-se essa influência? *Quais as teses do pensamento freireano* presentes nessa categoria sindical, influenciando-a? Para responder a essas questões recorro, mais uma vez, à "voz" das lideranças sindicais. Para as lideranças entrevistadas, não há dúvida de que o pensamento de Paulo Freire muito influenciou sua formação de líder sindical e a categoria docente de um modo geral. Essa influência foi e é marcada por muitas das teses daquele educador, porém algumas delas destacaram-se entre os sindicalistas, tendo sido citadas repetidas vezes por sindicatos distintos, o que possibilita uma leitura da direção em que se deu (e se dá) essa influência.

Quanto aos espaços de atuação dos sindicalistas, nos quais as teses defendidas por Freire e por eles abraçadas manifestam-se com veemência, extrapolam os espaços da escola e do sindicato, chegando a outras esferas sociais, inclusive a parlamentar. Mas é preciso permitir que as lideranças falem sobre estas e outras questões. Afinal, a autoridade dos seus posicionamentos convoca-nos a ouvi-los. Antes, porém, é conveniente antecipar *duas ressalvas* importantes, reveladas nas entrevistas em torno dessa questão. *A primeira* é que, embora a pergunta inicial do diálogo tenha sido feita em relação às teses presentes na formação do líder sindical, quase sempre a resposta a essa questão veio naturalmente acompanhada da referência não apenas à formação do líder sindical entrevistado, mas também à categoria como um todo. Ou seja, estendia ao sindicalismo que representava as teses presentes em sua formação, ao mesmo tempo que assumia a representatividade que lhe é conferida pela categoria. *O outro aspecto* é a associação entre as teses freireanas citadas e as obras de Freire, nas quais estão abordadas. Este fato é muito significativo, dado que as teses referidas, ao serem assumidas como formadoras da consciência política das lideranças e da categoria sindical docente, foram fundadas,

---

15. Refiro-me, especificamente, ao Capítulo 3 desse estudo.

subsidiadas teoricamente, o que aponta para uma tomada de posição consciente. Acredito que a internalização da sua teoria explica, em grande parte, o porquê da extensão do pensamento de Freire para além da esfera específica da educação, das escolas, dos sindicatos. Afinal, a clareza e a internalização de determinada forma de pensar a educação, a realidade, seguida de uma tomada de posição sobre ela, muito tem em comum com o pensar freireano. Ademais, é de Freire o entendimento da educação como ato de intervenção política.

Que falem, então, as lideranças sindicais docentes.

Na "voz" do SINTE/RN:

> Se a gente for considerar o pensamento contemporâneo, Paulo Freire foi a matriz que mais nos influenciou e que mais nos inspirou do ponto de vista de pensar uma educação diferente. Citaria os livros *Pedagogia do oprimido* e *Pedagogia da libertação* como fortemente presentes. A frase de Paulo Freire: *"o ato de educar não é um ato neutro, mas um ato político"* traduz ao meu ver toda a obra de Paulo Freire, os propósitos que ele efetivamente tinha. Uma concepção que se contrapunha claramente à concepção tradicional, convencional, do magistério ser visto como sacerdócio. A partir daí, ele fundamenta a proposta pedagógica que defende, centrada na idéia de que as pessoas têm que assumir o papel de *sujeito da sua própria história*, têm que assumir o papel do seu próprio destino. [...] Hoje, mesmo na posição de parlamentar, dadas as minhas próprias vinculações orgânicas e pelo próprio perfil dos mandatos populares, não perdi essa ligação, claro que hoje com outras preocupações (Fátima Bezerra, entrevista concedida em 2000).

O SINTEP/PE, ao reconhecer a influência do pensamento freireano na formação sindical docente, nos fala da *relação dialética entre o diálogo e o conflito, a educação como ato político e a criticidade na leitura da realidade*, como as teses de Freire mais presentes nessa formação-política sindical. E acrescenta: *"a relação entre o discurso e a prática*, sem que um tenha prevalência sobre o outro, é uma das teses que muito contribui para a formação e a coerência da atual situação sindical" (Mª Teresa Leitão de Melo, entrevista concedida em 2000).

Já para o SINTE/SC, a influência de Paulo Freire ficou marcada na categoria docente, notadamente pela concepção de que "ensinar exige reconhecer que *a educação é ideológica*. Ensinar exige disponibilidade para o *diálogo*" (Mauri Matos de Freitas, entrevista concedida em 2000).

A "voz" de João Monlevade, do SINTEP/MT, segue-se aos depoimentos coletados.

> Creio que a *educação como ato político e a educação e conscientização* foram as que mais permaneceram e ainda estão presentes no ideário dos sindicalistas da educação. Inclusive, no processo de convencimento e de chamada da categoria para a militância como cidadão e como sindicalista. "Conscientização e politização" soavam como bandeiras e palavras de ordem, critério de divisão entre "nós" e os "outros", entre o "bem" e o "mal" (João Monlevade, entrevista concedida em 2000).

Comunga com essa posição o SINTEPP/PA, subsede Marabá. Maria Vieira de Carvalho,[16] líder sindical em Marabá, cuja história de envolvimento direto com a organização política dos educadores de Marabá remonta a 1984 (período em a categoria oficialmente organiza-se). Ela avalia que:

> A presença do pensamento de Paulo Freire esteve e está presente na formação da consciência política do líder sindical e do sindicalismo docente em Marabá. Reconheço que uma das teses mais pertinentes ao movimento é *reconhecer-se como profissional, é o compromisso do profissional e do sindicalista enquanto professor. O compromisso profissional, social, com a mudança*, com a educação. Sobre essa questão, estamos estudando, hoje, textos de Paulo Freire. Outro aspecto de Freire muito trabalhado no sindicalismo é a necessidade do *conhecimento da realidade*. Se você não conhece a realidade, dificilmente você terá condição de mudar (Maria Vieira de Carvalho, entrevista concedida em 2000).

A referência à influência de Freire no sindicalismo docente não ficou restrita apenas às suas teses, mas, também, a questões de ordem metodológica. Na concepção da líder sindical da Apeoesp/SP,

> A metodologia de formação dos dirigentes sindicais docentes é essencialmente freireana. A *ação/reflexão/ação* é a base metodológica desta formação, que parte da realidade cotidiana do professor, reelaborando-a na direção da composição de um saber e fazer coletivos, em torno das necessidades e reivindicações dos professores da escola pública.

---

16. Maria Vieira, quando entrevistada, estava encerrando seu mandato no final do mês de maio do ano 2000 — data do nosso diálogo, embora tenha permanecido como coordenadora geral na diretoria sindical. Por isso mesmo, também conversamos com a presidente recém-eleita, professora Angelina Martins da Cruz, que também deu seu depoimento sobre nossas inquietações.

E complementa:

> As teses presentes em obras de Paulo Freire, como *Pedagogia do oprimido, Política e educação, Medo e ousadia: o cotidiano do professor* e outras teses estão na base da formação do dirigente sindical docente, ancorada na inseparável relação entre seu trabalho enquanto educador e sua ação como sindicalista, atuando no interior da especificidade do ambiente educacional (Mª Izabel Anenor Noronha, entrevista concedida em 2000).

Ora, não é preciso ir muito longe para perceber que a referida metodologia, calçada na ação/reflexão/ação, expressa a concepção dialética da educação, um dos eixos integrante da matriz teórica marxista apontada como uma das matrizes formativas do sindicalismo docente. Como é sabido, a concepção dialética da educação, tão cara a essa corrente de pensamento e ao pensar freireano, busca abrir espaços para uma ação transformadora, a partir da realidade posta e da ação consciente dos sujeitos envolvidos, comprometidos com a mudança social. Acredito ser esse o sentido do viés metodológico adotado pelos sindicalistas. No fundo, vem a ser também o que, para Moacir Gadotti, possibilita a pedagogia da práxis.[1].

Citaria, ainda, mais um posicionamento acerca do que estamos a trabalhar neste instante. Refiro-me à "voz" da CNTE. Reconhecendo a influência do pensamento freireano no sindicalismo docente, justifica:

> A luta por liberdade, pela superação do analfabetismo (literal e político), o contato com o movimento de base exigiu a leitura, a elaboração e a prática inspirada no *conflito*, na *esperança*, nas *significações do cotidiano*, no resgate da dignidade e da auto-estima, na relação com a história, na condição de sujeito — ator social — na observação e crítica dos conflitos nos diversos níveis (cultural, códigos, valores, atitudes, métodos). Ao mesmo tempo, uma profunda admiração pela *diferença* e pela riqueza de horizontes que ela representa. Em muito, essas bases sustentaram a *utopia* que o hino da CUT invoca para *organizar a esperança e acender a rebeldia* (Carlos Augusto Abicalil, entrevista concedida em 2000).

---

17. Para Moacir Gadotti, *Pedagogia da práxis*, 1995, "a pedagogia da práxis é a teoria de uma prática pedagógica que procura não esconder o conflito, a contradição, mas, ao contrário, os afronta, desocultando-os. Mas a pedagogia da práxis não é inventada a partir do nada. Ela já tem uma história. Ela inspira-se na dialética".

Por fim, registro a posição do CPERS/RS a respeito:

Em primeiro lugar, penso na noção de *educação como sinônimo de conscientização*. Nesse aspecto, Paulo Freire continua sendo uma das maiores referências no Brasil e na América Latina (a propósito, em maio do ano passado, estava participando de uma mobilização de professores e universitários argentinos e, na minha fala, mencionei o aniversário de morte de Paulo Freire; os estudantes foram os primeiros a se levantar para aplaudir, em pé, a menção ao educador). Em segundo (e derivado do primeiro), a concepção de *alfabetização como leitura crítica do mundo*. Nesse sentido, vejo a importância do método. Tanto na alfabetização quanto no movimento sindical, é importante possibilitar as pontes, os canais entre o pensamento e a realidade, respeitando a história de cada um e tornando a matéria do conhecimento realmente significativa. Ainda na questão do método como revelador de significados, a idéia de que *o oprimido hospeda o opressor — e o opressor é um oprimido* — continua sendo muito atual para nós (Jussara Mª Dutra Vieira, entrevista concedida em 2000).

De resto, tendo a concordar com o entendimento de que: "por mais que essas inspirações de Paulo Freire tenham se inspirado em outras fontes, coube-lhe ser a pessoa que formulou e divulgou um tipo de educação que muito influenciou toda uma geração" (Fátima Bezerra, entrevista concedida em 2000).

A concordância inicial de que Paulo Freire influenciou a formação do líder sindical e do sindicalismo docente, posição essa expressa na "visão" das lideranças sindicais, evoluiu para o reconhecimento e destaque das teses freireanas mais presentes na categoria sindical docente. Embora não tenha registrado, neste instante, todas as falas dos líderes sindicais, posso afirmar que houve unanimidade na posição a respeito. Não pretendo afirmar que esta seja uma posição unânime entre todos os membros da categoria sindical docente, o que, sem dúvida, seria uma posição ingênua, porém, até onde foi possível avaliar, sobretudo considerando-se o posicionamento das lideranças, a influência do pensamento freireano no sindicalismo docente foi reafirmada por meio do diálogo estabelecido com representantes da referida categoria sindical. Porém, para melhor testar a hipótese que defendo, é importante saber *como essa influência* se manifesta no interior do sindicato docente. Como é possível um educador libertário, continuamente preocupado com a utopia, ser útil a um sindicato? Posto de forma diferente, como é possível a um educador, eminentemente preocupado com a morosidade, com a humanização das relações sociais, ser útil a um movimento sindical mais combativo, severo, rígido? O reconhecimento, pelos entrevistados, da influência do pensamento de Freire no sindicalismo docente e a referência às teses freireanas mais pertinentes à referida categoria sindical levou-me a essa curiosidade.

d) Manifestação do pensamento freireano no interior do sindicato docente

Em torno dessa questão muito se discutiu. Primeiro, a clareza dos sindicalistas de que a forma de ser e de agir dos sindicatos, notadamente na sua relação com o Estado, está associada

> à falta de respeito, ao desrespeito mesmo, à indignidade reinante, à falta de atenção do Estado para com os problemas sociais em geral. No caso da educação, reflete na postura do movimento. De repente, é como se a gente tivesse ficado embrutecido, porque o grau de revolta é muito grande e tem determinados momentos que a gente se sente completamente impotente. Esse tom até raivoso, de ira, às vezes deve ser considerado tendo em vista essas variáveis que aponto. Do ponto de vista das desigualdades sociais, da reprodução de injustiças que efetivamente são muito fortes. Mas penso que, mesmo assim, e nisso não tenho a menor dúvida, o pensamento de Paulo Freire influenciou o movimento sindical no momento em que ele influenciou os próprios educadores (Fátima Bezerra, entrevista concedida em 2000).

Igual argumento foi empregado por Francisco das Chagas Fernandes do já referido sindicato potiguar, e vice-presidente da CNTE:

> Tenho para mim que essa história da raiva, da brutalidade que está entre nós não é só dos sindicalistas [...] nós fazemos uso disso porque do outro lado existe muito mais brutalidade. O sistema é muito opressor e força o movimento sindical a ser assim, apesar de que poderíamos ser muito mais pacientes, amorosos e tolerantes. [...] nós sindicalistas gostaríamos que fôssemos assim, que o mundo fosse mais paciente, carinhoso, observador como queria Paulo Freire, mas não é. Mas, de qualquer maneira, o que Paulo Freire foi faz com que a gente perceba que não somos mas é como se a gente quisesse ser, ou quiséssemos que o mundo fosse. A decisão dele [Paulo Freire] era enérgica, mas não era autoritário (Entrevista concedida em 2000).

Dito isso, explicando muito mais do que justificando *determinada forma de ser e de agir do sindicalismo*, reconhecendo-se na sua relação com o social, com o Estado, mas, sobretudo, sinalizando a *capacidade de poder mudar*, retomamos a questão em foco, ou seja, como essa influência está marcada no sindicalismo docente. Para a CNTE:

> Creio que é uma questão de identidade muito mais do que de utilidade. O sindicalismo vive o tensionamento permanente entre a institucionalização e a mobilização. É esse(a) *educador(a) libertário(a)* que supera a tendência da amortização da luta para domesticar o sindicato útil, prestador de serviços, avalista de *shopping center* ou agente da sorte individual. [...] é essa presença que possibilita a diferença, a organização de tendência, motiva os debates e resoluções congressuais, forja as políticas públicas para a disputa social e valida a construção da identidade de classes na sociedade pautada na globalização econômica e pela supressão de direitos em benefício das oportunidades. Esse incômodo ruído do debate no interior dos sindicatos é algo muito mais agudo do que a mera utilidade (Carlos Augusto Abicalil, entrevista concedida em 2000).

De fato, a prevalência da identidade tal qual nos fala o presidente da CNTE foi se manifestando à medida que a liderança posicionava-se. Ele tem razão ao afirmar que a identidade é uma questão bem mais profunda do que a mera utilização de determinado pensamento por uma categoria sindical, além do que fortifica nossa tese, sobretudo quando a própria categoria pesquisada reconhecer isso. Mas a questão que resta saber é *em que direção* "o ruído do debate" acena no interior de outros sindicatos.

Para o SINTE/RN:

> Não obstante essa rigidez, essa inflexão do movimento sindical, acredito que *a esperança* faz a ponte, a conexão entre Paulo Freire e o sindicalismo docente. Nosso objetivo é todo ele centrado em cima de uma esperança de mudança, de transformação da realidade. A forma como o mestre Paulo Freire trabalha contundentemente a esperança é a ponte. É ela que faz essa conexão da obra freireana alimentar o pensamento e a luta sindical. A esperança é o sonho que a gente quer realizar (Hudson Guimarães, entrevista concedida em 2000).

Ou, dito por outra entidade sindical — o SINDIUPES/ES:

> Um educador libertário, preocupado com a utopia, é útil a um sindicato, porque a *utopia é construída coletivamente no nosso cotidiano*. Ela é uma busca permanente e crescente nas lutas sociais e, conseqüentemente, em

seus espaços organizacionais (Artur Sérgio Rangel, entrevista concedida em 2000).

A utopia e a esperança, teses tão caras ao pensar freireano, são reconhecidas insistentemente como suportes teóricos ao sindicalismo e, mais, são trabalhadas teoricamente, fundamentando, assim, a opção assumida.

> A dimensão ontológica, portanto utópica, de ser humano é uma de suas características básicas. Diferentemente dos animais, o ser humano pode inserir-se no mundo, em vez de apenas adaptar-se — diferença feita por Freire. Adaptar-se é viver segundo as determinações naturais: o ser humano luta para satisfazer as suas necessidades primárias. Inserir-se pressupõe um ato voluntário de transformação da realidade em que se vive, portanto, é uma ação que intenciona o devir de alguma coisa que é para vir a ser, algo que ainda não é, mas que pode ser. Essa capacidade de pressentir, de viver antecipadamente o devir da realidade, é um ato ontológico especificamente humano e que nenhum animal pode fazê-lo. Nesse sentido, a utopia é uma marca ontológica de todos os que desejam transformar a realidade em que vivem, e os sindicalistas, ao menos em sua maioria, primam por esse traço. Não é possível desvincular o desejo de transformação do sindicalista de sua luta pela transformação ou manutenção da realidade (João Alves dos Santos, entrevista concedida em 2000).

Apesar de longa, essa fala encoraja-me a reafirmar a posição já tomada. Quando falei anteriormente que a visão das lideranças era uma visão fundada, ou seja, fundamentada teoricamente naquilo que afirmavam, em especial a referência às teses de Freire, acredito não haver me precipitado nessa dedução. A fala do sindicalista João Alves corrobora minha afirmativa ao reacender toda uma discussão iniciada por Freire sobre a utopia e a esperança. Na *Pedagogia da esperança*, uma de suas obras, fundamenta, sobremaneira, seu pensar a respeito. Para ele,

> Enquanto necessidade ontológica a esperança precisa da prática para tornar-se concretude histórica. É por isso que não há esperança na pura espera, nem tampouco se alcança o que se espera na espera pura, que vira, assim, espera vã. [...] Daí a precisão de uma certa educação da esperança. É que ela tem uma tal importância em nossa existência, individual e social, que não devemos experimentá-la de forma errada, deixando que ela resvale para a desesperança e o desespero. Desesperança e

desespero, conseqüência e razão de ser da inação ou do imobilismo (Freire, 1992: 11).

Não estariam os sindicalistas docentes alicerçados nessa forma de pensar ao encontrarem sentido para continuar resistindo, lutando enquanto esperam os avanços sociais, as conquistas da categoria?

Outras "vozes" sindicais se encarregaram de responder a essa questão ao refletir sobre *como* um educador libertário pode estar presente em uma categoria sindical, ou como a utopia está sendo construída e conquistada no interior dos sindicatos. Para o SINTE de Santa Catarina,

> Construindo, diariamente, o sonho por uma sociedade fraterna, igualitária, lutando por uma escola pública gratuita e de qualidade para todos, defendendo os excluídos num processo que avance contra o corporativismo das categorias, enfim, lançando todos os dias a semente da *utopia* a cada um e uma (Mauri Matos de Freitas, entrevista concedida em 2000).

Já o SINTEP/Marabá elege

> A questão do *respeito* a que o Paulo Freire tanto se referia, o respeito do homem para com o homem. Nós, sindicalistas, trabalhamos sempre nesse paradigma de respeitar o nosso companheiro que está nas escolas: o vigia, o servente, a merendeira, os professores e os diretores. É com esse princípio de respeito, de ver as necessidades de cada um, as dificuldades de cada um que a gente trabalha. A metodologia que usamos nos nossos cursos de formação sindical exercita essa relação em que o pensamento de Paulo Freire está inserido (Angelina Martins da Cruz, entrevista concedida em 2000).

Associada a essa questão, ainda da referida instância sindical, um outro aspecto do exercício da prática do SINTEP foi destacado.

> Você tem que contribuir, mas primeiramente saber o espaço em que você está, a conjuntura em que você está e quem está no poder para você saber até onde pode ir. *Existem limites*. Saber a hora de atacar e a hora de parar para analisar e seguir o outro passo senão você coloca tudo a perder. Isso está relacionado com o pensamento de Paulo Freire, temos certeza (Maria Vieira, entrevista concedida em 2000).

Em outras palavras, é preciso considerar *o viável possível*. Considerar a realidade posta, mapear os espaços sociais existentes e reconhecer, nesses espaços, os limites de uma ação transformadora. A sabedoria, portanto, está em função das possibilidades existentes, saber reconhecer os limites do presente.

Para a Apeoesp, a contribuição de Freire está marcada no sindicalismo por meio do entendimento da utopia como possibilidade, como sonho possível, como entendia Paulo Freire.

> A luta sindical, sobretudo a luta sindical dos professores, é fundamentalmente animada por uma *perspectiva utópica*. O fundamento básico da atividade docente é a busca de uma escola pública capaz de atender, em sua plenitude, os direitos e necessidades da população e, neste contexto, dos profissionais que nela trabalham. Nossa utopia está a serviço de uma nova sociedade, igualitária, justa e libertária. Desse ponto de vista, cada reivindicação, cada campanha, cada greve que fazemos, coloca-se na perspectiva dessa grande utopia. Diria mesmo que, sem utopia, é impossível levar adiante a luta sindical docente (Mª Izabel Antenor Noronha, entrevista concedida em 2000).

Enfim, dito de forma diferente e por outro sindicato docente — o Sintep/PE:

> Paulo Freire está presente quando ele consegue trazer para o sindicato sua utopia, contribuindo para *redimensionar a ação sindical*, incluindo, além da luta corporativa, a luta por uma sociedade libertária, emancipadora. É a dimensão do projeto social" (Mª Teresa Leitão de Melo, entrevista concedida em 2000).

De fato, esse posicionamento do sindicato tem muito a ver com o pensar freireano. Para Freire, "minha esperança é necessária, mas não é suficiente. Ela, só, não ganha a luta, mas sem ela a luta fraqueja e titubeia. Precisamos da esperança crítica, como o peixe necessita da água despoluída" (Freire, 1992: 10). Convenhamos, é bem essa a condução tomada pelo sindicato ao redimensionar sua ação.

e) A conjuntura e suas implicações para o sindicalismo docente

A dimensão de um projeto social libertário, emancipador, democrático implica conhecer e considerar a atual conjuntura política, econômica e social. Essa é a posição dos sindicatos, e sobre a *análise conjuntural* o sindicalismo muito tem a dizer a respeito do governo, das políticas governamentais, de sua relação com o Estado, dos problemas da educação pública brasileira, do papel do sindicato docente na atual conjuntura, dentre tantos outros aspectos. De certa forma, a discussão anteriormente registrada acerca do quadro histórico no qual emergiu o sindicalismo docente já sinaliza na direção do que constitui, na verdade, a "visão" das lideranças sindicais a respeito da atual conjuntura política, econômica e social do país. Nem poderia ser diferente, dado essa "visão" ser marcada pela vivência das conseqüências geradas pela atual política governamental, notadamente no que se refere ao agravamento das questões sociais. Como já foi enfatizado, muitas são as causas responsáveis pelo acelerar da descidadanização social, a maioria ancorada na ausência de um mercado de trabalho e no desemprego em massa — força motora do ideário neoliberal. O mercado como modelo justifica as desigualdades sociais marcadas pela pobreza e pela miséria absoluta da população, desagregando velozmente o já escasso tecido social. As conseqüências dessa realidade para as organizações sindicais, para os trabalhadores, são desastrosas. O sindicato docente não foge à regra:

> Hoje, a tentativa é isolar os movimentos sindicais das ações que vêm sendo desenvolvidas. As passeatas, as greves, estão com muito mais dificuldade de acontecer. Não é fácil organizar uma luta em um momento de crise como esse. Um momento de falta de emprego, ausência de política salarial, ausência de data-base, de processo de negociação entre patrões e empregados. No nosso caso, dificuldade de negociação entre as entidades sindicais e os funcionários públicos com os governos estaduais e o governo federal. Portanto, é um momento diferente (João Antônio Felício, entrevista concedida em 1997).

Para o sindicalismo docente, essa realidade bate forte por entre a categoria, quer seja pelas dificuldades internas a sua organização, quer seja pela necessidade de aprofundar conhecimentos sobre a realidade imperante, a fim de melhor enfrentá-la, quer seja, ainda, pelos desafios impostos aos educadores no enfrentamento da realidade das escolas públicas brasileiras. Ao se confrontarem com o ajuste estrutural neoliberal do governo Fernando Henrique Cardoso, as lideranças sindicais reconhecem que o fazem com dificuldade, por meio de muitos conflitos e fragilidades da própria categoria e, por isso mesmo, preocupam-se em criar alternativas que fortifiquem o movimento. O SINDIUPES/ES, por exemplo, assume que a política do sindicato é passar para toda a categoria o significado das políticas neoliberais, de reação do Estado, de redução das políticas públicas, de privatização da saúde, da educação, da segurança:

> Acho que estamos no momento de aglutinar forças de forma mais ampla. Não dá para a gente ter lutas corporativas. O problema da educação é o mesmo da saúde, da segurança, da agricultura. Nós não vamos conseguir isoladamente reverter esse quadro. É preciso ampliar o conjunto dos trabalhadores no serviço público com uma luta mais geral contra essa política de redução do Estado. E que também não se restrinja ao servidor público. A luta da educação, da saúde, não pode ser específica do sindicato daquela categoria, nós temos que conseguir criar esse elo e essa ampliação na defesa desses interesses que são essenciais para a melhoria da qualidade de vida da população (Artur Sérgio Rangel, entrevista concedida em 1997).

A crítica feita pelos sindicatos à atual política do governo veio, sempre e simultaneamente, acompanhada da preocupação em *apontar saídas, estratégias de ação* que fortifiquem o movimento no embate com o Estado. Isso porque há o reconhecimento de que:

> Estamos mais na resistência do que na ofensiva, mas não estamos dando conta do monstro, do projeto neoliberal. [...] a sociedade hoje não aceita mais que se vá para a disputa sem ter proposta, apenas dizendo não. Hoje são duas as dificuldades para enfrentar o projeto neoliberal: uma, não temos mobilização suficiente, porque o ataque do governo é muito forte; e outra, não temos conseguido fazer propostas para enfrentar as propostas que o governo está colocando (Francisco das Chagas Fernandes, entrevista concedida em 1997).

Conseqüentemente, a necessidade de mobilização da categoria, reconhecida por todos os sindicatos como uma forma de fortificar o sindicalismo na sua relação com o poder público, passa a ser uma tarefa difícil nos dias atuais. Como bem afirma a APP/PR,

> Nós procuramos organizar as nossas forças fazendo campanhas de luta, mas sentimos dificuldade porque nem a própria base corresponde no momento de luta. Ela se sente, também, pressionada por esse projeto neoliberal a ficar certinha dando suas aulas (Elza Aparecida Huren, entrevista concedida em 1997).

O mesmo acontece no SINTEGO/GO: "Os sindicatos, de um modo geral, convivem com essa contradição de enfrentar um novo modelo de sociedade neoliberal sem ter tido condição de organização" (Sandra Rodrigues Cabral, entrevista concedida em 1997). Como que para agravar ainda mais o quadro de dificuldades a serem enfrentadas pelos sindicatos, é preciso considerar, ainda, a dimensão tomada pela política neoliberal, no que se refere ao poder local dos Estados, dos municípios. As particularidades locais, as diferentes formas de poder instauradas, alicerçadas na autonomia que lhes foi conferida pela Constituição de 1988, desarticulam, ainda mais, a organização e mobilização sindical.

> Na educação, nós, funcionários públicos, temos 27 patrões, porque são 27 governos. É o Estado como patrão, mas com as especificidades de cada governo. Esse é um grande problema. Por exemplo, nós não temos condições de fazer uma luta nacional, porque apesar de termos um Estado nacional, na prática, ele é patrão só nas idéias, mas no dia-a-dia dos trabalhadores da educação cada Estado é patrão. O fundão [Fundo de Manutenção e Desenvolvimento do Ensino e de Valorização do Magistério] é um bom exemplo (Francisco das Chagas Fernandes, entrevista concedida em 2000).

Todos esses fatores, juntos, acirram *os conflitos, as tensões por entre a categoria sindical*. Seguramente, são limites com reflexos diretos na mobilização e fortalecimento da categoria.

Enfim, pelo que se pode notar, além das dificuldades específicas da política implementada pelo atual governo, há a nítida clareza, por parte dos sindicalistas, de que também no interior da própria categoria há limites fortes freando a organização sindical no enfrentamento dos desafios postos. Os conflitos existentes entre os sindicalistas também respondem por suas fragilidades:

> O fato de existir muita briga interna, às vezes sem nenhuma racionalidade, também chega a "quase" nos desanimar, principalmente em época de congressos da CUT. Mas a esperança, a utopia de construir um Brasil melhor para os brasileiros, torná-lo uma nação de fato, nos faz continuar (Valdeci Augusto de Oliveira, entrevista concedida em 2000).

É uma questão notória a conflituosidade marcada nas relações estabelecidas entre o sindicalismo docente e a administração pública, em especial quando se trata de uma administração comprometida com a política governamental implementada no país nos últimos anos. Contudo, é igualmente notório o conhecimento de experiências públicas administrativas que não comungam com os interesses e propósitos político-ideológicos que marcam a maioria das gestões públicas brasileiras, algumas delas em plena expansão nos tempos atuais, em especial no âmbito das administrações municipais. Sem pretender isentar essas experiências dos erros e acertos presentes em qualquer administração pública, apenas indago-me em que ordem se dariam os conflitos entre sindicatos e poder público em administrações consideradas progressistas? Remeti essa curiosidade ao campo específico da educação, particularmente na gestão de Paulo Freire como secretário de Educação Municipal de São Paulo, na administração do Partido dos Trabalhadores, no governo de Luiza Erundina. Sendo assim e na linha das prioridades assumidas nessa pesquisa, dialoguei com o presidente do SINPEEM — Sindicato dos Profissionais de Educação do Município de São Paulo —, Cláudio Fonsêca, presidente da referida entidade sindical quando da administração de Paulo Freire.

Diferentemente das demais entrevistas, nosso diálogo foi mais pontual, tendo girado em torno dessa curiosidade de conhecimento específico, ou seja, *como foi a relação do sindicato com Paulo Freire, administrador público?* Em função dessa questão, outros aspectos foram enfocados. Para Cláudio Fonsêca,

> Paulo Freire assumiu a função de Secretário de Educação dado o grande prestígio que ele tinha nacionalmente, contudo sem nenhuma experiência administrativa. Para administrar precisou se cercar de assessores vinculados à Universidade, todos igualmente sem experiência administrativa. Parece que ele queria deixar a administração para essa equipe.[18] Ele, Paulo Freire, ficou com o "pensar" a educação [...] Paulo Freire queria na verdade ser um intelectual, um educador estando na administração. Talvez o erro estivesse aí (Entrevista concedida em 2000).

De fato, o depoimento do líder sindical é, em parte, verdadeiro. Paulo Freire, ao assumir o cargo, o fez com a convicção de tentar realizar um velho sonho que o movia: "mudar a cara da escola. O sonho

---

18. Vale ressaltar que todas as críticas feitas à administração foram relacionadas ao colegiado administrador, e não à pessoa do secretário. Ao contrário, a opção atribuída a Freire em não se envolver com as questões administrativas encontra logo uma justificativa: crise de identidade entre ser educador e ser administrador, pondera o líder sindical. "Foi um erro da Erundina nomeá-lo secretário. Poderia ter sido orientador pedagógico, consultor educacional da política da educação no município" (Cláudio Fonsêca, entrevista concedida em 2000).

de democratizá-la, de superar o seu elitismo autoritário, o que só pode ser feito democraticamente" (Freire, 1991: 74). Com esse propósito, elegeu um colegiado de assessores capaz de não apenas subsidiá-lo nas decisões administrativas, mas de também, com ele, administrar. Na verdade, em se tratando de uma administração com propósitos democráticos, não poderia ser diferente. Acredito que, ao delegar ao colegiado por ele constituído poderes de decisão, não estava se omitindo da sua função, apenas buscando exercitar, na prática, o seu entendimento sobre a participação. Já dizia Freire ao se referir à participação das classes populares na administração da SME:

> A participação não pode ser reduzida a uma pura colaboração que setores populacionais devessem e pudessem dar à administração pública. [...] a participação implica um "estar presente na história e não simplesmente nela estar representadas". Implica a participação política das classes populares através se suas representações ao nível das opções, das decisões, e não só do fazer o já programado (Freire, 1991:75).

Por que, então, deveria esse entendimento ser diferente em relação aos seus assessores? Como que respondendo às inquietações do nosso entrevistado, mesmo sem ter sido essa a intenção primeira, Freire, ao refletir sobre a referida medida por ele adotada na SME/SP, justifica:

> Partimos da seguinte afirmação dialética: você não muda a consciência sem mudar a forma como a consciência opera. No caso da Educação, você não pode convencer as professoras a serem mais democráticas se a engrenagem onde elas estão inseridas é autoritária. Nós fizemos uma alteração administrativa na estrutura da Secretaria e cortamos 40% do poder do Secretário. O que tinha de individual em mim, como Secretário, eu retirei e transferi para decisões colegiadas. Diminuí o poder individual do Secretário mas reforcei o poder coletivo que o Secretário tinha. Dei forças às idéias democráticas e retirei o poder do Secretário da estrutura autoritária, porque antes nada era feito sem o Secretário (Freire, 1991: 76).

Para Freire, a *descentralização do poder* era, também, uma forma de democratizá-lo.

Quanto ao empenho de buscar nas universidades o apoio de professores que se dispusessem a discutir as propostas de mudança para a rede pública de ensino municipal, certamente foi centrado no entendimento por ele assumido, quando indagado a respeito, de que:

A universidade tem uma responsabilidade social a cumprir junto aos demais graus de ensino e uma contribuição fundamental a dar no que diz respeito à compreensão do conhecimento, às perspectivas de avanço nas diferentes dimensões do conhecimento bem como às questões de formação dos profissionais que atuam nas redes de ensino. Considero também que a aproximação da universidade com a escola permite que a própria universidade se aproprie de um conhecimento da realidade que a fará repensar o seu ensino e a sua pesquisa (Freire, 1991: 82).

Quanto à falta de experiência, acredito, cada vez mais, que nós só a adquirimos exercitando, fazendo, acertando, errando. Sem prescindir da teoria fundamental a toda e qualquer ação transformadora, não dá para adquirirmos experiência sem o exercício fundamental da prática, ou seja, sem o caminhar.

Que fique claro: não é minha intenção polemizar, defender ou justificar as atitudes tomadas por Freire ao administrar a educação municipal em São Paulo. Não é esse meu propósito nem me disponho a tanto. Apenas exponho o pensar do próprio Freire sobre esses aspectos, tentando subsidiar o leitor com outras informações a respeito.[19] Mas enfim, como foi a relação entre o sindicato e a administração de Paulo Freire? Embora não fosse esperado por muitos, foi uma relação conflituosa.

> Os militantes que faziam parte do governo tinham sua origem no movimento sindical, confundindo o papel do governo com o de militante sindicalista. Com isso achavam que poderiam estabelecer a relação direta com a categoria sem a mediação do sindicato, negando a função e o papel do sindicato. Falta de experiência, talvez (Cláudio Fonsêca, entrevista concedida em 2000).

Ao criticar a duplicidade de funções assumidas pelos assessores da Secretaria de Educação — condutores da política administrativa do governo — o líder sindical reconhece não apenas conflitos nas relações estabelecidas entre as duas instâncias, mas, principalmente, revela-nos *limites de um governo progressista*. Sem negociar diretamente com o sindicato, mediador entre o poder público e o sindicalismo que

---

19. Em alguns dos últimos livros escritos por Freire, ele nos falou da sua experiência. Citaria *A educação na cidade* como um bom recurso para entender melhor os princípios políticos e filosóficos da proposta educacional apresentada à cidade de São Paulo quando da sua administração.

representa, a administração pública acaba ferindo a representatividade da categoria por ela própria reconhecida. Penso que a aproximação e envolvimento dos segmentos que compõem a rede municipal de ensino na elaboração e implantação de uma proposta de educação pública popular talvez responda, em parte, pela duplicidade de funções dos agentes de governo. Afinal, os vários canais de participação democrática criados para esse fim terminavam favorecendo a relação direta da categoria com o governo, isentando, em alguns momentos, a mediação do sindicato. O que, convenhamos, foi uma experiência inusitada. De resto, e depois do alerta mais do que oportuno no momento atual, é como fala o SINPEEM: "Devemos considerar que só depois de 446 anos a cidade de São Paulo teve uma administração popular. Foi uma inexperiência movida pela vontade de acertar" (Cláudio Fonsêca, entrevista concedida em 2000).

Mesmo assim, apesar dos conflitos existentes, *sindicato e governo atuaram juntos*. Dentre as ações conjuntas realizadas, o sindicalista destaca o Estatuto do Magistério e a Organização da Jornada de Trabalho dos professores. Contudo, considera que "a principal vitória da gestão de Paulo Freire foi a organização da jornada de trabalho para os professores. Hoje os conservadores não conseguem engolir e não conseguem derrubar" (Cláudio Fonsêca, entrevista concedida em 2000). Por fim, afirma o líder do SINPEEM na mesma entrevista: "Paulo Freire era a pessoa certa para a educação e a inadequada para o sistema".

f) Relação da liderança sindical com a categoria e o Estado

Diante de todos esses aspectos conjunturais e suas implicações para a organização da categoria sindical docente (para ficar apenas nesse campo de análise específica), como se dá a *relação do líder sindical com a categoria? E desta com a esfera pública?* Todos sabemos o quanto a conjuntura massacra e inibe, ao extremo, os caminhos facilitadores a qualquer organização social. Muito já se falou a respeito. Da mesma forma, e como conseqüência, as relações estabelecidas entre a categoria sindical e o Estado, ou mesmo entre a liderança sindical e a categoria, também vêm sofrendo sérias críticas. Daí o interesse em discutir *que as forças teóricas* ajudam a fundamentar e a orientar o líder sindical nessa relação. Antes ressalto o entendimento expresso de que:

> O sindicato é assumido como um espaço de formação coletiva, não apenas de seus dirigentes, mas da categoria como um todo. O dirigente sin-

dical, em especial, se forma na relação com os seus pares, na relação com a categoria e, também, na sua relação com o poder público e com a sociedade (Mª Izabel Antenor Noronha, entrevista concedida em 2000).

É exatamente o fruto dessa relação que força o líder sindical a buscar maior formação política. Ao assumir a liderança, dele é cobrada, por seus pares, a maior capacidade de oferecer respostas globais aos problemas da categoria, demandando dele, em resposta, um esforço de formação mais geral, do ponto de vista teórico e prático. O mesmo acontece na sua relação com o Estado.

Os processos de negociação das reivindicações dos professores junto ao poder público contribuem para uma melhor formação das lideranças sindicais, uma vez que exigem dessas lideranças um aperfeiçoamento cada vez maior de sua capacidade de processar informações, estabelecer relações entre diversas informações e elaborar propostas que atendam aos anseios da categoria que representa. Em resumo, as exigências da própria categoria e os desafios impostos pela sua relação com o poder público e com a sociedade estabelecem parâmetros e impõem ao dirigente sindical docente maior formação sindical e política (Mª Izabel Antenor Noronha, entrevista concedida em 2000).

Nessa ótica, são os desafios que movem a busca de conhecimentos e que irão subsidiar o líder sindical na sua relação com a categoria e com a esfera pública.

Nessa relação, quais as teorias que perpassaram e perpassam esse relacionamento? A resposta para essa questão foi também uma forma de manifestar as teorias embutidas nas matrizes discursivas que lhes formaram. Uma reafirmação da sua influência, poderia dizer. A voz das lideranças permite-me tal conclusão, senão vejamos:

> Creio que a *visão dialética implícita nas teorias da resistência* levou muitas lideranças sindicais a apostar na viabilidade de avanços na consciência política dos trabalhadores. Isso, por sua vez, possibilitava a *intervenção na realidade*. [...] Penso que tanto a CUT quanto o partido tiveram, e têm, um potencial revolucionário por enfrentar a questão das relações entre os trabalhadores e o poder político e econômico mediados pelo Estado (Jussara M. Dutra Vieira, entrevista concedida em 2000).

Esse entendimento dos sindicalistas gaúchos é reafirmado, aqui no Nordeste, pelos pernambucanos. Para o SINTE/PE,

As teses que deram origem à CUT e que até hoje a sustentam como uma central democrática, independente, de massa e de base. O líder sindical que tem convicção desses princípios tem uma *relação dialógica* com a categoria, defende a esfera pública como espaço de direito e é autônomo na relação com o poder público" (Teresa Leitão, entrevista concedida em 2000).

Na voz da CNTE, no horizonte em que a CUT foi fundada ela veio associada ao movimento popular, social e político por democracia, direito e liberdade. É nesse contexto que

> a *educação transformadora e libertária, a educação para a mudança*, para a *consciência crítica e para a autonomia política* foram cimento importante nesse período, assim como a construção da consciência política da classe trabalhadora (Carlos Augusto Abicalil, entrevista concedida em 2000).

Há uma nítida preocupação dos sindicalistas em enaltecer a central sindical à qual estão vinculados, atribuindo-lhe a responsabilidade pela formação e orientação dos sindicalistas quando da sua relação entre seus pares e com o poder público. Foi assim que

> o sindicato e suas lideranças pautaram a luta por condições salariais e de carreira, como também por um serviço público democratizado, universal, laico e de qualidade. O apelo à liberdade de pensamento e de expressão foi muito forte, assim como o rebatimento prático às teses de que a escola é mero aparelho reprodutor do Estado capitalista (Carlos Augusto Abicalil, entrevista concedida em 2000).

Quanto à *concepção de Estado,* para João Alves dos Santos, membro da diretoria da Apeoesp,

> O Estado é visto, indubitavelmente, como um produto de dominação de classe, mas não apenas reproduz os interesses da classe dominante. Ele possui uma certa autonomia em relação às classes, a qual pode desenvolver-se dependendo de determinados momentos históricos. Nesse sentido, a construção da contra-hegemonia passa também pela atuação no interior do Estado, aumentando os espaços democráticos através da cidadania, como possibilidade de transformação social. [...] Já a escola pública, nós a vemos como espaço de formação efetiva para a cidadania. É um espaço público de disputa e exercício da cidadania, um instrumento de educação e luta dos trabalhadores visando a transformação da ordem social. Além de seu aspecto ideológico, pode ser um espaço contra-ideológico (João Alves dos Santos, entrevista concedida em 2000).

Contudo, o reconhecimento do Estado como um espaço de contraditoriedade, de possibilidades, de ações reivindicatórias da classe trabalhadora, não obscurece o entendimento dos sindicalistas docentes do que significa, hoje, esse Estado para a sociedade. A visão da CNTE a esse respeito é muito clara:

> O Estado brasileiro é um Estado que entende a sociedade não como interlocutora, e as organizações sociais já são preconcebidas como inimigas das políticas determinadas pelos atuais governantes de plantão. Portanto, uma sociedade desassociada do Estado merece apenas ser informada e sofrer as ações por ele implementadas (Carlos Augusto Abicalil, entrevista concedida em 1997).

Ora, desse entendimento, que não é apenas da CNTE, somado às demais questões já retratadas em nossa análise, pode-se inferir a dedução do quanto é difícil a relação estabelecida hoje entre a classe trabalhadora e a esfera pública. O sindicalismo docente é apenas um dos segmentos sociais a conviver com essa realidade, por demais conhecida, vivida e contestada no meio social e sindical. Não é o caso, portanto, de repetir as inúmeras análises críticas apontadas pelas lideranças sindicais em nosso diálogo a esse respeito. Acredito até ser desnecessário nesse instante. Mas é o caso de dizer que a relação dessa categoria sindical com o Estado é por eles reconhecida como extremamente difícil e conflituosa.

g) Novas formas de atuação sindical

Portanto, dentro do que interessa destacar, os limites conflituosos presentes na relação dos sindicatos com o poder público não isenta nem mesmo governos progressistas ou considerados de esquerda. Ao contrário, é justamente a aproximação de interesses entre governo e sindicatos que dão ao sindicalismo um credenciamento muito maior com os governos progressistas do que com os conservadores. Esse credenciamento, esse acesso, acaba gerando nos sindicatos "uma miopia às avessas", como nos alerta José Eustáquio Romão.[20] Ou seja, um sindicato míope no sentido de fazer avançar a luta política da sociedade como um todo. Sem dúvida, enveredar nessa discussão é conhecer e

---

20. Oportuna expressão cunhada pelo Prof. José Eustáquio Romão quando do exame de qualificação desse texto.

considerar as causas que vêm obscurecendo a "visão" dos sindicalistas, algumas aqui lembradas enquanto limitações. Porém, é precisamente a busca de minimizar as limitações com as quais convivem que os sindicalistas começam a "enxergar" e a reconhecer que os limites não estão apenas na ordem estrutural mais ampla, mas também ligados a fatores internos à categoria.

No nosso diálogo, por exemplo, não pouparam esforços nas críticas feitas ao governo, embora não deixassem de reconhecer e de frisar alguns dos limites mais pertinentes à categoria. Aliás, a reflexão sobre eles se sobrepôs até à crítica feita à política governamental. No fundo, o que foi possível registrar é que a *leitura da realidade se fez muito mais por meio da autocrítica*, da necessidade de os sindicatos considerarem, no acelerado processo de mudança dos últimos anos, *novas formas de atuação*, seja na sua relação com o Estado, com a categoria, seja ainda com a sociedade de um modo geral, isto é, não se detiveram apenas em contestar, combater e criticar o governo, prática que marcou o sindicalismo dos anos 1980, mas em refletir sobre as fragilidades dos sindicatos buscando criar alternativas para sua atuação nos dias atuais. O foco das preocupações deslocou-se, portanto, da crítica, da contestação, para uma análise avaliativa do próprio sindicato, e daí para as alternativas de enfrentamento dessa "situação nova", desse novo tempo, mesmo reconhecendo as enormes dificuldades existentes para enfrentar o projeto neoliberal. Isso porque a concepção imperante nas lideranças sindicais docentes é a de que "não dá mais para fazer movimento sindical só no grito. É necessário que se estude, que saibamos aquilo que os patrões e os governos têm a colocar para a categoria. É necessário que a gente esteja preparado" (Francisco das Chagas Fernandes, entrevista concedida em 1997).

Estar preparado é considerar que hoje o momento é outro e, portanto, é preciso agir diferentemente:

> O momento exige da gente a tentativa de se combinar a resistência com a apresentação de soluções para a sociedade, de apresentar propostas. Você só consegue convencer a sociedade de que suas propostas são as mais corretas e de que sua análise, quer seja da política econômica do governo, da ausência das políticas sociais por parte do governo, a partir do momento que você consegue dialogar com a sociedade apresentando soluções para os problemas. De nada adianta a resistência, somente, sem a apresentação de soluções. Por isso, a disputa pela hegemonia na sociedade passa pela apresentação de soluções (João Antônio Felício, entrevista concedida em 1997).

Esse vem a ser o pensamento do *sindicato propositivo*, próprio dos tempos atuais.

Contudo, a busca de soluções para os enormes problemas que assolam a sociedade ultrapassa as condições concretas dos sindicatos. Os sindicatos têm a clareza dos seus limites, e, por isso mesmo, buscam saídas, alternativas viáveis, possíveis. Uma delas está expressa no entendimento do CPERS.

> Evidentemente os tempos entre o ativismo sindical e as estratégias de mudança de longo prazo são muito diferentes. Por isso, é importante, mesmo andando devagar, mover todos e tentar, continuamente, alimentar os referenciais teóricos que dão suporte à ação educacional e política (Jussara M. Dutra Vieira, entrevista concedida em 2000).

Há entre os sindicalistas uma forte convicção de que é preciso ampliar, para as demais instâncias sociais, as preocupações, as reivindicações antes tidas como específicas do movimento sindical docente.

> O momento exige muita unidade na sociedade de todos aqueles que se opõem às políticas neoliberais. Unidade entre o movimento sindical e os partidos políticos de esquerda, os partidos progressistas, os movimentos da sociedade civil, a Igreja, o MST etc. O momento exige da gente ações em que se procura colocar o conjunto daqueles que divergem das políticas neoliberais em ação, contra aqueles que defendem essas políticas (João Antônio Felício, entrevista concedida em 1997).

Trata-se, certamente, de um sindicato novo, e a esse respeito muitos sindicatos se posicionaram. Para o SINTE/SC, por exemplo,

> É fundamental que se discuta um novo tipo de sindicato, o que a gente vem discutindo na CUT. Uma alternativa que se chama *sindicato orgânico* [...] um sindicato que crie situações que garantam essa unidade dos trabalhadores na luta contra os projetos de exclusão" (Mauri Matos de Freitas, entrevista concedida em 1997).

Igual preocupação se faz presente no SINTEG/GO.

> O momento hoje nos obriga a repensar e a construir de fato não um modelo, mas uma prática sindical de fato democrática, que inclua os desejos dos trabalhadores no cotidiano do sindicato. Isso quer dizer que o sindicato da educação não pode discutir só educação, ou o sindicato da saúde discutir só saúde. [...] por mais que a gente tenha construído

um modelo de organização sindical para enfrentar os desafios dos anos 1980, esse modelo já está um pouco caduco (Sandra Rodrigues Cabral, entrevista concedida em 1997).

Essa posição é reforçada na "voz" do SINTE/RN:

Estamos discutindo uma proposta alternativa para os sindicatos, tomando como referência inicial a CUT. Os sindicalistas, de um modo geral os filiados a CUT, estão sendo capazes de perceber que à CUT e os sindicatos não podem ficar só no corporativismo daquelas pessoas que são sindicalizadas, mas têm quer ir além disso; é o que chamamos *sindicato cidadão*. Ou seja, lutar pelo direito da criança, pela igualdade da mulher, contra o racismo, o desemprego, pelos aposentados, isto é, fazer com que os sindicatos sejam um sindicato cidadão (Francisco das Chagas Fernandes, entrevista concedida em 2000).

Essa concepção amplia mais ainda o papel dos sindicatos, para além, inclusive, do sindicato orgânico citado, ao assumir como seus interesses de outras categorias sociais não necessariamente sindicalizadas, o que, certamente, intensifica o poder de fôlego dos sindicatos. Mas dentro do que interessa destacar, é possível perceber que há um reconhecimento, entre os sindicalistas, da necessidade de criar *formas novas de atuação* a partir de uma *mudança de mentalidade* forçada pelas condições atuais da conjuntura e pelas pressões das forças sociais imperantes. Aliás, o sindicato orgânico, o sindicato cidadão ou o sindicato propositivo apontados pelas lideranças entrevistadas como alternativas de renovação para a atuação sindical, confirmam a evolução política do sindicalismo, notadamente o docente (questão já trabalhada no capítulo anterior desse texto), ao mesmo tempo que registra uma fase de transição. Da mesma forma, reafirmam o entendimento de que a almejada participação dos sindicatos na elaboração das políticas públicas sociais implementadas pelo Estado depende, também, da natureza da sua organização e de sua inserção no sistema político. Por tudo isso, *é preciso mudar para continuar*, reconhecem.

Diante de todo o exposto, não há como desconsiderar as diversidades, as tensões e os conflitos existentes nos sindicatos, o que não significa estagnação nem o fim do sindicalismo docente. Contraditoriamente, é justamente das tensões vividas pelos sindicatos, das dificuldades encontradas que estão sendo gestadas alternativas para a categoria, que passam por uma reavaliação interna do sindicato, pelo reconhecimento das suas fragilidades, mas, sobretudo, pelo reconhecimento da necessidade de mudar, o que, convenhamos, é uma forma de se manter presente. Para a presidente do CPERS,

> Nós temos uma visão muito pontual das coisas e não dá para dar respostas pontuais. A política do governo é pensada globalmente, mas estrategicamente ela é aplicada por meio de fatos, fatos que eu chamo consumados. Quando você vê, já aconteceram e, se você não se antecipa, não tem uma visão ampla [...] está sempre atrás e no prejuízo (Jussara M. Dutra Vieira, entrevista concedida em 1997).

Ou seja, uma alternativa primeira para o sindicalismo é *conhecer a realidade na qual está inserido, conhecer a política governamental*, condição essencial à sua superação. Para o SINDIUPES,

> O principal debate com a categoria tem sido sobre a reestruturação do Estado por meio da reforma administrativa, da reforma da previdência, da reforma econômica [....] temos tentado mostrar para a categoria o significado das políticas neoliberais, da reação do Estado, da redução das políticas públicas, das privatizações (uma área que interessa muito ao mercado), da educação, da saúde, da segurança (Artur Sérgio Rangel, entrevista concedida em 1997).

O mesmo encaminhamento está sendo tomado pelo SINTE/RN:

> Nos últimos anos foi que a categoria mais discutiu sobre educação neste país. Nunca se discutiu tanto sobre LDB, sobre financiamento da educação, sobre o "Fundão", sobre currículo, sobre gestão. Acho que isso faz parte da resistência. Qualitativamente, a categoria está se preparando (Francisco das Chagas Fernandes, entrevista concedida em 1997).

Enfim, para os sindicalistas a competência para enfrentar os ajustes estruturais do atual governo implica, necessariamente, o conhecimento da reestruturação do Estado e de suas conseqüências para os trabalhadores, para a sociedade. E mais, é preciso trabalhar essa questão com todo o sindicalismo e o que ela significa, não apenas para a categoria docente, mas também para a sociedade de um modo geral — uma atitude de preocupação que vai além do corporativismo tão apregoado como mérito sindical.

Quanto à discussão específica sobre a *repercussão da política governamental na esfera educacional*, é tida como de uma dimensão enorme. "A educação é o setor que mais sofre reformas no Brasil, até mesmo porque o projeto neoliberal precisa criar uma cultura que tenha a ver com seu projeto, e a educação é um caminho" (Francisco das Chagas Fernandes, entrevista concedida em 1997).

São muitos os aspectos citados pelos entrevistados em nosso diálogo quando indagados sobre *os maiores problemas que afligem a educação hoje*. Dentre eles, destaco os mais prementes: pouco investimento na educação, desvalorização do professor, baixíssimos salários pagos, precárias condições de trabalho, exclusão de crianças da escola, má qualidade do ensino ministrado nas escolas públicas, o elevado índice de repetência, falta de continuidade na formação profissional, dentre outros. A questão do financiamento na educação baliza todas as demais, tendo sido a mais citada pelos sindicalistas. Sem financiamento, sem recursos suficientes para a educação todas as esferas que compõem o quadro de uma educação, de qualidade ficam comprometidas, da valorização do professor ao seu salário, da sua formação à infra-estrutura de trabalho, da sua relação com o alunado a seu desempenho em sala de aula etc. A evasão e a repetência têm a ver também com essa realidade. Isso porque, o modelo educacional prioriza

> uma educação que exclui grande parcela da população da escola pública. É um modelo educacional que não leva em consideração as reais necessidades da população, que não privilegia a formação geral dos estudantes, que não privilegia um tipo de educação de formação para a cidadania das crianças [...] e mais: tudo indica que vai fracassar como todas as outras propostas que foram implantadas nas últimas décadas, porque os principais envolvidos no processo educacional foram excluídos do processo de discussão e de implantação desse modelo: os educadores, os estudantes e a sociedade" (João Antonio Felício, entrevista concedida em 1997).

É imprescindível afirmar que nem sempre a "voz" das lideranças foi unânime ao abordar determinados aspectos. Há ponderações entre elas. Por exemplo, ao mesmo tempo que nos falam que o sindicalismo hoje está muito mais inteirado das situações conjunturais do que antes e mais bem preparado, há sindicatos que consideram ser esse conhecimento ainda muito limitado, precisando se estendido para o restante da categoria. "Acontece que o trabalhador em educação não lê, não procura formar-se. Ele sofre desvalorização, que é uma coisa planejada pelo sistema, mas que é acrescida por sua passividade" (Valdeci Augusto, entrevista concedida em 1997). Como conseqüência, nós, enquanto educadores, não conseguimos ver além da cortina que o poder nos impõe. É uma minoria que consegue discutir para tentar retroceder esses projetos que estão aí para sucatear cada vez mais a escola pública. [...] nós temos dificuldades de fazer da nossa sala de aula uma grande base de formação para a cidadania; é um processo lento; começamos aos poucos (Elza Aparecida Huren, entrevista concedida em 1997).

Mesmo assim, o peso atribuído à educação, ao conhecimento, é constantemente reafirmado. O entendimento é que

> nós temos de ser bons profissionais, bons educadores e bons professores para podermos ser sindicalistas e reivindicar nossos direitos. Esse é o primeiro passo para ser sindicalista. Quanto mais conhecimento nós tivermos, mais respeitados nós seremos. Nós trabalhamos muito esse aspecto com a categoria. Por exemplo, *o último livro de Paulo Freire, Pedagogia da autonomia*, conseguimos vender 100 exemplares (é um livro barato, custa três reais) e trata da importância do aperfeiçoamento do profissional (Valdecir Augusto de Oliveira, entrevista concedida em 1997).[21]

A preocupação com o *aperfeiçoamento profissional* é acrescida de uma outra inquietação, a de que a educação não resolve os problemas do desenvolvimento do país, aliás, uma concepção proclamada nos dias atuais, porém já testada, sem sucesso, em décadas passadas. É preciso que a categoria tenha claro o papel da educação e que ela saiba relativizar a sua função, o que significa

> saber que para um projeto de desenvolvimento de inclusão social o primeiro pressuposto é a melhor distribuição dos meios materiais de sobrevivência. Sabendo relativizar, fazer o movimento inverso de enten-

---

21. A preocupação desse sindicato com a formação profissional pode ser perfeitamente comprovada pelas iniciativas tomadas a respeito. Fundamento-me no material que me foi enviado por seu presidente, Valdeci Augusto de Oliveira. Os exemplares dos *Informativos da Educação da APLB/Regional Oeste*, números 3 e 4, da *Oficina: Estudo da pedagogia da autonomia* (Trabalho desenvolvido em parceria com a Universidade Estadual da Bahia — Núcleo de Ensino Superior da Lapa), bem como o livro *Educação pública e seus trabalhadores — o (des)cunprimento das leis norteando o ingresso na carreira*, cujo autor é o próprio presidente, Valdeci Augusto, um dos nossos entrevistados, autoriza-me chegar a essa dedução. Acrescento ainda que, em todo o material que me foi enviado, a referência a Paulo Freire se fez presente. Muito mais do que referência, na verdade o pensamento político-pedagógico freireano estava na base de todos eles. Em especial, a memória da oficina, realizada em junho de 1999 e utilizada para atender aos objetivos propostos pelas entidades promotoras do referido encontro. Dentre eles, a aproximação da universidade com a comunidade, o aperfeiçoamento profissional e o conhecimento da última obra escrita de Paulo Freire.

der — e agora *lembrando Paulo Freire* que é o patrono do nosso Congresso,[22] — que os grandes problemas sociais estão fora da escola, não se circunscreve na escola, mas também perceber que fora da escola, fora da educação, também não conseguimos avançar nessa linha de inclusão" (Jussara M. Dutra Vieira, entrevista concedida em 1997).

Da mesma forma, a insuficiência de recursos financeiros para a educação, tido como um dos graves problemas da educação pública brasileira, despertou, na categoria, a necessidade de conhecer melhor, de acompanhar de perto a política orçamentária educacional proposta pelo governo. Os sindicatos têm certa dificuldade nesse campo específico, o orçamentário. Há uma *carência de assessoria a esse respeito*, no sentido de instrumentalizar a categoria, subsidiando-a na sua relação com o Estado. Afinal, nessa relação, é a questão salarial a responsável, normalmente, pelas desgastantes "negociações" entre Estado e sindicatos.

h) Atualidade do pensamento freireano no sindicalismo docente

Diante da complexidade que marca a atual conjuntura político-social desafiando as organizações sociais, em especial o sindicalismo docente, resta indagar, aos nossos entrevistados, se é possível, nos dias de hoje, falar da *atualidade do pensamento de Paulo Freire na formação do sindicalismo docente*. Essa preocupação deu-se em virtude da freqüente referência feita ao pensamento de Paulo Freire no sindicalismo docente. E foram muitas as situações apontadas pelas lideranças sindicais, que sinalizaram para a influência freireana nessa categoria sindical. Quer seja por meio do reconhecimento das matrizes discursivas formativas atribuídas à formação política do próprio líder sindical e do sindicalismo, quer seja por meio da identificação e manifestação das teses freireanas no interior das ações sindicais, da metodologia por eles adotadas nos cursos de formação política, das referências feitas às suas obras, quer seja, ainda, pela referência constante à utopia e à esperança — princípios marcantes no pensamento de Freire. Todos esses aspectos, juntos, reconhecidos e explicitados pelas lideranças sin-

---

22. Trata-se do II CONED, realizado em Belo Horizonte em 1997. O referido Congresso contou com a participação de mais de 5 mil educadores e teve Paulo Freire como homenageado pela categoria docente.

dicais, convergem para a influência do pensar freireano no sindicalismo docente. Porém, diante do acelerar de tantas mudanças e inovações, inclusive no campo da teoria educacional, é imprescindível saber da possibilidade de se falar da atualidade do pensamento de Freire nos sindicatos docentes.

Para responder a essa questão, priorizei ouvir *todas* as "vozes" entrevistadas. O teor da pergunta e a importância das respostas a essa questão para a pesquisa impuseram a condição de oportunizar que todos os entrevistados se expressassem. Iniciemos, pois, com a posição da CNTE a respeito:

> O profundo respeito à democracia e às diferenças, o combate a todas as formas discriminatórias, a liberdade inventiva extraída da prática e da esperança, a crítica solidária, a ação convocatória do movimento — encher o Brasil com marchas, dizia o mestre Paulo Freire —, assim como a prática transgressora (inclusive pela inércia) às reformas redutoras do papel social da escola e dos educadores e educadoras, afirmam com cristalina clareza *a atualidade e a fecundidade do pensamento freireano* que continua a desafiar teimosamente a criatividade dos movimentos sociais, profundamente educadores, e do movimento docente. Esse fenômeno é observável não apenas no movimento docente brasileiro e latino-americano, como também no europeu (França, Espanha e Portugal, especialmente), no asiático (com recente tradução das obras de Freire pelo sindicato dos professores da educação básica) e africano (notadamente nos países de língua portuguesa). É, pois, um patrimônio em expansão. No caso específico da formação profissional, pauta obrigatória dos sindicatos hoje, é indispensável a referência teórico-metodológica a Freire (Carlos Augusto Abicalil, entrevista concedida em 2000).

Na concepção da Apeoesp, uma das maiores sindicais docentes,

> toda atividade sindical docente é, como nos ensinou Paulo Freire, perpassada pela inseparável relação entre a teoria e a prática. A práxis sindical é, ela própria, uma vivência cotidiana das teorias de Paulo Freire, na medida em que, a cada avanço do dirigente e da categoria em defesa de suas necessidades e reivindicações, corresponde um novo patamar de conhecimento que, por sua vez, imporá um novo crescimento teórico e prático na mesma direção. Essa formação no meio sindical é essencialmente coletiva, pois da inter-relação entre os esforços individuais no sentido da conquista das reivindicações nasce, continuamente, um sujeito coletivo representado pelo sindicato e outras formas de organização docente, mais consciente, mais aguerrido e mais preparado para o

enfrentamento dos sempre renovados desafios que se apresentam interna e externamente às escolas e ao sistema de ensino (Maria Izabel Antenor Noronha, entrevista concedida em 2000).

No Rio Grande do Norte, a posição do SINTE é a de que Paulo Freire

> Esteve presente, está presente e certamente estará presente. É uma obra imortal no sentido do norteamento que essa obra sugere, do conteúdo que essa obra possui para alimentar, fundamentar os caminhos, a utopia que se busca. Cito duas manifestações do que afirmo. A disputa sindical do SINTE, em 1997, buscou fundamentação nas obras de Paulo Freire para encontrar um verbo que fizesse a síntese para uma eleição acirrada. *Reinventando a luta*[23] foi extremamente acatada, acolhida por diversos setores da categoria. Mais recentemente, 1999, em plena assembléia em um período de greve, uma professora abriu o caderno e fez uma citação de Paulo Freire que fundamentava a importância do momento de conflito como necessário para se construir a utopia com que nós tanto sonhamos (Hudson Guimarães, entrevista concedida em 2000).

Complementa essa posição o depoimento da sindicalista-parlamentar Fátima Bezerra. Fazendo referência à citada disputa sindical nas eleições do sindicato, complementa:

> A essência do trabalho a que Paulo Freire se dedicou, da experiência dele enquanto educador, traduziu-se no sujeito construindo sua própria história, no ato de educar como ato político. São questões que não irão se apagar nunca para qualquer concepção que a gente tenha, principalmente no campo da educação (entrevista concedida em 2000).

Podemos inferir, dos depoimentos aqui registrados, a direção adotada pelos sindicalistas ao falar da atualidade do pensamento de Freire. Aliás, uma postura constante durante todo o diálogo. Mais uma vez, ancorados nas teses freireanas, fundamentaram e subsidiaram o posicionamento tomado, justificando o posicionamento exposto. E mais, ao resgatarem as teses de Freire, ao serem enfatizadas, eram também atualizadas, na medida em que, para eles, iluminavam os desafios enfrentados hoje. Acredito que essa seja a melhor forma de tornar vivo um pensamento, atualizando-o, renovando-o.

---

23. A propósito, esse sindicato acabou de realizar, em novembro do ano 2000, novas eleições. Uma das chapas que concorreu adotou o princípio desse *slogan*: Reinventado a luta, sempre.

Em Marabá, por exemplo, o SINTEPP recorre a um trabalho que está sendo desenvolvido pelo Instituto Paulo Freire — IPF junto à Secretaria de Educação daquele município para manifestar sua posição a respeito da indagação formulada. Participando ativamente das atividades desenvolvidas, assim se posiciona:

> Acho que, mais do nunca, o pensamento de Paulo Freire é atual entre nós sindicalistas. Esse momento de discussão em Marabá da *Escola Cidadã*,[24] com base no pensamento de Paulo Freire, realmente nos fez voltar a analisar, a refletir e a buscar, talvez, um sonho que estava meio adormecido e está se tornando realidade, se tornando possível na medida em que se busca uma formação melhor não só para os educadores, mas também para os educandos e para a sociedade de Marabá (Maria Viera de Carvalho, entrevista concedida em 2000).

É importante registrar uma particularidade do contexto político local de Marabá. O governo do PSDB, reconhecido como governo de oposição forte aos sindicalistas, concebe, na sua gestão, experiência de educação pública de caráter popular, com base no pensamento político-pedagógico e libertário de Paulo Freire. Essa foi também uma curiosidade que me levou a indagar sobre a posição do sindicato a respeito. Na "voz" das lideranças entrevistadas,[25] a justificativa encontra-se na liberdade de ação conferida pelo governo aos seus auxiliares, mas sobretudo pela identificação da secretária e seus assessores,

> com formação na universidade onde o pensamento de Paulo Freire foi muito trabalhado. No primeiro grupo formado aqui na universidade, os livros de Paulo Freire foram devorados em todas as áreas. Tudo isso ajudou e possibilitou o estudo da Escola Cidadã. Para nós, é uma contradição, mas *temos que reconhecer*. O prefeito sempre diz: o que é melhor para Marabá que se faça (Maria Vieira de Carvalho, entrevista concedida em 2000).

E ela não está só nessa posição. Angelina Martins da Cruz, do mesmo sindicato, avalia que "é um governo do PSDB, mas a gente

---

24. O projeto da Escola Cidadã, proposto pelo IPF e sobre o qual já fiz referência neste trabalho, pode ser mais bem aprofundado por uma vasta produção do Instituto Paulo Freire e, em especial, pela recente publicação da *Dialética da diferença: o projeto da escola cidadã frente ao projeto pedagógico neoliberal*, de José Eustáquio Romão.

25. Lembrando que no período da nossa entrevista, a diretoria estava em um momento de transição, devendo ser repassada para uma nova líder, recém-eleita, o que me levou a conversar com as duas direções.

compreende que é uma lógica e uma política muito importante, e quem vai ganhar com isso são os trabalhadores da educação" (entrevista concedida em 2000). Ora, convenhamos, essa atitude denota um significativo avanço de concepção e de posição do sindicato. Tempos atrás, os sindicatos sequer se abriam à possibilidade de conhecer propostas vindas do poder público e, muito menos, delas participar. Embora não seja regra geral, parece que a intransigência atribuída ao sindicalismo vem dando lugar à tolerância e à possibilidade de avançar em meio às contradições e, principalmente, exercitando *o convívio com o diferente*.

Voltando ao enfoque da nossa questão, o CPERS, ao se posicionar sobre a atualidade do pensamento de Freire naquele sindicato, chama-nos a atenção para o fato de que:

> Paulo Freire emprestou um profundo significado à palavra "pedagogia", porque a converteu em um processo, não em uma especialidade do saber. Mais do que nunca, precisamos transformar nossas práticas em subsídios para mudanças, e nos referenciarmos nos pensamentos libertários para refazermos tais práticas. Nesse sentido, creio que temos de continuar buscando nos livros, nas universidades, nos estudiosos, os pontos de interrogação que nos ajudam a formular perguntas. Mas é na escola, no sindicato, no local em que vivemos e atuamos que vamos tecer possíveis respostas e problematizar novas perguntas (Jussara M. Dutra Vieira, entrevista concedida em 2000).

Ou seja, para esse sindicato, Freire está presente na medida em que sua concepção de pedagogia como processo ancora-se na *relação dialética entre a teoria e a prática*. Essa é a essência de uma ação transformadora que pode e deve ser renovada. Nesse percurso, a referência ao pensar freireano revela-se atual. Como afirma o SINTEP/PE,

> A atualidade do pensamento de Freire se dá, principalmente, com a visão, hoje consensual, de que a educação é um valor estratégico. Vale aqui uma frase do próprio Paulo Freire: "Se a educação sozinha não transforma a sociedade, tampouco sem ela a sociedade se transforma" (Maria Teresa Leitão de Melo, entrevista concedida em 2000).

Ainda nessa linha de argumentação, afirma o SINTE/SC:

> Paulo Freire está presente no sindicalismo docente, até porque associar a educação a um projeto de sociedade onde homens e mulheres sejam

felizes não é um sonho, é uma realidade; basta construir o dia de amanhã sem esquecer as lutas do passado (Mauri Matos de Freitas, entrevista concedida em 2000).

Ou, dito por outro sindicato, "não só é possível falar do pensamento de Paulo Freire na formação e na ação sindical, como é uma obrigação nossa aproveitar seus ensinamentos" (Valdeci Augusto, entrevista concedida em 2000).

Pelo exposto, não há como desconsiderar a visão dos sindicalistas sobre essa questão específica. O pensamento de Freire foi assumido entre os sindicatos entrevistados como sendo *atual e necessário nos dias atuais*, o que certamente não me permite falar em nome da totalidade de todos os sindicalistas docentes. Porém, seguramente, autoriza-me a estender a posição assumida para a maioria dos sindicalistas filiados, em especial aos sindicatos aqui representados, o que, por si só, representa uma significativa "visão" dessa categoria. Contudo, há ressalvas importantes na questão da atualidade do pensar freireano no sindicalismo docente, até porque, como afirma João Alves Santos, "as idéias de Paulo Freire estão presentes em muitos sindicatos, embora ainda necessite penetrar em muitos outros" (entrevista concedida em 2000).

Por exemplo, na avaliação de Francisco das Chagas Fernandes do SINTE/RN,

> Paulo Freire está presente no sindicalismo docente de duas maneiras: indiretamente, por meio da formação dos sindicalistas e das ações do movimento e, diretamente, nos cursos de formação sindical. Contudo, reconheço que essa influência era bem mais marcada, explicitada no movimento na década de 1980. Hoje, diretamente, os textos e os livros de Paulo Freire não estão no dia-a-dia do sindicato [...] Paulo Freire não está conosco neste momento de mudanças para intervir na conjuntura e escrever sobre ela, traduzindo o que ele falava antes para o que estamos vivendo hoje [...] não quero dizer que os textos dele estão perdidos, ao contrário, devem ser atualizados e trabalhados no dia-a-dia da formação sindical [...] agora, todo sindicato costuma colocar o retrato de Paulo Freire. Acho até que tem sindicalista que tem o retrato de Freire em casa ou no seu escritório. A grande questão que fica é que nas nossas falas, nos congressos, ele é citado. É difícil alguém falar sobre educação e não se referir a Paulo Freire (entrevista concedida em 2000).

Enfim, avalia João Alves Santos da Apeoesp que:

A história de alguns sindicatos e da CUT não pode ser escrita sem levar em consideração os pressupostos freireanos: pesquisa da realidade em que os sindicalistas estão inseridos, sua problematização, a busca de temas geradores para desenvolver o processo de formação — que embasam a concepção de formação de dirigentes [...] precisamos ainda do espírito freireano (entrevista concedida em 2000).

De resto, finalizo com um alerta feito por João Monlevade ao expor um problema atual das nossas escolas públicas com reflexo nos sindicatos de educadores.

Nas greves e nas negociações de salários e planos de carreira estamos topando com a agudização de uma desigualdade que já poderíamos ter superado há décadas: mais de 70% dos professores, inclusive de séries iniciais do ensino fundamental, já têm ou estão cursando o ensino superior, enquanto 70% dos funcionários ditos "não-docentes" não têm escolaridade média, e somente 0,05% têm formação profissional de nível médio específica para a sua função. E não é zero porque a CNTE está suscitando cursos de profissionalização para Técnicas em Alimentação Escolar, Administração Escolar, Multimeios Didáticos, Infra-estruturas Escolares. Indo fundo: entre os mais de 1 milhão de funcionários, quase 15% são analfabetos ou semi-analfabetos. Até um servidor da biblioteca da Câmara dos Deputados está sendo alfabetizado com a Ester Grossi. Não é o caso de apelar para São Paulo Freire? Ou será que comemos a casca e jogamos fora a essência de suas teses? (João Monlevade, entrevista concedida em 2000).

CONSIDERAÇÕES FINAIS

A conclusão de um trabalho de pesquisa é sempre provisória. A busca incessante de "comprovar" a hipótese que defendo levou-me a percorrer muitos caminhos, a buscar fundamentos teóricos que respaldassem as indagações e as exigências explicativas suscitadas pelo caminhar, mas, sobretudo, revelou-me *a provisoriedade de uma pretendida conclusão definitiva*, dada a mutação dos próprios fatos que a delimitam e constroem.

O acelerar das mudanças econômicas, políticas e sociais, fundadas no neoliberalismo norteador das políticas públicas brasileiras, vem acarretando limitações severas ao processo de organização e mobilização social. Como conseqüência, a complexidade de todo o processo que envolve uma sociedade estruturada nos parâmetros neoliberais impõe às forças sociais de oposição, em especial às organizações sindicais, a necessidade constante de rever suas teorias, de repensar as ações empreendidas pelas categorias, de reinventar formas de atuação, enfim, de *mudar para ficar*. Se não bastassem outros motivos, certamente esse já seria suficiente para comprometer a possibilidade de emprestar-se à hipótese investigada uma resposta comprobatória definitiva, salvo se para ela postularmos alguma delimitação temporal. Nesse sentido, sem fugir à responsabilidade de tomar posição nessas considerações "finais" à pesquisa empreendida, ressalto também sua inconclusão, na medida em que novos questionamentos poderão surgir, inquietações outras poderão ser suscitadas e novos recortes temáticos investigados. Confesso, todavia, ser esse o meu propósito, o qual, uma vez atingido, justificará não apenas todo o esforço despendido, mas também, principalmente, conferirá à pesquisa sua verdadeira função acadêmica e social.

Neste estudo, investigou-se a presença do pensamento freireano na formação do sindicalismo docente. Ao fazê-lo, ancorei-me no meu itinerário com a educação, resgatando o referencial teórico construído ao vivenciar os desafios e os limites do atuar profissional na educação, em especial na esfera pública, o que foi feito nas diferentes instâncias em que atuei: na escola, na universidade e na administração municipal. Esse referencial, ao ser construído, iluminava e ilumina, por assim dizer, uma vida profissional ainda em curso, por suposto.

Ao refazer o *ciclo de retorno*, tentando desnudar a biografia historicamente construída no meu caminhar com a educação, as idéias presentes no pensamento de Paulo Freire revelaram-se fortemente, marcando a concepção epistemológica que ora assumo e que foi construída em um infindável movimento de construção/desconstrução teórico-prático, porque dialético. A opção teórico-metodológica adotada na pesquisa deu-se, portanto, naturalmente, ou, melhor dizendo, foi resgatada da história em que foi e está sendo construída, e não por deleite intelectual ou exigência acadêmica. Assim sendo, o instrumental que assumo neste trabalho partiu da visão freireana de educação, sem prescindir, no entanto, do entendimento subjetivo do meu pensar. Afinal, é exatamente a capacidade de partir do pensamento de Freire, de não ficar apenas nele, que o pensar desse educador é reafirmado. E é precisamente esse desafio que me fez ousar, assumindo-o como instrumental teórico.

Ao investigar a presença do pensamento de Paulo Freire no sindicalismo docente, enveredei por caminhos diversos que, ao ser percorridos, foram orientando e subsidiando a pesquisa, provocando novas investidas. Nessa busca, devo admitir que deparei com duas grandes limitações no campo das pesquisas existentes: a primeira, a escassa produção acerca de estudos sobre o sindicalismo docente no Brasil; e a segunda, não menos importante, o campo de análise ainda não explorado no vasto espectro dos estudos e pesquisas já realizados sobre o pensamento de Paulo Freire, o que, convenhamos, por si só constituiu um grande desafio a ser ultrapassado, elevando, por demais, a responsabilidade da investigação. Não quero dizer com isso que coloquei em xeque a exigência da originalidade da temática a ser pesquisada, o que, decerto, é do conhecimento de todos; apenas registro a dificuldade em lidar com esse fato.

Contudo, fazia-se necessário uma aproximação com o objeto de estudo, tentando entendê-lo nas suas particularidades históricas. A trajetória traçada e percorrida pela pesquisa teve esse propósito. Para isso, *mapear o quadro histórico no qual emergiu o sindicalismo docente* — objeto central da pesquisa — mostrou-se imprescindível ao estudo, dada a relevância em resgatar aspectos impulsionadores da reordenação do cenário político no Brasil, na década de 1980 e 1990, bem como as ponderações sobre as diferentes forças sociais que se fizeram presentes, agindo e interagindo nos campos político, econômico e social. O cotejo da complexidade dessas questões revelou a alteração de papéis e de funções dos principais atores sociais no período, com destaque para a organização política do sindicalismo docente, justificando a relevância da *perspectiva histórica* adotada na estruturação e investigação da pesquisa.

Dessa análise, resultou ainda a constatação da relação intrínseca entre a organização e a atuação dos diferentes segmentos sociais e o processo de desenvolvimento histórico da sociedade da qual fazem parte. Considero essa ótica de análise condição inalienável para a compreensão da estrutura antidemocrática imperante na sociedade brasileira, mas, sobretudo, condição precípua à compreensão de que "toda duração se deixa atravessar por rupturas", como nos lembra Ianni (1997). Nesses termos, na dinâmica da sociedade global e no âmbito específico do sindicalismo docente, é possível falar da organização e evolução política dessa categoria sindical. O caráter dialético e contraditório da sociedade global gera e multiplica as diversidades, as desigualdades e os antagonismos presentes na vida real por entre as classes. Portanto, muito antes de preservar-se como homogênea, a sociedade globalizada não anula os conflitos e as tensões dos movimentos contestatórios; ao contrário, faz florescer novos movimentos, suscitando nos já existentes renovadas formas de organização e de participação política.

Foi o que constatei em relação ao sindicalismo docente. A conflituosidade que perpassa todas as dimensões da vida social nos tempos atuais imprime a essa categoria sindical outros desafios, ao se relacionar com o Estado, com a sociedade e com seus próprios membros. Inclusive o desafio de considerar a possibilidade de a identidade ampliar os espaços de atuação para além dos sindicatos e dos sindicalistas. Até mesmo os indicadores responsáveis pela chamada "crise" que vem sendo atribuída a essa categoria, como o esgotamento das greves, a ausência de diálogo com a população, as divergências internas, vêm impulsionando o sindicalismo docente a rever suas práticas, a aprofundar sua formação, a repensar as formas de atuação até então empregadas ao relacionar-se com o Estado, com a categoria e com a sociedade.

Sem dúvida, essa *mudança de comportamento* está alicerçada em uma base política que em muito antecede os desafios dos tempos atuais. Essa base, calçada nas *matrizes discursivas formadoras do sindicalismo docente*, baliza a interpretação da realidade, norteando a direção a partir da qual os sindicatos docentes se formam e se movem e os mecanismos de ação se definem. No rastreamento dessa questão, o estudo apontou para a influência da matriz freireana na formação do sindicalismo docente, associada à influência das matrizes marxistas gramsciana e da educação popular. O aprofundamento dessa questão revelou particularidades dessa influência, reafirmadas, muitas delas, pelos depoimentos dos líderes sindicais. Embora seja impossível desconsiderar a relação existente entre as orientações teóricas que permeiam as referidas matrizes discursivas, o estudo priorizou pesquisar, especificamente, a matriz freireana da educação, para averiguar a presença do pensamento de Freire na formação do sindicalismo docente. Especificamente nessa direção, as conclusões a que chegou a pesquisa derivam do percurso teórico empreendido e fundamentam-se, potencialmente, nos depoimentos das lideranças sindicais.

Segundo as lideranças, sua *formação* deveu-se aos espaços de organização e de formação política dos movimentos sociais dos primeiros anos da década de 1960 e à própria militância. Foram muitos os espaços e movimentos sociais dessa época: Movimento de Educação de Base — MEB; Movimento de Cultura Popular — MCP; Comunidades Eclesiais de Base — CEBs, movimentos de bairros, movimento dos educadores, partidos políticos, movimentos estudantis, os centros cívicos, dentre outros. A formação de base das lideranças sindicais docentes ocorreu nesses espaços organizacionais. O exercício da militância deu-se nos referidos espaços de formação e atuação política — acentuando-se, principalmente, na década de 1980 —, marcado pelo processo de abertura democrática no Brasil, de grande efervescência política, de manifestações populares e de expansão do "novo sindicalismo" no país. Constituído enquanto instância sindical, o sindicalismo docente expande-se, incorporando-se aos grandes movimentos contestatórios do país. Filiado à CUT, a militância dessa categoria sindical destacou-se pelo seu envolvimento nos movimentos grevistas da década de 1980 (inspirada nas greves iniciadas na região do

ABC paulista) e pela sua participação nas atividades político-formativas da CUT e do Partido dos Trabalhadores. Ou seja, a formação político-sindical docente de base deu-se, também mais recentemente, nessas instâncias de organização política. Muitos sindicalistas docentes que hoje atuam formaram-se a partir daquele período. Nesses espaços, *a presença do pensamento de Freire* foi invocada em meio ao pensamento crítico preponderante à época. Neste particular, o espaço da universidade é ressaltado como responsável pelo discernimento da corrente do pensamento marxista gramsciano entre os sindicalistas — uma das vertentes teóricas a influenciá-los. Apesar da importância que atribuem à militância, a formação teórica é reafirmada repetidas vezes. Afinal, "toda prática sindical docente, como nos ensinou Freire, é perpassada pela relação teoria-prática", ponderam. Isso porque "é preciso entender na teoria o que os sindicatos estão fazendo na prática", enfatizam. O estudo revelou o pensamento de Paulo Freire como um referencial teórico importante e necessário ao sindicalismo docente, dentre outros referenciais.

A propósito, corroboram essa dedução duas *particularidades extraídas dos depoimentos*. A primeira é que as teses de Freire não apenas foram reconhecidas como fundamentais à formação do sindicalismo docente, mas, quando citadas, referiam-se às obras em que foram desenvolvidas pelo educador. Dessas obras, foram citadas com mais freqüência: *Pedagogia do oprimido, Educação como prática da liberdade, Política e educação, Medo e ousadia, Pedagogia da esperança* e *Pedagogia da autonomia*. Essa prática presta-se, sem dúvida, para fundamentação e justificativa da opção feita pelos sindicalistas.

A segunda particularidade diz respeito à associação entre o pensamento de Freire e a concepção teórica do pensamento marxista gramsciano. A intimidade com que os sindicalistas deslizavam de uma teoria para outra, aproximando-as, associando-as, revelou a forte influência dos pensamentos de Gramsci e Freire no meio sindical.

Se é verdade que há uma relação estreita entre a teoria que assumimos, a leitura da realidade e, nela, a função social que desempenhamos enquanto sujeitos históricos, destacar as principais teses de Freire apontadas como influenciadoras na formação dos sindicalistas docentes é uma forma de perceber também em que sentido essa influência se manifesta.

Algumas *teses freireanas* foram claramente citadas como responsáveis pela formação do sindicalismo docente: a compreensão da relação dialética entre o diálogo e o conflito; o entendimento da educação como ato dialógico; o respeito pelas diferenças; a busca de coerência entre o discurso e a prática; a disponibilidade para o diálogo; a busca incessante da utopia social e educacional e a esperança na luta. Sem dúvida, tais teses sinalizaram a "direção" em que se dá a influência de Freire nessa categoria sindical. Contudo, sua relevância aumenta na medida em que essas teses podem ser lidas no interior de determinado entendimento assumido pelos sindicalistas.

A pesquisa possibilitou apreender algumas assertivas nos testemunhos colhidos dos sindicalistas, evidenciando a relevância das teses enunciadas. O entendimento da associação entre o trabalho do educador sindicalizado, atuando na especificidade do espaço escolar, e sua ação no sindicato constitui uma especificidade do sindicalismo docente. Em ambos os espaços, a necessidade de conhecer a realidade, de fazer a leitura crítica do mundo, apresentou-se como uma exigência obrigatória, em função, principalmente, de sua ação enquanto educador sindicalista. Reconhecendo-se *sujeito da própria história*, o compromisso profissional com a educação e com a transformação social respalda-se no entendimento da educação como processo de intervenção política, de conscientização, de libertação. Nessa ótica, *escola e sindicatos* são tidos como espaços de formação e de atuação político-ideológica. A identidade da categoria sindical com as idéias de Freire revelou-se mais claramente a partir desse entendimento. Afinal, a práxis político-educativa empreendida pelo educador sindicalista, resultante do movimento dialético da ação/reflexão/ação, decorre desse entendimento, reconhecem.

Diante do exposto, a pesquisa revela mais uma particularidade. A identidade do sindicalismo docente com as idéias freireanas estendeu-se ao *campo prático*, em especial ao das escolas e dos sindicatos. Subsidiando-os, as teses de Freire apresentaram-se como *alternativas teóricas* a iluminar os desafios das ações sindicais, inclusive os atuais, o que, convenhamos, só reafirma o pensar freireano. Afinal, é de Freire o entendimento de que o caráter político-social da educação só adquire significado na medida em que leva a uma ação transformadora. Acredito ser essa a compreensão adotada pelos sindicalistas, ao atuarem. É verdade que não é possível generalizar, para a totalidade da categoria docente, essa posição. Assim também é certo que essa prática não se inicia agora. Lidando com os conflitos e as contradições que permeiam suas lutas e reivindicações, tanto de ordem externa à categoria como de ordem interna, o sindicalismo docente revelou, na di-

CONSIDERAÇÕES FINAIS

nâmica do seu percurso organizacional, em diferentes momentos conjunturais, ações práticas que evidenciaram essa influência. O resgate, pela pesquisa, de algumas dessas manifestações teve o propósito de ressaltar não apenas essa influência, mas também a direção em que ela se deu.

Foi assim no *Rio Grande do Norte*, ao experimentar, na esfera educacional, a articulação entre o conteúdo transmitido e os acontecimentos históricos; quando os sindicalistas de *Santa Catarina*, em congresso, ao homenagearem Paulo Freire, enaltecem a educação libertária como expressão do sentido político de suas ações; quando, em *São Paulo*, os sindicalistas exercitam a tolerância, o diálogo com o diferente, como um caminho a ser considerado em função dos avanços pretendidos; ou, ainda, em *São Luís do Maranhão*, quando a *Pedagogia da Esperança* baliza as discussões entre Freire e os educadores, para ficar apenas nesses registros. Todos esses fatos, por si só, depõem pela presença do pensamento de Freire no sindicalismo docente, o que não significa, insisto, tenha sido essa a única presença constatável: apenas era este o propósito da pesquisa *reafirmado* e *enriquecido* pelas lideranças sindicais. Por outro lado, já nos falara uma das lideranças entrevistadas: "A práxis sindical é uma vivência cotidiana das teorias de Paulo Freire". Mesmo não tendo sido a prioridade do estudo averiguar a generalização dessa afirmativa entre a categoria sindical, ações sindicais docentes já evidenciaram sua pertinência e legitimidade.

Por último, ressalto outro aspecto revelado pelo estudo: a *atualidade* do pensamento de Freire no sindicalismo docente. Essa atualidade, de resto atribuída pelos líderes sindicais, pode ser ampliada pela leitura que os sindicalistas fazem da conjuntura, suas implicações para a categoria e, sobretudo, pelos caminhos adotados ao repensarem a atuação sindical. Ao fazerem uma leitura crítica da realidade, reconhecem que as condições estruturais da sociedade continuam a desafiar os sujeitos históricos e as organizações sociais que acreditam na possibilidade de mudanças e de transformação social, apesar de todas as adversidades. Vivendo o tensionamento permanente entre a institucionalização e a mobilização, os sindicalistas manifestam esperanças de mudanças, de transformação da realidade, da educação, esperança que os impulsiona a continuar na luta ampliando os espaços sociais em que atuam, congregando novos sujeitos sociais.

Lidando com os *limites impostos à categoria* pela atual conjuntura, reconhecem, igualmente, limites peculiares à própria categoria: fragilidade de mobilização; ausência de propostas de mudanças alternativas à educação e à sociedade; dificuldades em estimular os educadores a continuar na resistência, superando, por assim dizer, a "síndrome de Bournout"; divergências ideológicas internas; enfim, limites que convergem para aqueles que hoje lidam com as organizações sindicais em nosso país. Mesmo assim, acreditam na possibilidade de mudanças. Esse sonho, afirmam, é construído coletivamente, no cotidiano dos sindicatos, em meio às contradições e às tentativas de acertos. Não se trata, portanto, de uma espera vã, como nos lembra Freire, uma espera na pura espera, mas um *sonho encarnado na luta*. "Sem utopia, entendida como o sonho possível, como possibilidade, é impossível levar adiante a luta sindical, até para redimensioná-la", é o pensamento imperante. Para além do corporativismo da categoria, tão criticado no mundo acadêmico, exercitam outras práticas sindicais, entendendo ser preciso combinar a resistência com a *apresentação de soluções* para a sociedade, com a necessidade de, mesmo andando devagar, mover todos os que se opõem às políticas neoliberais, não apenas os sindicalistas docentes. Enfim, reconhecendo os limites da conjuntura para a categoria, enfatizam a importância do respeito entre os homens, da necessidade de negociação e do exercício do diálogo com o poder público, com a sociedade e com eles próprios, sindicalistas. Essas são condições essenciais à construção do *sindicato cidadão* que vem sendo forjado no interior da realidade atual, um sindicato que fale com a sociedade. Essa utopia, construída coletivamente, é uma busca permanente e crescente que move os sindicatos a resistir. É essa *esperança* que faz a ponte, a conexão entre Paulo Freire e o sindicalismo docente hoje.

Insisto que, por mais que as incertezas, os medos, as fragilidades e as contradições rondem os sindicatos docentes, em função do enfrentamento de questões "que se apresentam como novas, mas que, na realidade, guardavam em si o essencial que perdura e se agrava — o descaso do Estado para com as questões sociais", os sindicatos docentes resistem, buscam alternativas viáveis e possíveis historicamente, justificando a lentidão do andar, mas não a estagnação dele. Renovando formas de atuação, buscando novos espaços de organização, novos parceiros, o pensamento de Freire é, mais uma vez, "premiado", como nos falou a CNTE.

Em face disso tudo, considerando o exposto no corpo do estudo, não há como negar a presença do pensamento freireano na formação do sindicalismo docente, ou, indo mais além, a *influência* do pensar desse educador na formação sindical docente, como bem reconhecem as lideranças entrevistadas. É possível a alguns minimizá-la, circunscrevendo-a a uma secundariedade ideológica ou histórica. Afinal, posições pessoais sempre orientarão os objetivos humanos. A outros será possível, de igual forma, contestá-la, pois para felicidade dos homens, a diversidade de posições contribui para a uniformidade do corpo social. No entanto, por mais diversas sejam as intenções humanas e por mais variados seus lugares ideológicos, a ninguém é dado negar as evidências que, a propósito de nosso objetivo maior, fizemos emergir nesse nosso caminhar. É o testemunho dos próprios sindicalistas — sujeitos da história — que invoco como sustentação da tese que buscamos comprovar neste estudo.

A presença do pensar freireano no sindicalismo docente é, pois, um fato histórico. Contestá-la será sempre próprio ao caminhar humano; negá-la, nunca.

Do grande esforço despendido para superar naturais limites — essa, nossa contribuição!

BIBLIOGRAFIA

ABICALIL, Calos Augusto. Prefácio do Livro. In: CODO, Wanderley (coord.). *Educação: carinho e trabalho*. Petrópolis/Brasília, Vozes/CNTE-UnB, 1999, pp. 11-4.

ANDERSON, Perry. Balanço do neoliberalismo. In: SADER, Emir & GENTILI, Pablo (orgs.). *Pós-neoliberalismo: as políticas sociais e o Estado democrático*. Rio de Janeiro, Paz e Terra, 1995, pp. 9-23.

ANDRADE, Ilza Araújo Leão de. *Políticas e poder: o discurso da participação*. São Paulo, Ad Hominen; Natal, cooperativa cultural da UFRN, 1996.

ANDREOLA, Antônio Balduíno *Os pressupostos teórico-metodológicos do pensamento de Paulo Freire: o projeto político-pedagógico formulado na pedagogia libertadora*. Vitória, Simpósio Paulo Freire, 1996.

ANTUNES, Ricardo. *O novo sindicalismo no Brasil*. 2. ed. Campinas, Pontes, 1995.

APEOESP. *Educação no centro das atenções: uma urgência nacional*. São Paulo, Apeoesp, 1994.

APPLE, Michael W. *Conhecimento oficial: a educação democrática numa era conservadora*. Petrópolis, Vozes, 1997.

_____. Freire, neoliberalismo e educação. In: APPLE, Michal W. & NÓVOA, António (orgs.). *Paulo Freire: política e pedagogia*. Portugal, Porto Editora, 1998, pp. 21-46.

ARROYO, Miguel Gonzales. O acontecimento em educação — O movimento de professores. *CEDI*, Aconteceu Especial 19, A educação no Brasil 1987-1988. São Paulo, CEDI, 1991.

AVELINO FILHO, George. As raízes de *Raízes do Brasil*. *Novos Estudos Cebrap*, São Paulo, (18):33-41, set. 1987.

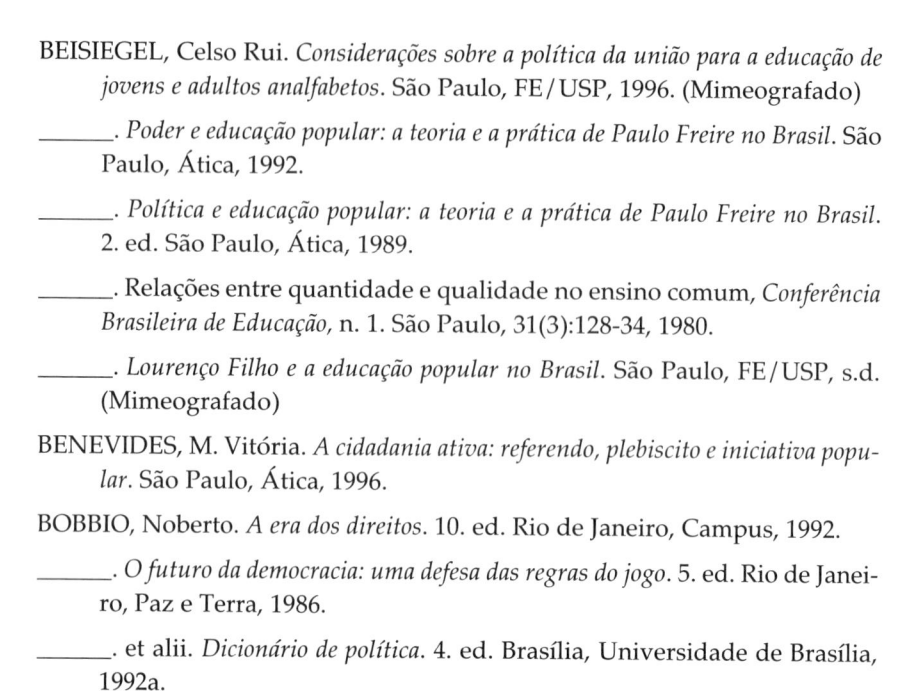

BEISIEGEL, Celso Rui. *Considerações sobre a política da união para a educação de jovens e adultos analfabetos*. São Paulo, FE/USP, 1996. (Mimeografado)

_____. *Poder e educação popular: a teoria e a prática de Paulo Freire no Brasil*. São Paulo, Ática, 1992.

_____. *Política e educação popular: a teoria e a prática de Paulo Freire no Brasil*. 2. ed. São Paulo, Ática, 1989.

_____. Relações entre quantidade e qualidade no ensino comum, *Conferência Brasileira de Educação*, n. 1. São Paulo, 31(3):128-34, 1980.

_____. *Lourenço Filho e a educação popular no Brasil*. São Paulo, FE/USP, s.d. (Mimeografado)

BENEVIDES, M. Vitória. *A cidadania ativa: referendo, plebiscito e iniciativa popular*. São Paulo, Ática, 1996.

BOBBIO, Noberto. *A era dos direitos*. 10. ed. Rio de Janeiro, Campus, 1992.

_____. *O futuro da democracia: uma defesa das regras do jogo*. 5. ed. Rio de Janeiro, Paz e Terra, 1986.

_____. et alii. *Dicionário de política*. 4. ed. Brasília, Universidade de Brasília, 1992a.

BOITO Jr., Armando. Reforma e Persistência da estrutura sindical. *O sindicalismo brasileiro dos anos 80*. Rio de Janeiro, Paz e Terra, 1991, pp. 43-92.

BORÓN, Atílio. A sociedade civil depois do dilúvio neoliberal. In: SADER, Emir & GENTILI, Pablo (orgs.). *Pós-neoliberalismo: as políticas sociais e o Estado*. Rio de Janeiro, Paz e Terra, 1995, pp. 63-118.

BRANDÃO, Carlos Rodrigues. *O que é educação*. São Paulo, Brasiliense, 1981.

BRASIL. SUDENE. II PND — Plano Nacional de Desenvolvimento (1975-1979).

BUCI-GLUCKMANN, Chistinne. *Gramsci e o Estado*. Rio de Janeiro, Paz e Terra, 1980 (Col. Pensamento Crítico, 39).

CANDAU, Vera M. *Oficinas pedagógicas de direitos humanos*. Petrópolis, Vozes, 1995.

CÂNDIDO, Antonio. O significado de *Raízes do Brasil*. In: HOLANDA, Sérgio Buarque. *Raízes do Brasil*. 26 ed. São Paulo, Companhia das Letras, 1995, pp. 9-21.

CANIVEZ, Patrice. *Educar o cidadão?* Campinas, Papirus, 1991.

CARNOY, Martin. *Estado e teoria política*. Campinas, Papirus, 1986.

CASTEL, Roberto. As metamorfoses do trabalho. In: FIORI, José Luís et alii (orgs.). *Globalização: o fato e o mito*. Rio de Janeiro, Eduerj, 1998, pp. 147-64.

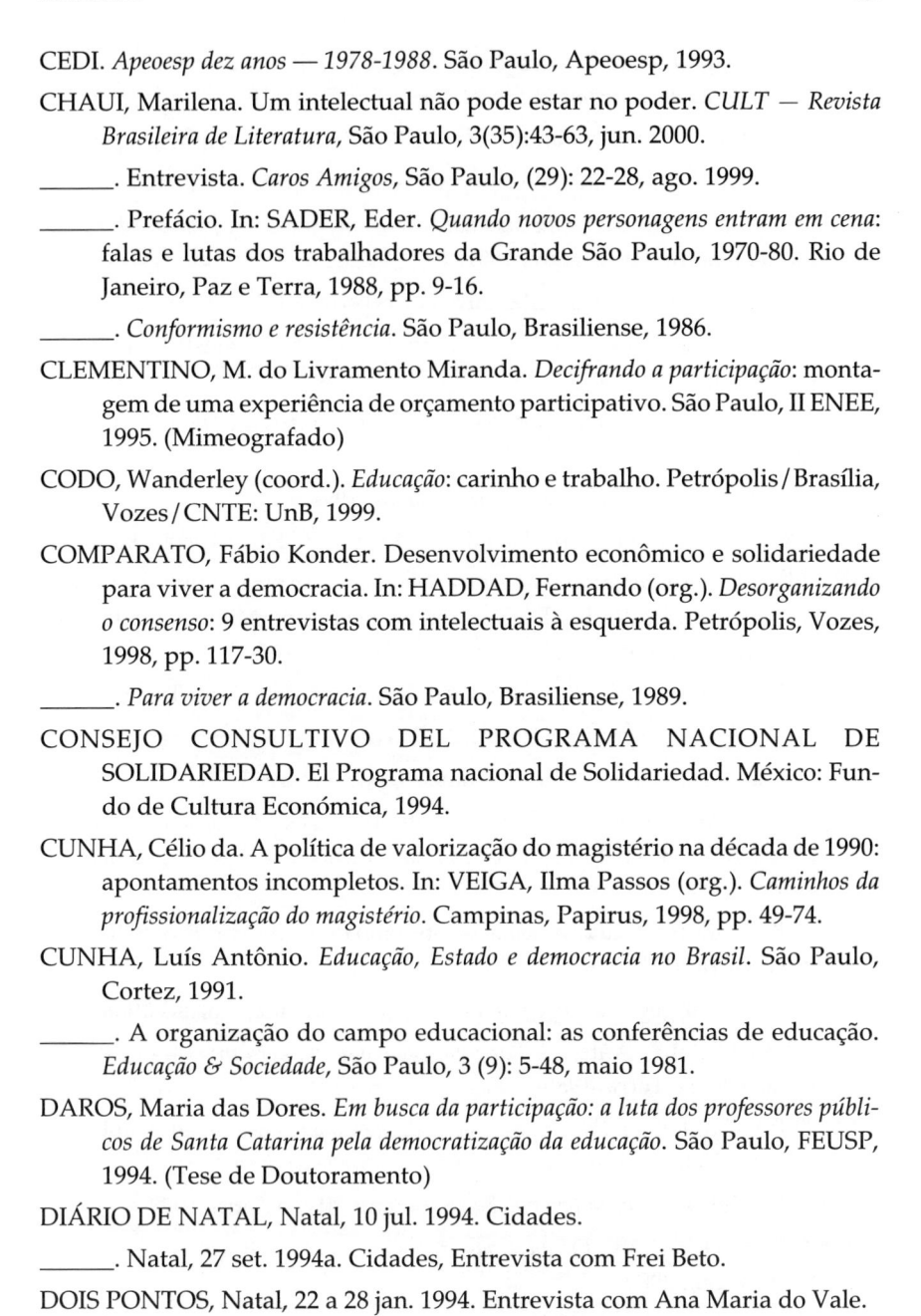

CEDI. *Apeoesp dez anos — 1978-1988*. São Paulo, Apeoesp, 1993.

CHAUI, Marilena. Um intelectual não pode estar no poder. *CULT — Revista Brasileira de Literatura*, São Paulo, 3(35):43-63, jun. 2000.

_____. Entrevista. *Caros Amigos*, São Paulo, (29): 22-28, ago. 1999.

_____. Prefácio. In: SADER, Eder. *Quando novos personagens entram em cena*: falas e lutas dos trabalhadores da Grande São Paulo, 1970-80. Rio de Janeiro, Paz e Terra, 1988, pp. 9-16.

_____. *Conformismo e resistência*. São Paulo, Brasiliense, 1986.

CLEMENTINO, M. do Livramento Miranda. *Decifrando a participação*: montagem de uma experiência de orçamento participativo. São Paulo, II ENEE, 1995. (Mimeografado)

CODO, Wanderley (coord.). *Educação*: carinho e trabalho. Petrópolis/Brasília, Vozes/CNTE: UnB, 1999.

COMPARATO, Fábio Konder. Desenvolvimento econômico e solidariedade para viver a democracia. In: HADDAD, Fernando (org.). *Desorganizando o consenso*: 9 entrevistas com intelectuais à esquerda. Petrópolis, Vozes, 1998, pp. 117-30.

_____. *Para viver a democracia*. São Paulo, Brasiliense, 1989.

CONSEJO CONSULTIVO DEL PROGRAMA NACIONAL DE SOLIDARIEDAD. El Programa nacional de Solidariedad. México: Fundo de Cultura Económica, 1994.

CUNHA, Célio da. A política de valorização do magistério na década de 1990: apontamentos incompletos. In: VEIGA, Ilma Passos (org.). *Caminhos da profissionalização do magistério*. Campinas, Papirus, 1998, pp. 49-74.

CUNHA, Luís Antônio. *Educação, Estado e democracia no Brasil*. São Paulo, Cortez, 1991.

_____. A organização do campo educacional: as conferências de educação. *Educação & Sociedade*, São Paulo, 3 (9): 5-48, maio 1981.

DAROS, Maria das Dores. *Em busca da participação: a luta dos professores públicos de Santa Catarina pela democratização da educação*. São Paulo, FEUSP, 1994. (Tese de Doutoramento)

DIÁRIO DE NATAL, Natal, 10 jul. 1994. Cidades.

_____. Natal, 27 set. 1994a. Cidades, Entrevista com Frei Beto.

DOIS PONTOS, Natal, 22 a 28 jan. 1994. Entrevista com Ana Maria do Vale.

FAUSTO, Boris. *História do Brasil*. 2. ed. São Paulo, Editora da Universidade de São Paulo, Fundação do Desenvolvimento da Educação, 1995. (Didática 1).

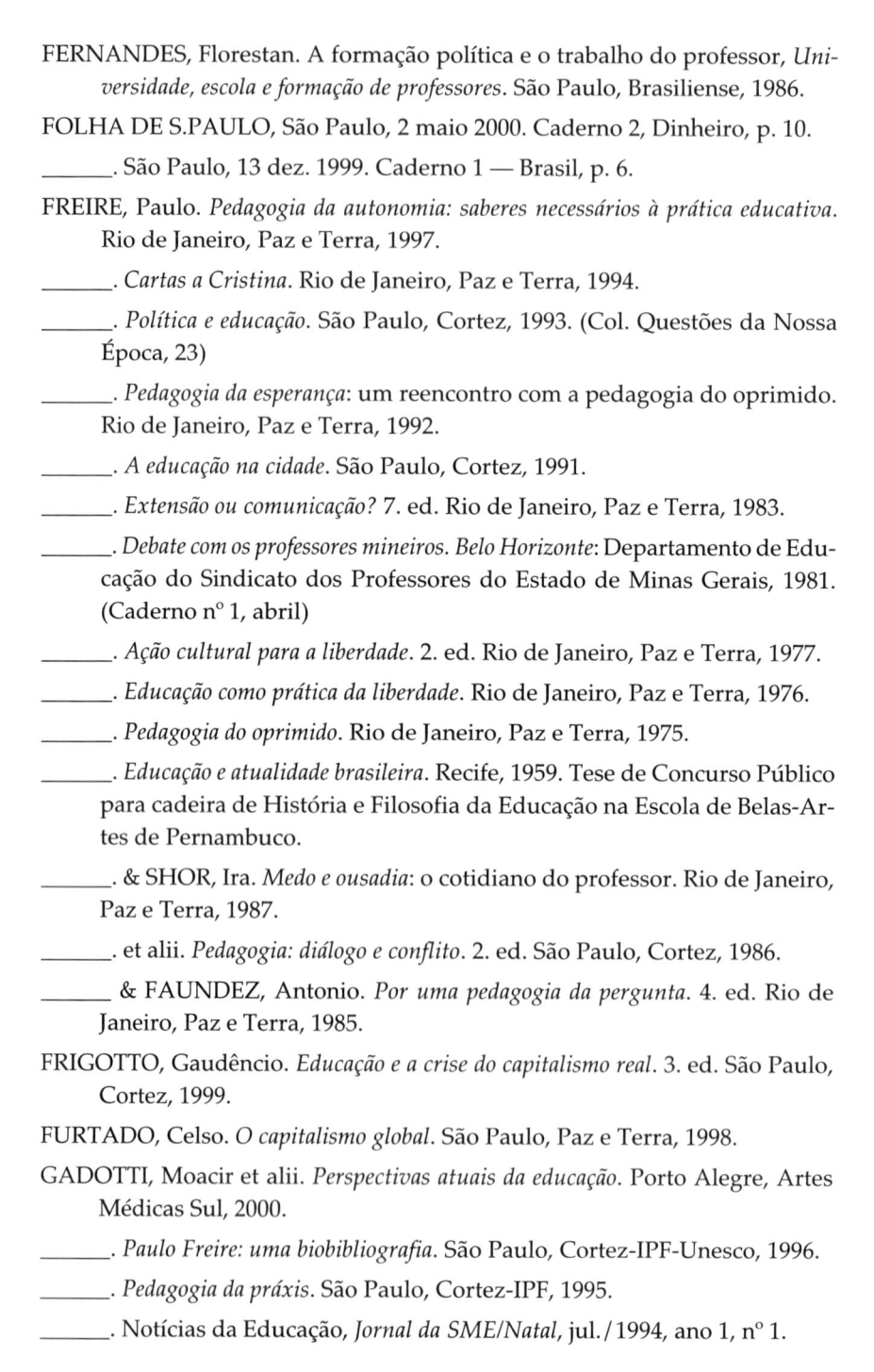

FERNANDES, Florestan. A formação política e o trabalho do professor, *Universidade, escola e formação de professores*. São Paulo, Brasiliense, 1986.

FOLHA DE S.PAULO, São Paulo, 2 maio 2000. Caderno 2, Dinheiro, p. 10.

_____. São Paulo, 13 dez. 1999. Caderno 1 — Brasil, p. 6.

FREIRE, Paulo. *Pedagogia da autonomia: saberes necessários à prática educativa*. Rio de Janeiro, Paz e Terra, 1997.

_____. *Cartas a Cristina*. Rio de Janeiro, Paz e Terra, 1994.

_____. *Política e educação*. São Paulo, Cortez, 1993. (Col. Questões da Nossa Época, 23)

_____. *Pedagogia da esperança*: um reencontro com a pedagogia do oprimido. Rio de Janeiro, Paz e Terra, 1992.

_____. *A educação na cidade*. São Paulo, Cortez, 1991.

_____. *Extensão ou comunicação?* 7. ed. Rio de Janeiro, Paz e Terra, 1983.

_____. *Debate com os professores mineiros*. Belo Horizonte: Departamento de Educação do Sindicato dos Professores do Estado de Minas Gerais, 1981. (Caderno nº 1, abril)

_____. *Ação cultural para a liberdade*. 2. ed. Rio de Janeiro, Paz e Terra, 1977.

_____. *Educação como prática da liberdade*. Rio de Janeiro, Paz e Terra, 1976.

_____. *Pedagogia do oprimido*. Rio de Janeiro, Paz e Terra, 1975.

_____. *Educação e atualidade brasileira*. Recife, 1959. Tese de Concurso Público para cadeira de História e Filosofia da Educação na Escola de Belas-Artes de Pernambuco.

_____. & SHOR, Ira. *Medo e ousadia*: o cotidiano do professor. Rio de Janeiro, Paz e Terra, 1987.

_____. et alii. *Pedagogia: diálogo e conflito*. 2. ed. São Paulo, Cortez, 1986.

_____ & FAUNDEZ, Antonio. *Por uma pedagogia da pergunta*. 4. ed. Rio de Janeiro, Paz e Terra, 1985.

FRIGOTTO, Gaudêncio. *Educação e a crise do capitalismo real*. 3. ed. São Paulo, Cortez, 1999.

FURTADO, Celso. *O capitalismo global*. São Paulo, Paz e Terra, 1998.

GADOTTI, Moacir et alii. *Perspectivas atuais da educação*. Porto Alegre, Artes Médicas Sul, 2000.

_____. *Paulo Freire: uma biobibliografia*. São Paulo, Cortez-IPF-Unesco, 1996.

_____. *Pedagogia da práxis*. São Paulo, Cortez-IPF, 1995.

_____. Notícias da Educação, *Jornal da SME/Natal*, jul./1994, ano 1, nº 1.

GADOTTI, Moacir. *Escola cidadã*. São Paulo, Cortez, Autores Associados, 1992. (Col. Polêmicas do Nosso Tempo, 50)

_____. *Convite à leitura de Paulo Freire*. São Paulo, Scipione, 1989.

_____. *Concepção dialética da educação: um estudo introdutório*. 5. ed. São Paulo, Cortez, Autores Associados, 1987. (Col. Educação Contemporânea)

_____. *Educação e poder: introdução à pedagogia do conflito*. São Paulo, Cortez, Autores Associados, 1984. (Col. Educação Contemporânea)

_____. *Pedagogia da práxis*. São Paulo, Cortez-IPF, 1975.

_____. & colaboradores. *Perspectivas atuais da educação*. Porto Alegre, Artes Médicas Sul, 2000.

GARCIA, Bianco Zalmoro. *A construção do projeto político pedagógico na perspectiva da teoria da ação comunicativa de Jurgen Habermas*. São Paulo, FEUSP, 1999. (Tese de Doutoramento)

GENTILI, Pablo. *Escola S. A.: quem ganha e quem perde no mercado educacional do neoliberalismo*. Brasília, CNTE, 1996.

GERMANO, José Willington. *A transformação da questão social e a educação*. Natal, 50ª Reunião Anual da SBPC, 1998. (Mimeografado.)

_____. *Estado militar e educação no Brasil (1964-1985)*. São Paulo, Cortez, 1993.

GÓES, Moacyr de. Escola pública: história e católicos. In: CUNHA, Luís Antônio (org.). *Escola pública, escola particular e a democratização do ensino*. São Paulo, Cortez, 1985.

GRAMSCI, Antonio. *Concepção dialética da história*. 7. ed. Rio de Janeiro, Civilização Brasileira, 1987.

HABERMAS, Jurgen. *O discurso filosófico da modernidade*. Lisboa: Dom Quixote, 1990.

_____. *Consciência moral e agir comunicativo*. Rio de Janeiro, Tempo Brasileiro, 1989.

_____. Entrevista. *Novos Estudos Cebrap*, São Paulo, (18):77-102, set. 1987.

HIRST, Paul. Globalização: mito ou realidade? In: FIORI, José Luís et alii (orgs.). *Globalização: o fato e o mito*. Rio de Janeiro, Eduerj, 1998, pp. 101-20.

HOLANDA, Sérgio Buarque de. *Raízes do Brasil*. 26. ed. São Paulo, Companhia das Letras, 1995.

IANNI, Octávio. *A sociedade global*. 7. ed. Rio de Janeiro, Civilização Brasileira, 1999.

_____. *A era do globalismo*. 3. ed. Rio de Janeiro, Civilização Brasileira, 1997.

_____. A dialética da história. *História e ideal*: ensaios sobre Caio Prado Júnior. São Paulo, Editora Unesp, 1989.

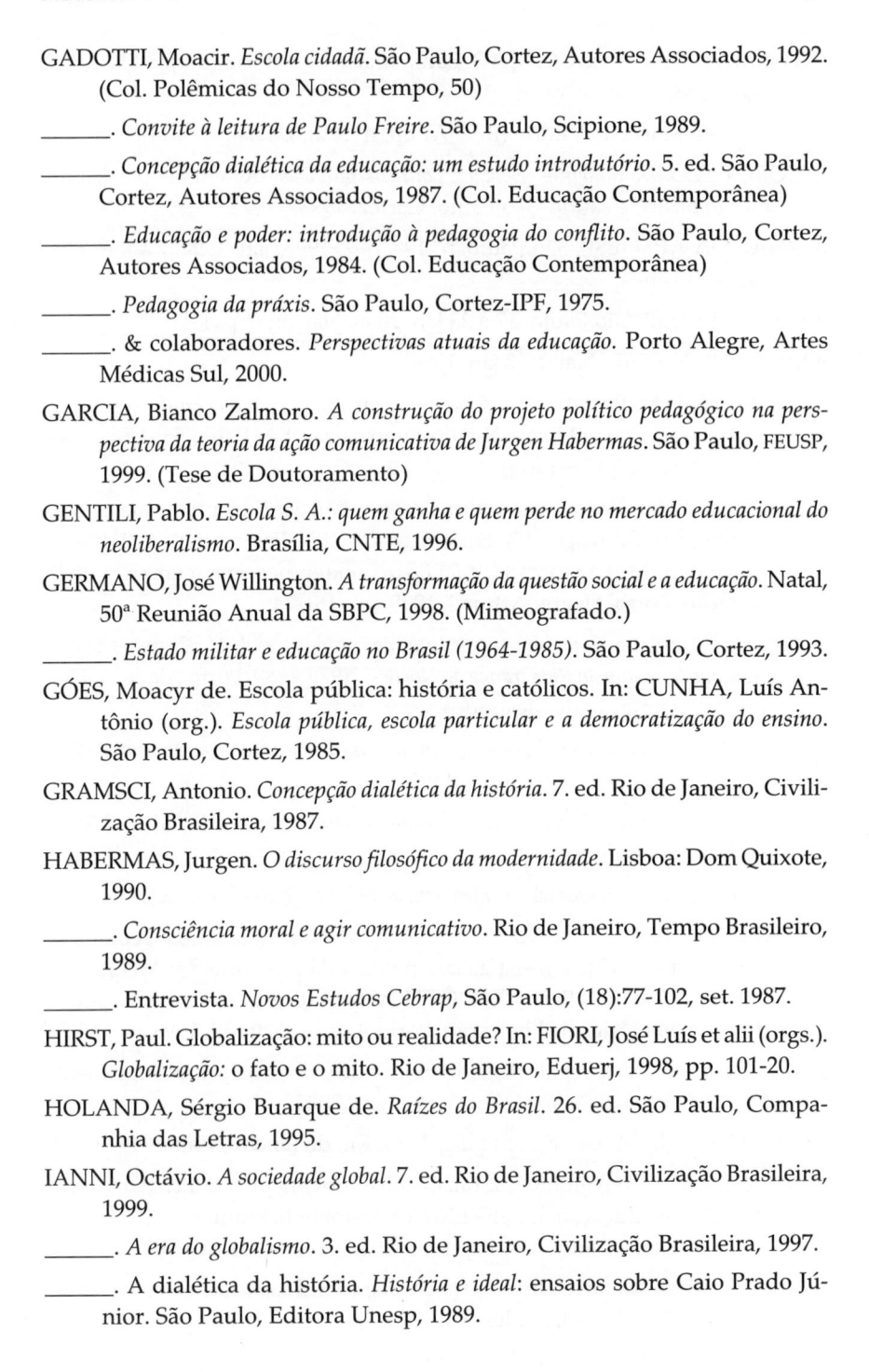

INFORMATIVO DA EDUCAÇÃO. Santa Maria da Vitória (BA), APLB, n° 4, ago. 1998.

_____. Santa Maria da Vitória (BA), APLB, n° 3, ago. 1998.

JACOBI, Pedro. *Movimentos sociais e políticas públicas*: demandas por saneamento básico e saúde. São Paulo, Cortez, 1993.

JORNAL DA APEOESP, São Paulo, n° 195, dez. 1993/jan. 1994. Caderno Especial, 15 anos.

JORNAL DA USP, São Paulo, 17 a 23 jan. 2000. Nacional, p. 11.

JORNAL DE NATAL, Natal, 17 jan. 1994.

KRUPPA, Sônia M. Portella. *O movimento de professores em São Paulo*: o sindicalismo no serviço público, o Estado como patrão. São Paulo, FE-USP, 1994. (Dissertação de Mestrado)

LEONARDI, Peter. Pedagogia crítica e a previdência: Encontros intelectuais com Freire e Gramsci, 1974-1986. In: McLAREN, Peter; LEONARD, Peter; GADOTTI, Moacir (orgs.). *Paulo Freire*: poder, desejo e memórias da libertação. Porto Alegre, Artmed, 1998, pp. 161-74.

LOPES Jr., Edimilson. *O movimento de lutas dos professores de 1° e 2° graus da rede estadual de ensino do Rio Grande do Norte — 1979-1989*. Porto Alegre, UFRS, 1992. (Dissertação de Mestrado)

MANFREDI, Sílvia Maria. *Formação sindical no Brasil: história de uma prática cultural*. São Paulo, Escrituras, 1996.

MARX, Karl. *Manuscritos econômicos-filosóficos*. São Paulo, Abril Cultural, 1978. (Col. Os Pensadores)

_____. & ENGELS, Friedrich. *A ideologia alemã*. São Paulo, Moraes, 1984.

McLAREN, Peter & SILVA, Tomaz Tadeu da. Descentralizando a pedagogia; alfabetização crítica, resistência e política da memória. In: McLAREN, Peter; LEONARD, Peter; GADOTTI, Moacir (orgs.). *Paulo Freire*: poder, desejo e memórias da libertação. Porto Alegre, Artmed, 1998, pp. 35-76.

MELLO, Evaldo Cabral et alii. Céu & inferno de Gilberto Freyre. Suplemento MAIS! *Folha de S.Paulo* (422):1-35, 12 mar. 2000.

MILLS, C. Wright. *A nova classe média*. 3. ed. Rio de Janeiro, Zahar, 1979.

MONLEVADE, João Antônio Cabral. Como o movimento sindical tematiza a questão da educação. In: SEVERINO, Antônio Joaquim et alii. *Sociedade civil e educação*. Campinas, Papirus, 1992. (Coletâneas da CBE)

MORAES, Ignez Navarro de. *O tema em sua contextualidade: Estado e classes sociais no Brasil*. [s.l.], Andes-SN, 1989.

NEVES, Vilma L. Silva. *A questão da governabilidade na gestão municipal de Natal — 1993 a 1996.* Natal: DCS-UFRN, 1999. (Monografia de Conclusão de Graduação)

NOGUEIRA, Adriano. *Reflexões políticas em torno a uma prática pedagógica.* Campinas, FE-Unicamp, 1985. (Mimeografado)

NORONHA, Eduardo. A explosão das greves da década de 80. In: BOITO JR., Armando (org.). *O sindicalismo brasileiro nos anos 80.* Rio de Janeiro, Paz e Terra, 1991.

NÓVOA, António. Paulo Freire (1921-1997): A "inteireza" de um pedagogo utópico. In: APPLE, Michal W. & NÓVOA, António (orgs.). *Paulo Freire: política e pedagogia.* Portugal, Porto Editora, 1998, pp. 167-87.

NUÑEZ, Iván. Sindicatos de Maestros, Estado y Políticas Educacionais en América Latina. In: FRANCO, M. Laura P. B. & ZIBAS, Dagmar M. L. (orgs.). *Final do século*: desafios da educação na América Latina. São Paulo, Cortez-Clacso-Reduc, 1990, pp. 39-60.

O ESTADO DE S. PAULO, São Paulo, 2 out. 1999. Caderno 2, Cultura, p. 8.

OFICINA: *Estudo da pedagogia da autonomia:* saberes necessários à prática educativa. Santa Maria da Vitória (BA), APLB/Nesla/Uneb, jun. 1999.

OFFE, Claus. The Theory of the Capitalist State and Problem of Policy Formation. In: LINDENBERG et alii. *Stress and Contradicion and Modern Capitalism.* Toronto, [s.ed.], 1975.

OLIVEIRA, Valdeci Augusto. *Educação pública e seus trabalhadores;* o (des)cumprimento das leis norteando o ingresso na carreira. São Paulo, Xamã, 1999.

OLIVEIRA, Admardo Serafim. *Educação*: redes que capturam caminhos que se abrem... Vitória: Edufes, 1996.

OLIVEIRA, Romualdo. Portela (org.). *Política educacional: impasses e alternativas.* São Paulo, Cortez, 1995, pp. 27-55.

PASSETTI, Edson. *Conversação libertária com Paulo Freire.* São Paulo, Imaginário, 1998.

PÉCAUT, Daniel. *Intelectuais e política no Brasil: entre o povo e a nação.* São Paulo, Ática, 1990.

PERALVA, Angelina Teixeira. *A classe média rediscutida:* uma história de lutas sociais no Brasil. São Paulo, 1988. (Mimeografado)

PRADO JÚNIOR, Caio. *História econômica do Brasil.* 38. ed. São Paulo, Brasiliense, 1990.

_____. *Formação do Brasil contemporâneo*: colônia. 8. ed. São Paulo, Brasiliense, 1965.

PRADO JÚNIOR, Caio. *Evolução política do Brasil*: colônia e império. São Paulo, Brasiliense, [s.d.].

PUIGGRÓS, Adriana. Uma descoberta transcendental. In: GADOTTI, Moacir (org.). *Paulo Freire: uma biobibliografia*. São Paulo, Cortez-IPF-Unesco, 1996.

RAMONET, Inácio. O pensamento único e os regimes globalitários. In: FIORI, José Luís et alii (orgs.) *Globalização: o fato e o mito*. Rio de Janeiro, Eduerj, 1998, pp. 55-76.

RODRIGUES, Leôncio Martins. *Destino do sindicalismo*. São Paulo, Editora da USP/Fapesp, 1999.

_____. *A modernização das relações do trabalho: a questão do corporativismo*. São Paulo, CNI/IRS, 1996. (Documentos, Debates, Estudos, 4)

_____. *A sindicalização das classes médias*. São Paulo, USP, 1997. (Mimeografado)

_____. O sindicalismo nos anos 80 — um balanço, *São Paulo em Perspectiva*, 4 (1): 11-19, jan./mar., 1990.

ROMÃO, José Eustáquio. *Dialética da diferença*: O Projeto da Escola Cidadã frente ao projeto pedagógico neoliberal. São Paulo, Cortez: IPF, 2000.

_____. Paulo Freire e a escola pública popular. In: OLIVEIRA, Edna Castro et alii (orgs.). *Paulo Freire*: a práxis político-pedagógica do educador. Vitória: Edufes, 2000a, pp. 213-28.

SADER, Eder. *Quando novos personagens entram em cena*: experiências, falas e lutas dos trabalhadores da Grande São Paulo 1970-1980. Rio de Janeiro, Paz e Terra, 1988.

SALM, Cláudio. As metamorfoses do trabalho. In: FIORI, José Luís et alii (orgs.). *Globalização:* o fato e o mito. Rio de Janeiro, Eduerj, 1998, pp. 173-82.

SANDER, Benno. *Consenso e conflito*: perspectivas analíticas na pedagogia e na administração da educação. São Paulo, Pioneira-UFF, 1984.

SANTOS, Aparecida de Fátima T. dos. *Desigualdade social e dualidade escolar*: conhecimento e poder em Paulo Freire e Gramsci. Petrópolis, Vozes, 2000.

SME. Secretaria Municipal de Educação. *Síntese das Ações Realizadas no Biênio 93/94*. Natal: SME, 1994.

SCHMIED-KOWARZIK, Wolfdrietrich. *Pedagogia dialética*: de Aristóteles a Paulo Freire. São Paulo, Brasiliense, 1983.

SCOCUGLIA, Afonso Celso. *A história das idéias de Paulo Freire e a atual crise de paradigmas*. João Pessoa, Ed. Universitária-UFPB, 1997.

SOUZA, Donaldo Bello et alii. *Trabalho e educação*: centrais sindicais e reestruturação produtiva no Brasil. Rio de Janeiro, Quartet, 1999.

TAVARES DE JESUS, Antônio. *Educação e hegemonia no pensamento de Antônio Gramsci*. São Paulo/Campinas, Cortez/Editora da Universidade de Campinas, 1989.

TELLES, Vera da Silva. Sociedade civil e a construção de espaços públicos. In: DAGNINO, Evelino (org.). *Anos 90: política e sociedade no Brasil*. São Paulo, Brasiliense, 1994, pp. 91-102.

TORRES, Carlos Alberto. *Diálogo com Paulo Freire*. São Paulo, Loyola, 1979.

_____. & MORROW, Raymond Allen. *Teoria social e educação*: uma crítica das teorias da reprodução social e cultural. Porto, Edições Afrontamento, 1997.

TOURAINE, Alan. *Crítica da modernidade*. Petrópolis, Vozes, 1994.

TRIBUNA DO NORTE, Natal, 10 ago. 1994.

VALE, Ana Maria do. *Educação popular na escola pública*. São Paulo, Cortez, 1992. (Col. Questões da nossa Época, 8)

VIANA, Cláudia. *Os nós do "nós"*: crise e perspectivas da ação coletiva docente em São Paulo. São Paulo, Xamã, 1999.

VIEIRA, Sofia Lerche. Neoliberalismo, privatização e educação no Brasil. In: OLIVEIRA, Romualdo Portela (org.). *Política educacional:* impasses e alternativas. São Paulo, Cortez, 1995, pp. 27-55.

WEFFORT, Francisco Corrêa. *O populismo na política brasileira*. 2. ed. Rio de Janeiro, Paz e Terra, 1980.

YAMAMOTO, Oswaldo Hajime. *A educação brasileira e a tradição marxista (1970-90)*. Natal, EDUFRN/Ed. Moraes, 1996.

Impressão e Acabamento
Bartira
Gráfica
(011) 4123-0255